CUÁNDO ROBAR UN BANCO

Cuándo robar un banco

Steven D. Levitt
y Stephen J. Dubner

Traducción de José Labrador

GRUPO ZETA

Barcelona • Madrid • Bogotá • Buenos Aires • Caracas • México D.F. • Miami • Montevideo • Santiago de Chile

Título original: *When to rob a bank*
Traducción: José Labrador, 2016
1.ª edición: junio 2016

© Steven D. Levitt y Dubner Productions , LLC., 2015
© Ediciones B, S. A., 2016
   Consell de Cent, 425-427 - 08009 Barcelona (España)
   www.edicionesb.com

Printed in Spain
ISBN: 978-84-666-5906-2
DL B 8812-2016

Impreso por Unigraf, S. L.
Avda. Cámara de la Industria, 38
Pol, Ind. Arroyomolinos, 1
28938 - Móstoles, Madrid

Este libro está dedicado a nuestros lectores.
Nos debemos eternamente a su energía
y les agradecemos su interés.

¿Qué tienen en común los blogs y el agua embotellada?

Hace diez años, cuando nos disponíamos a publicar un libro llamado *Freakonomics*, decidimos crear un sitio web complementario. Huérfanos de imaginación, registramos el dominio homónimo Freakonomics.com. Resulta que la web incluía un blog.

Levitt, que siempre va unos años rezagado, no había oído hablar de los blogs, mucho menos había leído o escrito en uno. Dubner le explicó en qué consistía, pero Levitt no quedó convencido.

«Vamos a probar al menos», le dijo Dubner. Nuestra asociación era tan reciente que Levitt aún no era consciente de que aquellas cinco palabras eran la manera que tenía Dubner de conseguir que hiciese todo aquello que nunca se había propuesto.

De modo que decidimos probar, y esta fue la primera entrada que publicamos:

Todos los padres están convencidos de que la suya es la criatura más hermosa del mundo. Al parecer, la evolución nos ha moldeado el cerebro de tal forma que, si contemplamos el rostro del bebé propio día tras día, terminamos por encontrarlo hermoso. Cuando los niños de otros padres tienen la cara pringada de comida, nos parece asqueroso; en cambio, si se trata de nuestro hijo, conseguimos encontrarlo mono.

Pues bien: hemos releído tantas veces el manuscrito de *Freakonomics* que a estas alturas nos parece hermoso, pese a las verrugas, la comida pegoteada y todo lo demás. De modo que nos hemos planteado la posibilidad de que otras personas también quieran leerlo y, a continuación, expresar sus opiniones. Por eso hemos creado esta web. Esperamos que sea un hogar feliz (al menos felizmente polémico) durante un tiempo.

¡Y vaya si ha sido un hogar feliz! Nuestras entradas suelen ser más informales, más personales y sesgadas que nuestros libros; es tan probable que demos una respuesta concreta como que dejemos una pregunta en el aire. Hemos escrito cosas sin pensarlas lo suficiente y, después, nos hemos arrepentido. Y hemos escrito cosas meditadas concienzudamente de las que, sin embargo, también nos hemos arrepentido. Pero, en general, el blog nos ha dado una buena razón para mantener despierta la curiosidad y permanecer abiertos al mundo.

A diferencia de aquella primera, la gran mayoría de las entradas del blog están escritas por uno de los dos, no por ambos, como en los libros. En ocasiones hemos pedido a amigos (e incluso a enemigos) que escribieran para el blog; hemos realizado sondeos entre expertos (esto es, hemos pedido a un puñado de personas inteligentes que respondieran una pregunta difícil) y entradas de «preguntas y respuestas» (con gente como Daniel Kahnerman y una prostituta de lujo llamada Allie). Durante varios años, *The New York Times* hospedó el blog, lo que le dio una pátina de legitimidad que no estaba realmente garantizada. Hasta que el *Times* recobró el juicio y nos envió a hacer lo que solemos hacer, pero por nuestra cuenta.

Durante estos años nos preguntábamos de tanto en tanto por qué seguíamos escribiendo en el blog. No nos beneficiaba económicamente; no existían pruebas de que nos ayudase a vender más ejemplares de nuestros libros. De hecho, quizás afectara negativamente a las ventas, ya que día tras día compartíamos nuestros escritos sin más. Pero con el tiempo descubrimos por qué lo hacíamos: a nuestros lectores les gustaba leer el blog, y nosotros queríamos a nuestros lectores. Eran su curiosidad, su ingenio y, sobre todo, su humor, lo que nos empujaba a escribir, y en las próximas páginas veréis pruebas abundantes de este espíritu.

En ocasiones, algún lector sugería que sacáramos un libro con nuestros escritos del blog. Eso nos parecía una auténtica estupidez..., hasta que un día, no hace mucho, dejó de parecérnoslo. ¿Qué había cambiado? Dubner llevó a uno de sus hijos a un campamento de verano de Maine y en medio de la nada se cruzaron con una gran planta embotelladora de agua mineral Poland Spring. Puesto que él mismo se había criado en medio de la nada, siempre le había chocado que la gente pagara sumas nada desdeñables por una botella de agua. Y, sin embargo, es un negocio que mueve mil millones de dólares al año.

De pronto, publicar un libro con nuestras entradas dejó de parecernos una estupidez y, siguiendo la tradición de Poland Spring, Evian y otros genios del agua mineral, decidimos embotellar algo que pueden consumir de forma gratuita y cobrarles por ello.

En honor a la justicia, nos tomamos el trabajo de repasar todo el blog y elegir las mejores entradas (fue gratificante descubrir que de unas ochocientas en su mayoría mediocres, algunas eran muy buenas). Editamos y actualizamos las entradas según consideramos conveniente, y las organizamos apropiadamente en capítulos para un libro. El primer capítulo, por ejemplo, «Solo intentábamos ayudar», trata sobre la abolición de las cátedras vitalicias, las alternativas a la democracia y cómo pensar como un terrorista. «Limberhand el masturbador y los peligros de Wayne» va sobre nombres curiosos, apropiados o curiosamente apropiados. «Hasta la médula...» demuestra que en cuanto se empieza a pensar como economista es difícil desconectar, tanto si se trata de leche para lactantes como de películas de animación o pollo pasado. En el proceso averiguarán más de lo que jamás quisieron saber sobre nuestras obsesiones personales, tales como el golf, los juegos de apuestas y la maldita pasta.

A lo largo de los años hemos disfrutado como enanos plasmando por escrito nuestros perversos pensamientos. Espero que disfruten echando una ojeada al interior de nuestros cerebros para saber cómo se ve el mundo a través del cristal de *Freakonomics*.

1

Solo intentábamos ayudar

Algunas de las mejores ideas de la historia —de hecho, casi todas— sonaban absurdas al principio. Dicho esto, muchas ideas que parecen absurdas lo son en realidad. Pero ¿cómo lo podemos saber? Una de las principales ventajas de poseer un blog es que se dispone de un asta en la que ondear bien alta la bandera de las ideas más demenciales y ver cuánto tardan en derribarla a tiros. De todas las entradas que hemos escrito, la primera de este capítulo generó la reacción más rápida, ruidosa y airada.

Si usted fuese terrorista, ¿cómo atacaría?
(SDL)

La Administración de Seguridad en el Transporte anunció recientemente que la mayoría de restricciones sobre el equipaje de mano permanecerán vigentes por ahora, aunque se ha levantado la prohibición de llevar mecheros. Si bien parece absurdo prohibir que la gente lleve pasta dentífrica, desodorante o agua en el equipaje de mano, no parecía tan raro prohibir los mecheros. Me pregunto si el *lobby* de fabricantes de mecheros ha estado presionando a favor o en contra de esta modificación de la normativa. Por un lado, la incautación de 22.000 mecheros diarios parece buena para el negocio; por otro, es posible que menos gente compre mecheros si no puede viajar con ellos.

Esa noticia me hizo plantearme qué haría para maximizar el terror si fuera un terrorista con recursos limitados. Primero me plantearía qué inspira miedo realmente. Algo que atemoriza a la gente es la idea de ser víctima de un ataque. En este sentido, intentaría hacer algo que diese a todos la sensación de estar en peligro, incluso si la probabilidad de daño individual fuese escasa.

Los seres humanos tienden a sobrestimar las probabilidades pequeñas, de modo que el temor a un acto terrorista suele ser muy desproporcionado en relación con el riesgo real.

Asimismo, intentaría crear la sensación de que existe un ejército de terroristas, lo que conseguiría realizando varios ataques a la vez, seguidos de otros atentados poco después.

En tercer lugar, salvo que los terroristas insistan siempre en realizar misiones suicidas (y no veo razón para que sea así), lo ideal sería trazar un plan en el que los terroristas no sean eliminados o capturados en el acto, en la medida de lo posible.

En cuarto lugar, creo que resulta muy conveniente intentar paralizar el comercio, ya que un colapso de la actividad comercial deja a la gente más tiempo libre para pensar en sus temores.

En quinto lugar, si lo que se quiere realmente es causar daño a los Estados Unidos, el acto tiene que ser algo que lleve al Gobierno a promulgar un paquete de onerosas leyes que permanezcan vigentes largo tiempo después de cumplir su finalidad (suponiendo que tuviesen una finalidad, para empezar).

Mi visión general del mundo es que cuanto más sencillo,

mejor. Supongo que esta manera de pensar también vale para el terrorismo. Visto así, el mejor plan terrorista que he oído en mi vida es el que se le ocurrió a mi padre después de que los francotiradores de Washington DC desataran el caos en el 2002. La idea principal es armar a 20 terroristas con fusiles y coches, y organizarlos de tal forma que empiecen a disparar aleatoriamente por todo el país en horas preestablecidas: grandes ciudades, pueblos, zonas residenciales, etc. Hacer que se desplacen permanentemente. Nadie sabría dónde se produciría el siguiente ataque. El caos sería impresionante, sobre todo a la luz de los escasos recursos empleados por los terroristas. Tampoco resultaría fácil coger a estos tipos. El daño no sería tan grande como el de la explosión de una bomba atómica en Nueva York, por supuesto, pero resulta mucho más fácil obtener un puñado de fusiles que un arma nuclear.

Estoy seguro de que muchos lectores tienen ideas mucho mejores. Me encantaría oírlas. Consideren su publicación en este blog una forma de servicio público: estoy convencido de que lee este espacio mucha más gente que se opone al terrorismo y lucha contra él que terroristas propiamente dichos. Por tanto, al hacer públicas sus ideas dan a los que combaten el terrorismo la posibilidad de considerar otras situaciones y tomar medidas preventivas.

Esta entrada se publicó el 8 de agosto de 2007, el día en que el blog Freakonomics *se instaló en el sitio web de* The New York Times. *Esa misma fecha, en una entrevista con* The New York Observer, *pidieron a Dubner que explicara por qué* Freakonomics *era el primer blog externo que decidía publicar el* Times. *Su respuesta aludió al hecho de que él había trabajado en el rotativo y conocía bien sus criterios y normas:* «Saben que no voy a lanzar ninguna fatwa en el blog.» *Resulta que la entrada en la que Levitt solicitaba ideas para un ataque terrorista fue considerada exactamente eso, y provocó una reacción tan airada que el* Times *cerró la sección de comentarios tras unos cuantos cientos de intervenciones. He aquí una entrada típica:* «¿Ideas para terroristas? ¿Nos toma el pelo? ¿Se cree muy listo? ¡Es usted un idiota!» *Esto llevó a Levitt a volver a intentarlo al día siguiente:*

Terrorismo II
(SDL)

El mismo día en que apareció nuestro blog en *The New York Times* escribí una entrada que suscitó la mayor cantidad de mensajes de rechazo que he recibido desde que, una década atrás, hablé del efecto de la legalización del aborto en la criminalidad. La gente que me escribía no sabía si catalogarme como imbécil, como traidor o como las dos cosas. Lo volveré a intentar.

Muchas de las respuestas airadas que recibimos me hacen plantearme a qué cree el estadounidense medio que dedican el día los terroristas. Mi suposición es que debaten sobre posibles atentados. Y hay que estar convencido de que los terroristas son unos imbéciles sin remedio para pensar que nunca se les ha pasado por la cabeza, después del atentado de Washington DC, la idea de un ataque coordinado con francotiradores.

La cuestión es esta: los terroristas disponen de un número prácticamente infinito de estrategias sorprendentemente sencillas. Que hayan transcurrido seis años desde el último ataque terrorista considerable en los Estados Unidos indica que los terroristas son unos incompetentes o su verdadero objetivo no es crear terror. (Otro factor son los esfuerzos de prevención de las fuerzas de seguridad y el Gobierno, que abordaré más adelante.)

Muchos de los mensajes airados recibidos exigen que escriba una entrada sobre cómo detener a los terroristas, pero la respuesta lógica puede resultar decepcionante: si los terroristas quisieran cometer atentados de baja intensidad con escasos medios tecnológicos, no tendríamos manera de detenerlos.

Esa es la situación actual en Irak y, en menor grado, en Israel. Esa fue también, tiempo atrás, la situación con el IRA.

De modo que ¿qué podemos hacer? Al igual que británicos e israelíes, si nos enfrentáramos a esta situación, los estadounidenses aprenderíamos a sobrellevarla. En términos de vidas humanas, el verdadero coste de este terrorismo de baja intensidad es relativamente pequeño en comparación con otras causas de muerte, como los accidentes de tráfico, los infartos, los homicidios y los suicidios. El miedo es lo que impone el coste verdadero.

Se aprende a sobrellevar el terrorismo del mismo modo que la población de los países con una inflación galopante aprende a sobrellevar el encarecimiento permanente de la vida. El riesgo de morir por un atentado mientras se viaja en autobús en Israel es bajo, de modo que, tal como han demostrado Gary Becker y Yona Rubinstein, los israelíes que usan los autobuses con frecuencia no suelen tomarse muy en serio las amenazas de bomba. Por el mismo motivo, las primas salariales de los conductores de autobús de Israel no son significativas.

Aparte de esto, podemos tomar ciertas medidas preventivas. Si la amenaza proviene del exterior, podemos impedir dentro de lo posible la entrada al país de personas con perfiles peligrosos; eso también es obvio. Tal vez sea menos obvio que podemos realizar un seguimiento de los riesgos potenciales después de que hayan entrado en el país. Si alguien entra con un visado de estudiante y no se matricula en un centro de enseñanza, por ejemplo, vale la pena mantenerlo bajo estrecha vigilancia.

Otra opción es la que han empleado los británicos: poner cámaras en todas partes. Esto es muy antiestadounidense, de modo que es poco probable que lo importemos. Tampoco estoy convencido de que sea una buena inversión, aunque los recientes ataques terroristas en el Reino Unido demuestran que estas cámaras son útiles, al menos, para identificar a los criminales a posteriori.

El trabajo de Robert Pape, mi colega de la Universidad de Chicago, indica que el indicio más sólido de que va a haber ataques terroristas es la ocupación del territorio de un grupo. Desde esta perspectiva, es poco probable que la presencia de tropas estadounidenses en Irak ayude a reducir el terrorismo, si bien puede servir para otros fines.

En última instancia se me ocurren dos interpretaciones posibles de nuestra situación actual respecto al terrorismo.

Un punto de vista es este: el motivo por el que los terroristas no nos están diezmando es que los esfuerzos antiterroristas del Gobierno son eficaces.

La interpretación alternativa es que el peligro terrorista no es tan alto y estamos realizando un gasto excesivo para combatirlo. La mayoría de los funcionarios está sujeta a una mayor presión para dar la impresión de estar combatiéndolo que para detenerlo realmente. El director de la Administración de Seguridad en el Transporte no tendría que dar explicaciones si un misil portátil derribara un avión comercial, pero se vería en un verdadero aprieto si un tubo de pasta dentífrica hiciera estallar una aeronave en pleno vuelo. Por consiguiente, dedicamos más esfuerzos a la pasta dentífrica, aunque probablemente constituya una amenaza mucho menor.

Asimismo, un agente de la CIA no se vería en apuros si se produjera un ataque terrorista; solo tendría problemas si no hubiera redactado un informe que detallara la posibilidad de dicho ataque, del que otra persona tendría que haber hecho un seguimiento, pero que no habría llegado a hacer por la existencia de tantos informes similares.

Tengo para mí que la segunda interpretación —según la cual la amenaza terrorista no es tan grande— es la más verosímil. Bien mirada, es una visión optimista del mundo. Pero eso, probablemente, sigue haciendo de mí un imbécil, un traidor o ambas cosas.

¿Qué tal una «guerra contra los defraudadores»?
(SJD)

David Cay Johnston, cuyos artículos para *The New York Times* sobre las medidas fiscales de los Estados Unidos y otros asuntos económicos son magníficos, informa de que el IRS (Hacienda) está subcontratando a terceros, es decir, a agencias de cobro de deudas, para la recaudación de atrasos. «Se espera que el programa de cobro de deudas privadas recaude 1.400 millones de dólares en el plazo de diez años —escribe—, de los que las agencias de cobro de deudas se quedarán con unos 330 millones, es decir, entre 22 y 24 centavos por dólar.»

Tal vez sea una tajada demasiado grande para entregar. Y tal vez empiece a preocupar a la gente que las agencias de cobro de deudas obtengan acceso a sus registros financieros. Pero lo que más me sorprende es que Hacienda sepa quién debe dinero y dónde lo puede encontrar, pero no pueda cobrarlo por carecer de personal suficiente. De modo que tiene que recurrir a terceros, a un alto precio.

En Hacienda reconocen que la recaudación por vía externa es mucho más cara que la interna. El antiguo director Charles O. Rossotti declaró en una ocasión ante el Congreso que si contrataran a más agentes, «podrían cobrar más de 9.000 millones de dólares anuales con un coste adicional de apenas 296 millones, es decir, unos 3 centavos por dólar», escribe Johnston.

Aun si Rossotti hubiera pecado de optimista y el coste que calculaba fuera cinco veces mayor, el Gobierno obtendría mejores condiciones empleando a más agentes que subcontratando a terceros por un 22 % del total. Pero el Congreso, que gestiona el presupuesto de Hacienda, es famoso por su reticencia a dotar a la agencia de los recursos necesarios para que haga su trabajo. Tratamos este tema en nuestra columna del *Times*:

> Una de las principales funciones de cualquier director de Hacienda [...] consiste en mendigar recursos en el Congreso y en la Casa Blanca. Aunque la idea de cobrar hasta el último dólar que los contribuyentes adeudan al Gobierno es suficientemente atractiva, ningún político está por la labor de instaurar medidas de recaudación más estrictas. Michael Dukakis lo intentó durante su campaña presidencial de 1988 y..., bueno, no funcionó.
>
> Puestos a hacer cumplir una normativa fiscal que no le gusta a nadie entre un público que sabe que prácticamente puede hacer trampas a su antojo, Hacienda se las apaña como puede.

¿Por qué el Congreso actúa de esta manera? Tal vez nuestros congresistas sean un montón de aficionados a la historia tan imbuidos del espíritu de nuestra república que recuerdan demasiado bien el Motín del Té y temen que el populacho se subleve si aumentan los recursos para la recaudación. Pero tengan en cuenta que estamos hablando del cumplimiento de la normativa fiscal, que es responsabilidad de Hacienda, y no de la legislación fiscal, que es responsabilidad del Congreso. En otras palabras, el Congreso está satisfecho con los impuestos, pero no quiere que se lo considere demasiado permisivo con los polis malos que tienen que salir allí afuera a recaudar esos dólares.

De modo que tal vez necesiten cambiar de nombre al esfuerzo por recuperar todo el dinero que adeudan los contribuyentes. Puesto que el Congreso aprueba tanto el presupuesto de la guerra contra el terrorismo como el de la guerra contra las drogas, tal vez sea hora de lanzar una guerra contra los impuestos o, mejor dicho, contra los evasores fiscales. Imaginen que se pudiese demonizar a los evasores fiscales, poniendo énfasis en que la «brecha fiscal» (la diferencia entre la deuda fiscal y el dinero recaudado) es casi del tamaño del déficit federal: ¿eso haría más aceptable políticamente que Hacienda recibiese los recursos necesarios para recaudar las deudas? Tal vez podrían colocar fotos de defraudadores fiscales en los cartones de leche, pasquines en las estafetas de Correos, incluso en la serie *America's Most Wanted* («Los más buscados en los Estados Unidos»). ¿Resolvería eso el problema? ¿Resolvería el problema una guerra contra los evasores fiscales gestionada adecuadamente?

Por ahora tendremos que conformarnos con que Hacienda recurra a las agencias de cobro de deudas, que recuperarán algo de dinero, aunque ni de lejos la cantidad total de la deuda. Lo que quiere decir que un montón de dinero —un montón de dinero del fisco, es decir, de la gente que paga sus impuestos— seguirá yéndose por el desagüe.

Si las bibliotecas públicas no existieran, ¿se podrían crear hoy?
(SJD)

Que levanten la mano los que odien las bibliotecas públicas.

Desde luego, no esperaba que nadie la levantara. ¿Quién podría odiar las bibliotecas?

He aquí una sugerencia para las editoriales. Probablemente me equivoco en esto, pero, si les preocupan los libros, escuchen lo que les tengo que decir.

Recientemente comí con unos cuantos editores. Uno de ellos acababa de asistir a un congreso nacional de bibliotecarios, donde debía vender sus colecciones de libros a la mayor cantidad posible de bibliotecarios. Me dijo que habían asistido 20.000 bibliotecarios; también comentó que si conseguía que una de las grandes redes de bibliotecas, como la de Chicago o la de Nueva York, le comprara un libro, podía suponer una venta de unos cuantos cientos de ejemplares, ya que muchas bibliotecas suelen tener varias copias de cada título.

Suena fantástico, ¿verdad?

Bueno…, tal vez no tanto. Hay una queja recurrente entre los autores. Alguien se acerca en una firma de libros y dice: «Oh, me encantó su libro. Lo saqué de la biblioteca y luego recomendé a todos mis amigos que hicieran lo mismo.» Y el escritor piensa: «Vaya, gracias, ¿pero no lo ha comprado?»

Por supuesto, la biblioteca compró su ejemplar. Pero supongamos que ese ejemplar lo leerán 50 personas a lo largo de la vida del libro. Si el ejemplar de la biblioteca no hubiera existido, sin duda esas 50 personas no habrían comprado el libro, pero imaginen que cinco sí. Para el autor y el editor, eso supone una pérdida de ventas de cuatro ejemplares adicionales.

Aunque hay otra forma de verlo. Además de los ejemplares que compran las bibliotecas, se puede afirmar que, a largo plazo, las bibliotecas aumentan las ventas de los libros a través de unos cuantos canales:

1. Las bibliotecas ayudan a formar a los jóvenes en la lectura; más adelante, esos lectores compran libros.
2. Las bibliotecas exponen a los lectores a escritores que, de otro modo, no habrían leído; a continuación, es posible que los lectores compren otros títulos del mismo autor, e incluso el mismo libro para su colección.
3. Las bibliotecas ayudan a fomentar el hábito de la lectura; sin él, habría menos discusión, crítica y cobertura de los libros en general, lo que se traduciría en menores ventas.

Pero es aquí adonde quiero llegar: si no existiera algo como las bibliotecas y alguien como Bill Gates propusiera introducirlas en las ciudades y los pueblos de los Estados Unidos (algo parecido a lo que hizo Andrew Carnegie en su día), ¿qué pasaría?

Se me ocurre que los editores se opondrían con uñas y dientes. Visto el estado actual del debate sobre la propiedad intelectual, ¿se imaginan a los editores modernos dispuestos a vender un ejemplar para que un número ilimitado de lectores lo leyera de prestado?

Yo no. Tal vez se ideara un acuerdo de licencia: la propiedad se establecería en 20 dólares, y se cobrarían dos dólares anuales más por cada año posterior al de su puesta en circulación. Estoy seguro de que habría un montón de posibles acuerdos adicionales. Y casi igual de seguro de que, como muchos sistemas que evolucionan con el tiempo, si hoy se crearan desde cero, las bibliotecas no se parecerían en nada a lo que son en la actualidad.

Eliminemos las cátedras (incluida la mía)
(SDL)

Si hubo un tiempo en el que tenía sentido otorgar la titularidad permanente a los catedráticos de economía, ese tiempo ha pasado. Lo mismo se puede afirmar de otras disciplinas universitarias y, probablemente en mayor medida, de la docencia en primaria y secundaria.

¿Cuál es el efecto de las cátedras? Distorsionan el esfuerzo de los profesores al someterlos a fuertes incentivos en una etapa temprana de su trayectoria profesional (y, por consiguiente, a trabajar muy duro) y a escasos incentivos el resto de su vida (y, en consecuencia, a trabajar menos).

Hay modelos en los que esta estructura de incentivos tiene sentido, como en los casos en los que se debe absorber una gran cantidad de información para ser competente. Pero una vez adquirido, el conocimiento no se evapora, y el esfuerzo deja de ser importante. Este modelo sirve para aprender a montar en bicicleta, pero es nefasto para la vida académica.

Desde un punto de vista social, no parece buena idea reducir tanto los incentivos posteriores a obtener la cátedra. Las universidades se estancan con empleados que no hacen nada (al menos, que no hacen lo que se supone que les pagan por hacer). Tampoco parece buena idea ofrecer incentivos tan grandes en la etapa anterior: incluso antes de acceder a la titularidad permanente, los profesores jóvenes tienen muchos motivos para trabajar con ahínco a fin de labrarse un buen currículum.

La idea de que la titularidad permanente protege a los catedráticos que realizan trabajos políticamente impopulares me parece ridícula. Aunque puedo imaginar una situación en la que se dé este problema, me cuesta pensar en casos en los que esto haya tenido especial relevancia. La titularidad permanente tiene la extraordinaria virtud de proteger a catedráticos que no trabajan o que trabajan muy mal, pero ¿existe algo en la economía que sea de alta calidad pero tan controvertido que pueda provocar el despido del profesor? En cualquier caso, para eso están los mercados. Si una institución despide a un académico principalmente porque no le gusta su ideología o postura política, habrá otras universidades encantadas de contratarlo. Por ejemplo, en años recientes hemos visto casos de académicos de facultades de economía que han inventado datos, malversado fondos, etc., y que, sin embargo, han conseguido colocarse sin problemas después.

Una ventaja oculta de la titularidad permanente es que permite a los departamentos deshacerse de la gente mediocre. El coste de no despedir durante una reválida es mucho más alto después de otorgar la cátedra que antes. Si es doloroso despedir a alguien, sin titularidad permanente la vía de menor resistencia consiste en decir siempre que se despedirá a quien sea al año siguiente, pero no despedirlo nunca.

Imaginemos cualquier otra profesión en la que sea importante el rendimiento (por ejemplo, un jugador de fútbol profesional o un corredor de divisas). No se nos ocurriría otorgarles la titularidad permanente, ¿verdad? Entonces, ¿por qué existe en el mundo académico?

Lo mejor sería que todos los centros de enseñanza se coordinaran para eliminar las cátedras a la vez. Tal vez los departamentos ofrecieran a los incompetentes uno o dos años para que demostrasen que merecían sus puestos antes de despedirlos. El resto de los economistas de la etapa de la titularidad permanente empezaría a trabajar más duro. Tengo para mí que los salarios y la movilidad no se verían especialmente afectados.

A falta de una acción coordinada entre las universidades para deshacerse de las cátedras, ¿qué ocurriría si una de ellas las eliminase unilateralmente? Supongo que no habría ningún problema. Tendría que pagar al profesorado una pequeña cantidad adicional para que permaneciera en el departamento sin una póliza de seguro en forma de titularidad permanente. Sin embargo, es importante destacar que el valor de las cátedras es inversamente proporcional a la calidad de los profesores. Si alguien es muy bueno en lo suyo, la eliminación de la titularidad permanente no supondrá ningún riesgo para él, de modo que la gente realmente buena necesitaría aumentos de sueldo muy pequeños para compensar la falta de titularidad permanente, mientras que los economistas malos y poco productivos requerirían un subsidio mucho más alto para quedarse en un departamento en el que se han eliminado las cátedras. Esto funcionaría de maravilla para la universidad, porque los malos acabarían marchándose, los buenos se quedarían y se recibirían muchas solicitudes de buenos profesionales interesados en beneficiarse del aumento salarial. Si la Universidad de Chicago me dijese que va a dejar sin efecto mi cátedra, pero que aumentará mi sueldo en 15.000 dólares, aceptaría el cambio encantado, y estoy seguro de que otros muchos también. Al despedir a un empleado improductivo que hasta entonces gozaba de titularidad permanente, la universidad podría compensar a otros diez con lo que se ahorraría.

¿Por qué no reciben propinas los auxiliares de vuelo?
(SJD)

Piensen en todos los empleados del sector de servicios que reciben propinas habitualmente: botones de hotel, taxistas, camareros, los mozos de equipajes de los aeropuertos y a veces hasta los baristas de Starbucks. No es el caso de los auxiliares de vuelo. ¿Por qué no?

Tal vez porque se da por sentado que tienen un buen sueldo y no necesitan propinas. Tal vez porque se consideran asalariados de una categoría que, por algún motivo, no debería aceptar propinas. Hasta puede que, por lo que sea, tengan prohibido aceptar propinas. Tal vez se remonte a una época en que, por lo general, las auxiliares de vuelo eran mujeres y los pasajeros eran hombres, y dada la reputación un poco mística (o tal vez mítica) de los libidinosos hombres de negocios y las atractivas azafatas, el intercambio de dinero en el avión podría haber levantado sospechas: ¿qué había hecho la azafata para ganarse la propina?

En cualquier caso, me resulta extraño que tantos trabajadores del sector de servicios que realizan funciones similares reciban propinas y los auxiliares de vuelo no, sobre todo si se tiene en cuenta que trabajan duramente para muchas personas, corriendo de un lado a otro con bebidas, almohadas, auriculares, etc. Sí, ya sé que últimamente la mayoría está descontenta con su experiencia en los vuelos, y que en ocasiones puede tocar un auxiliar insufrible, pero, en mi opinión, la mayoría realiza un trabajo estupendo, a menudo en condiciones muy difíciles.

No abogo por implantar la costumbre de las propinas en una profesión más. Pero he volado bastante últimamente y he observado lo duro que es el trabajo de los auxiliares de vuelo; me extraña que no se les dé propina. Al menos, nunca he visto a nadie dar propina a un auxiliar de vuelo. Y cuando, en mis cinco últimos vuelos, pregunté a los auxiliares si alguna vez habían recibido propina, me respondieron que no, que nunca. Sus reacciones a mi pregunta oscilaron entre la perplejidad y la esperanza. Creo que hoy, en el vuelo de regreso a casa, sencillamente dejaré propina en lugar de preguntar, a ver qué pasa.

Actualización: Lo intenté sin éxito. «Una auxiliar de vuelo no es una camarera», se me dijo. Tan enérgicamente, que me sentí muy mal incluso por haber intentado poner dinero en las manos de esa mujer.

¿Quieren paliar la congestión del tráfico aéreo en Nueva York? Cierren el aeropuerto LaGuardia
(SJD)

El Departamento de Transporte de los Estados Unidos acaba de cancelar sus planes de subastar las franjas horarias para el aterrizaje y el despegue en los tres aeropuertos de Nueva York. Se trataba de usar la oferta y la demanda para reducir la congestión del tráfico, pero ante la reacción negativa (y las amenazas jurídicas) del sector, Ray LaHood, el ministro de Transporte, retiró la licitación.

«Seguimos decididos a combatir la congestión del tráfico aéreo de Nueva York —afirma LaHood—. Durante el verano me reuniré con representantes de las aerolíneas, los aeropuertos y los consumidores, así como con cargos electos, para seguir avanzando en la búsqueda de una solución.»

Los tres principales aeropuertos que prestan servicio a Nueva York —JFK, Newark-Liberty y LaGuardia— son famosos por la congestión y los retrasos y, puesto que muchos vuelos originados en otras ciudades hacen escala en Nueva York, estos retrasos suelen afectar al tráfico aéreo en todas partes.

Durante un reciente retraso en tierra, en LaGuardia, tuve la oportunidad de conversar con un piloto fuera de servicio de una aerolínea muy conocida, que supo responder en profundidad a todas las preguntas que le hice. Cuando le pedí su opinión sobre la congestión del tráfico aéreo en Nueva York, me dijo que la solución era fácil: cerrar LaGuardia.

El problema, en sus palabras, es que el espacio aéreo de cada uno de los tres aeropuertos se extiende de forma cilíndrica en vertical por encima de su superficie. Dada su relativa proximidad, los tres cilindros de espacio aéreo se obstaculizan mutuamente, lo que crea un exceso de tráfico, no solo por el elevado número de vuelos, sino porque los pilotos se ven obligados a hilar fino y realizar rutas de aproximación innecesariamente complejas.

Si se eliminara el cilindro de LaGuardia, me explicó, tanto Newark como JFK gozarían de más libertad de movimiento y, puesto que LaGuardia tiene mucho menos tráfico aéreo que los otros dos aeropuertos, es el candidato obvio para el cierre.

Pero hay un problema: LaGuardia es el aeropuerto favorito de la gente con mayor poder político de Nueva York, por encontrarse a escasa distancia de Manhattan, de modo que el cierre es muy improbable, al menos en un futuro inmediato. Pero si se produjera, insistió mi amigo piloto, el tráfico aéreo de Nueva York dejaría de ser una pesadilla para convertirse en un sueño.

Debo reconocer que LaGuardia también es mi aeropuerto favorito, ya que vivo en Manhattan y me permite llegar a casa en unos quince minutos. Salvo por esta ventaja, es menos cómodo y agradable que Newark y JFK.

Dicho esto, si la eliminación de LaGuardia tuviese el efecto dominó de reducir la congestión del tráfico aéreo de Nueva York, yo mismo ayudaría a derribarlo. Supongamos (siendo generosos) que cada viajero neoyorquino pierde una media de treinta minutos en cada salida y llegada en cualquiera de los tres aeropuertos. Eso supone un retraso de sesenta minutos por viaje de ida y vuelta. Si tuviera que ir a Newark o JFK para cada vuelo, consumiría poco menos de una hora adicional en los desplazamientos en tierra por viaje de ida y vuelta; si no hubiera retrasos, la cosa quedaría al menos compensada. Los que vivieran cerca de uno de los dos aeropuertos perderían, obviamente, menos tiempo. Y luego habría que sumar todo el tiempo y la productividad recuperados en todo el país gracias a la eliminación de los inevitables retrasos aeroportuarios de Nueva York.

Por qué es mala idea reinstaurar el servicio militar
(SDL)

El *Times* ha publicado un extenso informe bajo el titular «*Restoring the Draft: No Panacea*» («La reinstauración del servicio militar obligatorio no es una panacea»).

Milton Friedman debe de estar revolviéndose en su tumba ante la sola mención del reclutamiento forzoso. Si el problema es que no hay suficientes jóvenes que se presenten voluntarios para ir a luchar a Irak, existen dos soluciones razonables: 1) sacar a las tropas de Irak o 2) pagar a los soldados un sueldo suficientemente atractivo para que estén dispuestos a alistarse.

La idea de que el servicio militar obligatorio supone una solución razonable es totalmente retrógrada. En primer lugar, atrae al ejército a la gente «errónea»: gente que no tiene interés en la vida militar, no está preparada o está decidida a dedicarse a otra cosa. Desde una perspectiva económica, todos ellos son motivos razonables para no querer alistarse. (Soy consciente de que hay otras perspectivas: por ejemplo, un sentimiento de deuda o deber hacia el país, pero, si una persona tiene este sentimiento, la vida militar formará parte de sus intereses.)

Si algo se les da bien a los mercados es asignar personas a ocupaciones, y lo consiguen mediante los salarios. En este sentido, ¡deberíamos pagar a los soldados estadounidenses un salario justo como compensación por los riesgos que corren! Un reclutamiento forzoso es, en esencia, un impuesto alto y concentrado sobre los reclutas, y la teoría económica nos dice que esa es una forma extremadamente ineficaz de alcanzar nuestra meta.

Los críticos podrían argumentar que es inherentemente injusto enviar a muchachos con escasos recursos económicos a morir en Irak. No discuto la injusticia de que unos nazcan ricos y otros pobres, pero dada la disparidad salarial de este país, muy baja opinión hay que tener de la capacidad de toma de decisiones de quienes eligen el ejército para llegar a la conclusión de que el servicio militar obligatorio tiene más sentido que un ejército profesional. Tras considerar sus opciones, los hombres y mujeres que se alistan están eligiendo esta por encima de las otras. Un servicio militar obligatorio podría tener sentido como intento de reducir las desigualdades sociales; pero, en un mundo lleno de desigualdades, dejar que la gente elija su propio camino es mejor que imponérselo. Un buen ejemplo de esto es que el ejército ofrece en la actualidad primas de 20.000 dólares por «traslado inmediato» a los que estén dispuestos a ir a combatir a los 30 días de alistarse, tras una instrucción básica. (Es probable que esta prima tenga algo que ver con el hecho de que el Ejército acaba de alcanzar su objetivo de alistamiento mensual por primera vez en un buen tiempo.)

Sería aún mejor que el Gobierno tuviese la obligación de pagar salarios justos a los soldados en tiempo de guerra. Si el sueldo por combatir estuviese determinado por el mercado y los soldados pudieran presentar su renuncia cuando quisieran, como ocurre en la mayoría de los trabajos, el gasto se dispararía y reflejaría con más precisión los verdaderos costes de librar una guerra, lo que permitiría evaluar adecuadamente hasta qué punto los beneficios de una acción militar superan el gasto.

Los críticos también argumentarían que si en el Ejército hubiera más personas acomodadas de origen caucásico, no estaríamos en Irak. Probablemente sea verdad, pero eso no implica que el servicio militar obligatorio sea una buena idea. El reclutamiento forzoso haría que las guerras se libraran de forma menos eficaz, lo que supondría menos conflictos armados. Pero también es posible que, si se pueden librar guerras de forma eficaz, valga la pena librarlas, incluso si no valiese la pena librarlas de forma ineficaz. Para dejarlo claro, no estoy diciendo que valga la pena librar esta guerra en concreto; solo que, en teoría, podría ser.

Por otra parte, el sistema actual, que depende de la reserva, tampoco parece adecuado. En esencia, consiste en que el Gobierno paga un sueldo demasiado alto a los reservistas cuando no los necesita y un sueldo muy bajo cuando los necesita. Este arreglo desplaza todo el riesgo del Gobierno a la reserva. Desde una perspectiva económica, el resultado no tiene ningún sentido, porque a la gente no le gusta (o no le debería gustar) el riesgo. Lo ideal sería que el salario de los reservistas fuera muy bajo en tiempo de paz y lo bastante alto en tiempo de guerra para que no les importara que los llamasen a filas.

Una propuesta freakonómica para ayudar al Servicio Sanitario Nacional del Reino Unido
(SDL)

En el primer capítulo del libro *Piensa como un freak* narramos la malhadada experiencia que tuvimos Dubner y yo con David Cameron poco después de que resultara elegido primer ministro del Reino Unido. En resumidas cuentas, bromeamos delante de Cameron sobre la posibilidad de aplicar a los coches los principios que él defendía para el sistema sanitario; resultó que no se debe bromear con los primeros ministros.

Eso irritó a varias personas, incluido Noah Smith, autor de un blog de economía, que despotrica contra nosotros y defiende el Servicio Sanitario Nacional del Reino Unido.

Debo empezar por decir que no tengo nada contra el Servicio Sanitario Nacional y que sería el último en defender el sistema estadounidense; cualquiera que me haya oído hablar del Obamacare sabe que no me gusta y que nunca me ha gustado.

Pero no hace falta ser muy listo ni tener una fe demasiado ciega en los mercados para reconocer que si no se cobran las cosas (incluido el sistema de atención sanitaria), la gente acabará consumiéndolas en exceso. Les garantizo que si los estadounidenses tuvieran que pagar de su bolsillo los precios demenciales que cobran los hospitales por sus servicios, se destinaría un porcentaje menor del PIB a la atención sanitaria, tanto en los Estados Unidos como en el Reino Unido.

Smith concluye su crítica con estas palabras:

> Pero no creo que Levitt tenga un modelo. Lo que tiene es un mensaje sencillo («todos los mercados son iguales») y una fuerte convicción previa de la veracidad de ese mensaje.

Smith no podría haber sabido, a partir del contenido de *Piensa como un freak*, que sí que tenemos un modelo de Servicio Sanitario Nacional: de hecho, se lo propuse al equipo de Cameron después de que él abandonase la reunión.

Si el modelo no tiene otros méritos, al menos es admirablemente sencillo.

El primero de enero de cada año, el Gobierno inglés enviaría un cheque de 1.000 libras esterlinas a cada residente británico. Los destinatarios podrían hacer lo que quisieran con ese dinero, pero, si fueran prudentes, lo guardarían para cubrir los gastos sanitarios. En mi sistema, la gente debería correr con el 100 % de los costes de la atención sanitaria hasta llegar a 2.000 libras, y con el 50 % entre 2.000 y 8.000 libras. El Gobierno pagaría todos los gastos que sobrepasaran las 8.000 libras anuales.

Desde el punto de vista del ciudadano, en el mejor de los casos no haría uso de la atención sanitaria, de modo que acabaría con 1.000 libras en positivo. Mucho más de la mitad de los residentes británicos gastaría menos de 1.000 libras en atención sanitaria en un año. En el peor de los casos, el individuo consumiría más de 8.000 libras en atención sanitaria, de modo que acabaría con 4.000 en rojo (se gastaría 5.000 libras, pero esta cantidad quedaría compensada en parte por las 1.000 libras recibidas a principios de año).

Si resulta que los consumidores son sensibles a los precios (es decir, lo que sostiene el principio más básico de la economía, según el cual las curvas de demanda son decrecientes), se reducirá el gasto total en la atención sanitaria. Según las simulaciones que hicimos en Greatest Good, nuestro cálculo es que los costes de la atención sanitaria se reducirán en un 15 %. Eso supone un ahorro para la sanidad pública de casi 20.000 millones de libras. Esta reducción se produce porque a) con toda probabilidad, la competencia conllevará una mejora de la eficacia, y b) se reducirá el consumo de servicios sanitarios de bajo valor que en la actualidad los consumidores utilizan sencillamente porque son gratuitos.

Todo el mundo seguirá protegido contra las enfermedades catastróficas.

Como en cualquier programa gubernamental, hay ganadores y perdedores. A la mayoría de los británicos les irá mejor en el caso que he descrito, pero a los que necesiten gastar mucho durante un año les irá peor. Eso se debe a que el sistema que propongo solo proporciona un seguro parcial que ofrece incentivos para que los consumidores tomen decisiones prudentes. Así, el sistema de atención sanitaria sería un fiel reflejo de otros aspectos de la vida. Cuando se me estropea el televisor, tengo que comprarme otro. Mi situación es peor que la del tipo al que no se le estropeó el televisor. No hay nada inmoral en esto; así es como funciona el mundo normalmente.

Sin duda, esta sencilla propuesta admite muchas mejoras. Por ejemplo, el cheque que se envía al principio del año podría ser más sustancioso para los ancianos, para los enfermos crónicos, etc.

No tengo la menor idea de la viabilidad política de un plan de este tipo, pero he realizado sondeos informales en el electorado británico. Cada vez que me subo a un taxi en Londres, pregunto al conductor si estaría a favor de mi propuesta. Puede que los taxistas solo intenten ser amables, pero casi el 75 % declara que preferiría mi sistema al existente.

Así pues, tal vez sea hora de pedir otra audiencia con el primer ministro...

¿Una alternativa a la democracia?
(SDL)

Con las elecciones presidenciales estadounidenses a la vuelta de la esquina, todo el mundo parece obsesionado con la política. A diferencia de la mayoría de la gente, los economistas sentimos indiferencia hacia las citas electorales. Para un economista, las posibilidades de que un voto influya en el resultado de unas elecciones son muy escasas, de modo que, a menos que sea divertido votar, no tiene mucho sentido. Por si fuera poco, hay una serie de resultados teóricos, el más famoso de los cuales es el teorema de imposibilidad de Arrow, que señala las dificultades de idear un sistema de votación que refleje las preferencias del electorado.

En general, estas exploraciones teóricas de los vicios y virtudes de la democracia me provocan bostezos.

Sin embargo, la primavera pasada mi colega Glen Weyl presentó una idea tan sencilla y elegante que me sorprendió que no se le hubiera ocurrido antes a nadie. Según el sistema de votación de Glen, cada votante puede meter tantas papeletas como quiera en la urna. El truco, sin embargo, es que el votante tiene que pagar cada vez que vota, y el importe de los votos aumentaría exponencialmente. Como consecuencia, cada voto adicional costaría más que el anterior. A modo de ejemplo, digamos que el primer voto cuesta un dólar. Votar por segunda vez costará cuatro; por tercera, nueve; por cuarta, 16, y así sucesivamente. Votar cien veces costaría 10.000 dólares. De modo que al final, por mucho que le guste un candidato, cada votante votará un número finito de veces.

¿Qué tiene de especial este sistema de votación? Que la gente acaba votando en proporción a la importancia que dé al resultado electoral. El sistema no solo tiene en cuenta el candidato preferido, sino la intensidad de su preferencia. Dadas las suposiciones de Glen, este sistema es «pareto óptimo», es decir, ningún individuo puede mejorar su situación sin que empeore la de otro.

Probablemente, la primera crítica que recibirá esta suerte de estrategia electoral es que favorece a los ricos. En cierta medida, esto es cierto en el sistema actual. Puede que no sea un argumento aceptado, pero un economista podría decir que los ricos consumen más de todo, de modo que ¿por qué no habrían de consumir más influencia política? En nuestro sistema actual de contribuciones a las campañas, no cabe duda de que los ricos ya ejercen una influencia mucho mayor que los pobres, de modo que la restricción del gasto en campañas, junto con este método electoral, podría ser más democrática que el sistema vigente.

Otra posible crítica a la idea de Glen es que incentiva la compra de votos. Es mucho más barato comprar los primeros votos de un montón de ciudadanos indiferentes que pagar el centésimo voto. En cuanto se ponga un precio en dólares a los votos, es más probable que la gente vea en ellos una forma de transacción financiera y esté dispuesta a comprarlos y venderlos.

Puesto que llevamos tanto tiempo empleando el sistema de «una persona, un voto», es muy poco probable que se llegue a poner en práctica la idea de Glen en unas elecciones importantes. Jacob Goeree y Jingjing Zhang, otros dos economistas, han estado explorando una idea similar y la han puesto a prueba en condiciones de laboratorio. No solo funciona bien, sino que, puestos a elegir entre la votación tradicional y el sistema de demanda, los participantes suelen elegir este último.

Este sistema de votación puede funcionar en cualquier situación en que haya mucha gente tratando de elegir entre dos alternativas, por ejemplo, un grupo de amigos que tenga que decidir qué película ir a ver o en qué restaurante comer, compañeros de piso que intenten decidir qué televisor comprar, etcétera. En situaciones como estas, el fondo recaudado se dividiría de forma equitativa y se redistribuiría entre los votantes.

Tengo la esperanza de que algunos de ustedes se animen a probar este sistema de votación. En tal caso, tengan por seguro que me encantaría conocer el resultado.

¿Tendríamos mejores políticos si les pagásemos más?

(SJD)

Cada vez que consideramos las deficiencias de los sistemas políticos nos asalta esta duda: tal vez tengamos políticos mediocres porque el puesto, sencillamente, no atrae a la gente adecuada. Por tanto, si subiésemos los sueldos significativamente, atraeríamos a políticos mejores.

Este argumento goza de escasa popularidad por varias razones, una de las cuales es que serían los propios políticos quienes tendrían que presionar para obtener salarios más altos, lo que no es políticamente factible, y menos en economías modestas. ¿Se imaginan los titulares?

Pero la idea no deja de ser atractiva, ¿verdad? Consiste en que, al subir los sueldos de los cargos electos y otros altos funcionarios; *a*) enviaríamos una señal sobre la verdadera importancia del puesto; *b*) atraeríamos a personas competentes que, de otro modo, se inclinarían por puestos mejor remunerados; *c*) permitiríamos que los políticos se centraran más en sus tareas y se preocuparan menos por sus ingresos, y *d*) conseguiríamos que los políticos fueran menos susceptibles a los intereses de los ricos.

Hay países que ya pagan sumas altas a los altos funcionarios, como es el caso de Singapur. Cito Wikipedia:

Los ministros de Singapur son los políticos mejor pagados del mundo. En 2007 recibieron una subida salarial del 60 %, a resultas de la cual el sueldo de Lee Hsien Loong, el primer ministro, se disparó hasta los 3,1 millones de dólares, que quintuplican los 400.000 dólares ingresados por Barack Obama. Aunque el hecho de que los políticos recibiesen sueldos tan altos en un país relativamente pequeño suscitó ciertas protestas, la postura firme del Gobierno fue que este aumento era necesario para consolidar la eficacia y la incorruptibilidad del Gobierno «de primer nivel» de Singapur.

Aunque más adelante Singapur redujo sustancialmente el salario de sus políticos, siguen cobrando sueldos relativamente altos.

Pero ¿existe alguna prueba de que un sueldo más alto mejore el rendimiento de los políticos? Un trabajo de investigación de Claudio Ferraz y Federico Finan sostiene que sí, al menos en el caso de los ayuntamientos brasileños:

> Nuestros principales hallazgos muestran que un salario más alto aumenta la competencia política y mejora la calidad de los legisladores en cuanto a formación, tipo de profesión anterior y experiencia en cargos políticos. Además de esta selección positiva, hemos comprobado que los sueldos también afectan al rendimiento de los políticos, que es coherente con una respuesta conductual a una mejor valoración del ejercicio del cargo.

Otro trabajo de investigación más reciente de Finan, Ernesto Dal Bó y Martin Rossi demuestran que la calidad de los funcionarios también es proporcional a su sueldo, esta vez en ayuntamientos mexicanos:

> Hemos comprobado que los sueldos más altos atraen a candidatos mejor preparados en cuanto a su CI, personalidad y propensión a desempeñar funciones públicas, es decir, no hemos encontrado indicios de efectos de selección adversos sobre la motivación; las ofertas de sueldos más altos también aumentan las tasas de aceptación, lo que supone una elasticidad de la oferta laboral de alrededor de 2 puntos y cierto grado de monopsonio. La distancia y las características desfavorables del municipio reducen las tasas de aceptación, pero los salarios más altos

ayudan a cerrar la brecha de la contratación en los ayuntamientos menos atractivos.

No sostengo que una mejora del salario de los funcionarios gubernamentales mejoraría necesariamente nuestro sistema político. Pero, del mismo modo que no parece buena idea pagar a un profesor menos de lo que pueda ganar en otros campos una persona de preparación similar, probablemente es mala idea esperar que suficientes políticos y funcionarios capacitados ocupen esas plazas pese a que pueden ganar mucho más si se dedican a otra cosa.

Llevo cierto tiempo considerando una idea aún más radical: ¿y si incentiváramos a los políticos con grandes bonificaciones en efectivo cada vez que su trabajo supusiera verdaderos beneficios para la sociedad?

Uno de los problemas de la política es que los incentivos de los políticos no suelen corresponderse con los del electorado. Los votantes quieren políticos que ayuden a resolver problemas a largo plazo: transporte, asistencia sanitaria, educación, desarrollo económico, asuntos geopolíticos, etc. Mientras tanto, los políticos tienen fuertes incentivos para actuar en favor de sus propios intereses (resultar elegidos, recaudar fondos, consolidar su poder, etc.), la mayoría de los cuales tienen una compensación a corto plazo. De modo que, por mucho que nos moleste la manera de actuar de muchos políticos, sencillamente responden a los incentivos que les ofrece el sistema.

Pero ¿qué pasaría si, en vez de pagar una tarifa plana a los políticos, con lo que se fomenta la utilización del puesto para conseguir beneficios personales que pueden estar reñidos con los del electorado, los incentiváramos para que trabajasen denodadamente por el bien común?

¿Cómo se podría llevar a cabo? Ofreciendo a los políticos el equivalente en opciones de compra de acciones de la legislación que producen. Si un cargo elegido o nombrado trabaja durante años en un proyecto que arroja un buen resultado para la asistencia sanitaria, la educación o el transporte, démosle un cheque cinco o diez años después, cuando se verifiquen esos resultados. ¿Qué prefieren? ¿Pagar a un ministro de Educación el sueldo estándar de 200.000 dólares, tanto si hace algo que valga la pena como si no, o darle un cheque de cinco millones a los diez años si sus esfuerzos consiguen elevar un diez por ciento la puntuación de los exámenes?

He debatido esta idea con una serie de políticos electos. No la consideran completamente absurda, o al menos son lo bastante educados para fingirlo. Hace poco tuve la oportunidad de presentar esta idea al senador John McCain. Me escuchó atentamente, asintiendo y sonriendo. Me sorprendió que se involucrara tanto en la conversación. Esto no hizo más que alentarme a seguir desarrollando mi idea, con todo lujo de detalles. Después, se acercó para estrecharme la mano. «Es una buena idea, Steve —me dijo—, ¡suerte y al infierno!»

Se volvió y se marchó sin dejar de sonreír. Nunca me ha sentado tan bien que me rechacen de plano. Supongo que eso es lo que define a un gran político.

2

Limberhand, el masturbador, y los peligros de Wayne

HELLO *Una de las ventajas de empezar con un blog después de escribir un libro es que se puede continuar con la conversación que se puso en marcha en el libro. Hasta cierto punto, una vez publicado, un libro es inamovible. Pero el blog se puede actualizar cada día, cada hora. Aún mejor: ahora hay un ejército de lectores del libro explorando el universo en busca de historias que confirmen (o refuten) lo escrito. Eso ocurrió con un capítulo de* Freakonomics *titulado «Would a Roshanda by Any Other Name Smell as Sweet?» («¿Roshanda dejaría de esparcir su aroma si se llamase de otro modo?», paráfrasis de un célebre verso de* Romeo y Julieta*), donde explorábamos el efecto del nombre en la persona que lo lleva. Ningún lector fue más diligente en la consecución de esta idea que la mujer que inspiró la primera entrada de este capítulo.*

La próxima vez que su hija lleve un novio a casa, no olvide preguntarle su segundo nombre
(SDL)

Hace poco recibí un paquete interesante por correo. Lo enviaba una tejana llamada M. R. Stewart, que afirma ser la orgullosa madre y abuela de cuatro pitbulls.

La señora Stewart tiene un pasatiempo infrecuente: recortar artículos de periódico de cierta índole. Me envió fotocopias de sus hallazgos más recientes, todos publicados por el rotativo local durante los últimos años. Los recortes tenían dos cosas en común:

1. Todos eran informes sobre supuestos delitos.
2. En todos los casos, el segundo nombre del presunto delincuente era Wayne.

Tengo que confesar que me sorprendió la cantidad de ejemplos. Para proteger a los potencialmente inocentes, voy a ocultar sus apellidos:

ERIC WAYNE Xxxxxx: delitos sexuales
NATHAN WAYNE Xxxxxx: secuestro y agresión; homicidio
RONALD WAYNE Xxxxxx: triple homicidio
DAVID WAYNE Xxxxxx: diez años por ejercer la enfermería sin licencia
LARRY WAYNE Xxxxxx: homicidio
PAUL WAYNE Xxxxxx: robo
MICHAEL WAYNE Xxxxxx: robo
JEREMY WAYNE Xxxxxx: homicidio
GARY WAYNE Xxxxxx: práctica de relaciones sexuales sin protección con conocimiento de ser positivo en VIH
BRUCE WAYNE Xxxxxx: homicidio
JOSHUA WAYNE Xxxxxx: agresión a un agente de policía

BILLY WAYNE Xxxxxx: homicidio
BILLY WAYNE Xxxxxx: agresión
BILLY WAYNE Xxxxxx: intento de asesinato y robo
KENNETH WAYNE Xxxxxx: agresión sexual
JERRY WAYNE Xxxxxx: intento de homicidio
TONY WAYNE Xxxxxx: agresión con agravantes a anciana en presencia de sus nietos; atraco
LARRY WAYNE Xxxxxx: allanamiento de morada
RICHARD WAYNE Xxxxxx: resistencia a la autoridad
CHARLES WAYNE Xxxxxx: homicidio

Tal vez se pueda redactar una lista igual de impresionante con otro segundo nombre, pero lo dudo. Y, por supuesto, cualquiera cuyo segundo nombre sea Wayne tiene un temible ejemplo en John Wayne Gacy Jr., el tristemente célebre asesino en serie de Chicago.

La señora Stewart también colecciona recortes de periódico sobre personas cuyo segundo nombre rima con Wayne: había cuatro DeWaynes, cuatro Duanes y dos Dwaynes.

Después de leer todos los recortes, llevé a un lado a mis dos hijas mayores (tienen seis años) y les prohibí echarse novios cuyo segundo nombre fuese Wayne. Olivia, que está obsesionada con un chico de su clase que se llama Thomas, le preguntará mañana por su segundo nombre.

Sualteza Morgan
(SJD)

Gracias a la sección de *Freakonomics* sobre nombres inusitados —como Temptress (Tentadora), Shithead (insulto equivalente a *gilipollas*), Lemonjello y Orangejello (gelatina de limón y gelatina de naranja)—, los lectores nos mandan por correo electrónico muchos ejemplos similares.

Creo que no hemos recibido ninguno mejor que este, cortesía de David Tinker, de Pittsburgh. Nos envió un artículo del *Orlando Sentinel* sobre un estudiante con beca deportiva de 16 años de edad de Brushnell (Florida), de nombre Yourhighness Morgan (literalmente, Sualteza Morgan), que tiene un hermano menor llamado Handsome (Guapo), y primos llamados Prince (Príncipe) y Gorgeous (Guapísimo). (Si sirve de algo, me crie en una granja y teníamos un cerdo llamado *Handsome*.)

Yourhighness suele utilizar las siglas YH y, en ocasiones, Hiney, lo que por lo visto, para los parientes y amigos que lo llaman así, no significa «trasero», como lo entendíamos en mi casa.

Me gusta tanto el nombre Yourhighness que voy a intentar que mis hijos me llamen así durante un tiempo.

Entre las otras noticias con nombres extraños hay un triste artículo del *San Diego Tribune* (que nos envió un tal James Werner, de Charlottesville, Virginia) sobre un asesinato en un enfrentamiento entre pandillas. La víctima se llamaba Dom Perignon Champagne, y su madre, Perfect Engelberger.

Un nombre celestial
(SJD)

¿Qué niño no ha jugado con las letras de su nombre, preguntándose, por ejemplo, cómo sonaría escrito al revés? (Reconozco que de pequeño firmé trabajos escolares como «Evets Renbud»). Al parecer, el año pasado al menos 4.457 padres hicieron este trabajo por sus hijos y les pusieron el nombre «Nevaeh», que es «Heaven» ('Paraíso') escrito al revés. Jennifer 8. Lee (que ha tenido suerte con el nombre) lo relata en *The New York Times* y señala un aumento extraordinario en la popularidad de este nombre, de ocho casos en 1999 a 4.457 casos en 2005.

De las dos últimas generaciones, Nevaeh se ha convertido, sin duda, en el fenómeno más extraordinario en nombres de bebés —dijo Cleveland Kent Evans, presidente de la Sociedad Estadounidense del Nombre y catedrático de psicología en la Universidad Bellevue de Nebraska. [...] La causa de este incremento puede atribuirse a la aparición en la MTV, en el año 2000, de la estrella del rock cristiano Sonny Sandoval, del grupo P.O.D., con su bebé Nevaeh: Heaven escrito al revés.

El único dato que no cuadra en el artículo de Lee es la afirmación de que Nevaeh, el séptimo nombre más frecuente entre las niñas estadounidenses, está ahora más generalizado que Sara..., lo que es cierto, pero un tanto engañoso: «Sarah», la grafía más común de este nombre, sigue ocupando el puesto decimoquinto.

La imprevisibilidad de los nombres de bebés
(SJD)

¿Es posible predecir qué nombres se generalizarán y cuáles caerán en el olvido? Hemos intentado predecir los nombres de niños y niñas que podrían gozar de mayor popularidad dentro de diez años basándonos en la observación de que las masas tienden a elegir nombres que ya se han ganado la aprobación de padres con educación superior e ingresos altos. Pero las tendencias, incluidas las modas onomásticas, suelen marchar al son de un tambor que no siempre es audible.

Si tuviésemos que elegir un nombre de los últimos años como candidato a la desaparición, sería Katrina. ¿Quién diablos pondría a su hija el nombre de un huracán que prácticamente arrasó una ciudad entera?

De hecho, la popularidad del nombre se hundió en los doce meses que siguieron al huracán, con apenas 850 casos en los Estados Unidos, con lo que cayó en la clasificación de nombres de niñas del número 247 al 382. Es un descenso considerable, pero ¿por qué no fue aún mayor?

Podríamos pensar que los padres que viven lejos del área afectada no tenían demasiado presente la destrucción provocada por el huracán. Pero nos equivocaríamos.

De hecho, en los dos estados más afectados por el huracán *Katrina*, el nombre recibió más adhesiones en los doce meses siguientes a la devastación que en los doce anteriores. En Luisiana pasó de ocho casos a quince, mientras que en Misisipi se disparó de siete a veinticuatro. (Supongo que la elección de este nombre aumentó más aún, ya que mucha gente desplazada de ambos estados tendría hijas —quizá llamadas Katrina— en otros lugares.)

Puede que los nuevos padres de Luisiana llamaran Katrina a sus hijas como afirmación de que habían sobrevivido al huracán, una especie de chupito para disipar la resaca. Tal vez fuera un homenaje a los familiares y amigos que murieron o perdieron su casa. Lo que, al menos, dice tanto sobre nuestro deseo incesante de predecir el futuro como sobre la gente que tuvo hijos el año pasado.

Superen este aptónimo
(SJD)

Un aptónimo es un nombre que también describe lo que uno hace. En el pasado, los aptónimos no eran coincidencias, sino designaciones profesionales. Por eso queda tanta gente que se apellida Tanner (curtidor), Taylor (sastre), etc., aunque en nuestra cultura no son tan comunes.

Razón por la que ayer me entusiasmé tanto al detectar un aptónimo fantástico. Hojeando el último número de la revista *Good* me detuve a mirar el pie editorial. Hay dos personas que aparecen bajo «Investigación», que en la jerga de las revistas quiere decir «comprobación rápida». Uno de los nombres es... Paige Worthy. Es decir: si Paige Worthy no aprueba un dato, este no es *page worthy* (merecedor de figurar en la página), al menos para *Good*.

¿Se trata de una broma? Lo dudo: todos los demás nombres parecen legítimos. Y, sinceramente, espero que lo sea. ¿Se les ocurre un aptónimo mejor?

Al final de esta entrada anunciamos un concurso e invitamos a los lectores a enviarnos los mejores aptónimos con que se hubieran topado. Juzgaría las propuestas un panel de prestigiosos expertos en onomástica (también conocidos como Dubner y Levitt) y los ganadores obtendrían objetos promocionales de Freakonomics.

Los ganadores de nuestro concurso de aptónimos
(SJD)

Hace poco escribimos una entrada sobre una comprobadora de datos llamada Paige Worthy (digno de figurar en la página) y les pedimos que nos enviaran sus propios aptónimos. La reacción fue estupenda, con casi trescientas propuestas. A juzgar por esta muestra, los dentistas, proctólogos y oftalmólogos de los Estados Unidos parecen especialmente propensos a la aptonimia. A continuación citamos los mejores casos. Pero antes, un poco más de información sobre Paige Worthy, la persona que dio pie a este concurso:

Sí, existe, y ese es su verdadero nombre. No solo investiga para la revista *Good*; también trabaja de correctora de estilo en las revistas *Ride* y *King*, ambas dirigidas a un público de varones negros. La primera es una revista sobre automóviles, y la segunda está destinada a los adolescentes. «Soy blanca, por cierto», nos aclara Paige. Vive en Nueva York y procede de Kansas City, donde, nos dice, «trabajaba para una pequeña empresa llamada Sun Tribune Newspapers, de correctora y maquetadora, de modo que en aquella época tenía un nombre apropiado por partida doble».

Puesto que es real y puesto que su nombre es el aptónimo perfecto, Paige Worthy recibirá el premio *Freakonomics* que desee. Los otros ganadores:

LIMBERHAND, EL MASTURBADOR

Un lector llamado Robbie nos escribió para relatarnos un caso dirimido en los tribunales de Idaho sobre las expectativas de intimidad en los cubículos de los servicios públicos, esto en relación con el escándalo de Larry Craig. He aquí una breve cita del caso de Idaho:

> El acusado fue detenido por conducta obscena después de que un agente de policía lo viera masturbarse a través de un agujero de 10 cm en el cubículo de un baño público. Este Tribunal determina que Limberhand tenía unas expectativas legítimas de intimidad en el servicio pese a la existencia del agujero.

Así es: el hombre al que detuvieron por masturbarse en un baño público se llamaba Limberhand (mano ágil).

(El accésit en la categoría «Golpes bajos» recae sobre un lector que escribió lo siguiente: «En una ocasión corregí para una revista médica un artículo sobre el alargamiento del pene, escrito por el doctor Bob Stubbs [vibrador pichacorta]. Lo mejor de todo es que aprendió su técnica de un cirujano plástico chino llamado doctor Long [largo].»)

EIKENBERRY, EL DIRECTOR DE FUNERARIA

Un lector llamado Paul A. nos escribió: «En Peru (Indiana) hay un director de funeraria cuyo nombre es Eikenberry (pronunciado *I can bury*, "Puedo enterrar"). Es uno de los dos dueños de una funeraria que se llama (redoble de tambores, por favor) Eikenberry Eddy (Puedo enterrar al tonto).»

(Accésit en la categoría «A dos metros bajo tierra» para el lector que nos escribe: «En mi ciudad natal [Amarillo, Texas], hay una funeraria llamada Boxwell Brothers [Hermanos Buenacaja]. No se me ocurre ninguno mejor.»)

JUSTIN CASE, EL VENDEDOR DE SEGUROS

No estoy seguro de que este caso sea cierto, pero supondré que Kyle S., el lector que nos lo envió, es honrado: «El agente de la compañía de seguros con la que tengo asegurada mi granja se llama Justin Case (Por si acaso).» No hacen falta explicaciones.

Por último, aunque solo anuncié tres premios, hubo tantos dentistas aptónimos que creo que tenemos que añadir un cuarto ganador. Este es mi favorito:

CHIP SILVERTOOTH

Un lector llamado Scott Moonen nos escribe: «Mi antiguo dentista se llamaba Eugene Silvertooth (Diente de plata). Desde pequeño lo apodaban Chip (Astilla) Silvertooth.»

(El accésit para dentistas se lo lleva un lector llamado Anshuman: «Por desgracia, cuando abandoné San Francisco tuve que dejar a mi dentista, el doctor Les Plack [Menos Placa]. Había nacido para el oficio, ¿verdad?»)

3

¡Viva la gasolina cara!

Si hay algo sobre lo que los economistas creen saberlo todo, son los precios. Para un economista hay un precio para todo y todo tiene un precio. Si para la gente normal los precios son lo que hace refunfuñar en las tiendas, para los economistas son la lógica que organiza nuestro mundo. De modo que, por supuesto, a lo largo de los años hemos tenido mucho que decir sobre este asunto.

Alguien me odia por cinco dólares
(SDL)

Hay un sitio web —tan estúpido que me avergüenzo de hacerle publicidad gratuita— llamado www.WhoToHate. com («A quién odiar»). La idea en que se basa es que se les pagan cinco dólares, se escribe el nombre de alguien a quien se odia y la web escribe a esa persona para comunicarle que hay alguien que la odia.

Hoy recibí uno de esos mensajes, lo que quiere decir que alguien me odia lo suficiente para pagar cinco dólares a cambio de que me lo comuniquen.

Desde una perspectiva económica, el producto que venden es interesante. ¿Obtiene algo la persona que paga los cinco dólares por declarar su odio, aunque de forma completamente anónima? ¿O el beneficio está en el dolor (real o imaginario) del destinatario cuando descubre la intensidad con que lo odian?

Para alguien que me odia activamente, la única fuente de satisfacción sería la transacción. Todos los días me llegan grandes cantidades de odio, un odio mucho más lacerante que este mensaje caprichoso en el que han invertido cinco dólares. En realidad, que la persona que me odia me identificara como Steve Levitt de California (donde viví poco tiempo, mientras visitaba Stanford hace varios años) me hizo reír.

Pero esto me ha dado que pensar. Tal vez a la web le convendría permitir que la persona que odia pague más de cinco dólares. Si pagase 50 dólares para demostrar su odio y esa información se transmitiera a la persona odiada, el mensaje sería contundente. Sin embargo, es posible que los odiadores prefieran enviar diez mensajes de cinco dólares, para crear la impresión de que muchos odian un poco, en lugar de que uno odia mucho.

Lo que me entristece de este sitio web es que se puede usar en campañas de odio escolares. Para alguien que solo recibe unos pocos mensajes al día, recibir una docena que le comunican el odio de gente anónima puede ser sumamente desalentador.

La buena noticia es que, al parecer, no hay mucha gente que odie tanto como para estar dispuesta a gastarse cinco dólares en manifestarlo. La lista actual de las diez personas más odiadas incluye nombres muy conocidos (omito a aquellos de los que nunca he oído hablar por temor a que se trate de escolares inocentes). Esta es la lista, con el número de personas que las odian:

George Bush	(7)
Hillary Clinton	(3)
Oprah Winfrey	(3)
Gloria Steinem	(3)
Barbara Boxer	(2)

De modo que, con la enorme cantidad de personas que odian a George Bush, solo siete han estado dispuestas a soltar los cinco dólares. Para situarse en la lista de los diez primeros basta con el odio de dos personas. Eso no me debería resultar difícil; ya tengo la mitad.

Si los vendedores de *crack* aprendiesen de Walgreens, se harían realmente ricos
(SJD)

Hace poco charlaba con un médico de Houston, uno de esos respetables médicos de cabecera de edad avanzada que ya no se ven mucho. Se llama Cyril Wolf. Es originario de Sudáfrica, pero, salvo por ese dato, me pareció el paradigma de la medicina general de hace décadas.

Le había planteado una serie de preguntas —qué ha cambiado recientemente en su profesión, cómo se ha visto afectado por los seguros médicos, etc.— cuando, de pronto, se le encendió la mirada, apretó los dientes y su voz adquirió un tono de exasperación. Empezó a describir un problema sencillo pero de gran peso en su profesión: muchos medicamentos genéricos siguen teniendo precios prohibitivos para sus pacientes. Muchos de sus pacientes, me explicó, deben pagar los medicamentos de su bolsillo, pero hasta los genéricos de cadenas como Walgreens, Eckerd y CVS pueden ser demasiado caros para ellos.

De modo que Wolf empezó a husmear y descubrió que dos cadenas, Costco y Sam's Club, vendían genéricos a precios mucho más bajos que los de la competencia. Incluso si se incluía en los cálculos el coste de hacerse miembro de Costco y Sam's Club, las diferencias de precios eran sorprendentes. (Al parecer, no hace falta ser miembro de ninguna de estas cadenas para comprarles fármacos, pero la afiliación proporciona descuentos adicionales.) He aquí los precios que encontró Wolf en las farmacias de Houston para 90 pastillas del genérico del Prozac:

Walgreens: 117 dólares
Eckerd: 115 dólares
CVS: 115 dólares
Sam's Club: 15 dólares
Costco: 12 dólares

No es ninguna errata: Walgreens cobra 117 dólares por un frasco de las mismas pastillas por las que Costco cobra 12.

Al principio me mostré escéptico. ¿Por qué demonios, le pregunté a Wolf, iba a pagar nadie 100 dólares adicionales —probablemente cada mes— por comprar el medicamento en Walgreens y no en Costco?

Su respuesta: si un jubilado está acostumbrado a comprar en Walgreens, es allí adonde llevará sus recetas, dando por sentado que el precio de un genérico (o quizá de cualquier medicamento) es prácticamente igual en cualquier farmacia. ¡Vaya si no hay asimetría en la información! ¡Vaya si no hay discriminación de precios!

Tenía pensado escribir sobre esto y había recopilado enlaces pertinentes: un reportaje televisivo de Houston sobre el descubrimiento de Wolf; una amplia comparativa de precios realizada para un noticiario de Detroit; un reportaje de la revista *Consumer Reports* y el informe de una investigación dirigida por la senadora Dianne Feinstein.

Pero me había olvidado por completo hasta que leí un detallado artículo del *Wall Street Journal* que proporciona un buen enfoque de la diferencia de precios entre las cadenas. Pocas diferencias son tan extremas como en el ejemplo de Wolf, pero tampoco son desdeñables. Tal vez la frase más interesante sea esta:

> Después de la llamada de un periodista, CVS afirmó que bajaría el precio de la simvastatina de 108,99 a 79,99 dólares, como parte de un «análisis de precios en curso».

De modo que así se llama: «análisis de precios en curso». Tendré que recordarlo la próxima vez que mis hijos me pillen intentando comprar un juguete de dos dólares cuando les prometí uno de veinte.

La danza de apareamiento del coche nuevo
(SDL)

Mi coche tiene diez años, así que este fin de semana salí a comprar uno nuevo. En *Freakonomics* y *SuperFreakonomics* hablamos bastante sobre cómo ha cambiado Internet los mercados en los que hay asimetrías de información. La compra de un coche me dio la oportunidad de observar personalmente la interacción de estas fuerzas en el mercado del coche nuevo.

No me sentí decepcionado. Ya sabía qué tipo de coche quería. En apenas quince minutos y de forma gratuita, usando sitios web como TrueCar y Edmunds, no solo sabía cuánto debía pagar razonablemente, sino que pude notificar a varios concesionarios locales que me interesaba recibir presupuestos.

Unos minutos después, un concesionario me ofreció el coche a 1.300 dólares por debajo del precio de compra. Parecía un buen punto de partida, pero antes de que pudiera reunir a los niños para llevarlos al concesionario me llamó otro que, tras escuchar la oferta del primero, la superó en varios cientos de dólares. Devolví la llamada al primer concesionario y me saltó el contestador, de modo que nos dirigimos al segundo. Suponía que aún estaba lejos del precio final, pero había arrancado con buen pie y sin siquiera salir de casa.

La primera vez que adquirí un coche aprendí mucho sobre su compra: las diversas mentiras que cuentan los concesionarios sobre los precios de compra, el ridículo juego del gato y el ratón con el vendedor que va a hablar con el gerente una y otra vez, etc. Era un proceso que me horrorizaba, pero esta vez, tras planteármelo de forma más fría, estaba dispuesto a participar en el elaborado ritual asociado a la compra de un coche.

Quizá mi disposición a regatear provenía de mi improbable triunfo de la vez anterior. Había recibido por fax —fue antes de Internet— un cálculo del precio razonable del coche. Cometí la estupidez de dejarme el papel en casa, pero creía recordar el importe. Luché como un jabato por alcanzarlo, amenazando una y otra vez con marcharme, hasta que conseguí que me lo vendieran a unos cientos de dólares por encima del precio que recordaba. Al llegar a casa descubrí que mi memoria había transpuesto dos cifras: el precio que constaba en el fax era 2.000 dólares más alto que el que había conseguido regateando. Convencido erróneamente de que el precio justo era 2.000 dólares más bajo, había regateado con tanto ímpetu que había conseguido una verdadera ganga. Al dejarme ese fax en casa me había ahorrado miles de dólares.

De modo que llegué al concesionario y me senté, dispuesto a regatear. El vendedor me explicó que el precio que me estaban ofreciendo era mucho más bajo que el recomendable y me mostró discretamente documentos de precios con el sello de «Confidencial», señalando cuánto dinero iban a perder. Le respondí que él sabía tan bien como yo que el precio que me había mostrado no era el que había pagado el concesionario. Le pedí que, sencillamente, me hiciera su mejor oferta. Desapareció durante un rato, presumiblemente para hablar con su jefe, pero con más probabilidad para informarse sobre el marcador del partido de béisbol.

Durante este tiempo recibí por correo electrónico un presupuesto de un tercer concesionario. La oferta era 1.500 dólares más barata que el mejor precio del concesionario en el que estaba. El vendedor volvió y me dijo que como mucho podía reducir el precio en 200 dólares. Le respondí: «Eso no va a funcionar, porque otro concesionario acaba de mejorar esa oferta en más de 1.000 dólares». Le di mi teléfono para que leyera el mensaje. Pasó un rato descalificando al otro concesionario y luego fue en busca de su jefe. Este me aseguró que esa última oferta era la mejor que podían ofrecerme: era generosa por una docena de razones.

Le dije: «Lo entiendo, pero si no pueden mejorar la oferta, me voy al otro concesionario.»

Según mis cálculos, habíamos recorrido la mitad del camino del ritual de apareamiento. Quince minutos después, tras mucho resollar y resoplar, el coche había alcanzado el precio que me ofrecía el tercer concesionario. Probablemente seguiría siendo demasiado alto, pero estaba dispuesto a aceptarlo.

«Así que me marcho», insistí.

«Bien —dijo el gerente—. Si las cosas no salen bien en el otro concesionario, vuelva y le venderemos el coche al precio que le ofrecimos antes.»

Me puse en pie y empecé a reunir a los niños como parte del duro proceso de regateo. Se quedaron mirándome sin más, como si hubieran olvidado que todo eso formaba parte del ritual. Si habían olvidado su papel, yo recordaba el mío. «Todos sabemos que si salgo por esa puerta, no volveré.»

A lo que el gerente respondió sencillamente: «Estamos dispuestos a correr el riesgo.»

Y salí.

Estaba estupefacto. En ese concesionario me habían enviado un precio por Internet, solo lo habían bajado en 200 dólares y se habían quedado tan tranquilos y sonrientes mientras me marchaba a comprar el coche en la competencia. A la luz de este comportamiento, supuse que el nuevo concesionario me estaba ofreciendo un trato muy bueno. No tenía energía para empezar otra danza de apareamiento con el otro concesionario, así que acepté la oferta sin regatear. El martes recojo el coche.

Por 25 millones, ni hablar; por 50, me lo pensaría
(SDL)

Son pocas las preguntas que me llevarían a responder: «Por 25 millones, ni hablar; por 50, me lo pensaría.» Veinticinco millones de dólares son tanto dinero que es difícil imaginar qué hacer con ellos. Sin duda, sería fantástico tener los primeros 25 millones, pero no estoy seguro de saber para qué querría los 25 siguientes.

El Senado estadounidense confía en que haya gente en Afganistán o Pakistán que no lo vea de esa manera. Frustrados por el fracaso de la recompensa de 25 millones por la captura de Osama bin Laden, han aprobado por 87 votos contra uno elevar la cantidad a 50 millones (el único disidente ha sido Jim Bunning, republicano por Kentucky).

Por un lado, hay que aplaudir esta decisión: para un campesino paquistaní, 50 millones son una cantidad inimaginable. Para el Gobierno estadounidense, que se gasta 10.000 millones al mes en Irak, 50 son una bicoca. Si uno de los objetivos principales de la guerra de Irak era deshacerse de Sadam Husein, imaginen cuánto más barato habría sido ofrecer una recompensa de, por ejemplo, 100.000 millones para quien consiguiese derrocarlo por el medio que considerase más oportuno. Tal vez el propio Sadam habría aceptado gustoso la oferta de renunciar al engorro de gobernar un país a cambio de una agradable pensión de 100.000 millones y una finca bien situada en Francia.

De hecho, ya hemos glosado las virtudes de ofrecer re-compensas cuantiosas para animar a la gente a resolver problemas, bien se trate de curar enfermedades, bien de mejorar los algoritmos de Netflix.

Por otro lado, si yo no distingo entre 25 millones y 50, no veo cómo un aumento de la recompensa podría empujar a un paquistaní indeciso a colaborar con el Gobierno estadounidense.

Mucho más importante, aunque más difícil de realizar, sería convencer al posible delator de que vamos a pagar. Estoy seguro de que hay muchas opciones abiertas a la hora de decidir a quién se paga qué parte del botín. Por ejemplo, si hiciese un análisis estadístico que de algún modo redujese el paradero de Bin Laden a un radio de 1.000 metros y, luego, los SEAL de la Armada peinasen la zona y lo encontrasen, ¿obtendría el dinero? No estoy convencido, y sospecho que el campesino paquistaní que dispone de información sobre el saudí comparte mis dudas.

De hecho, no se pagó ninguna recompensa. Tal como informó ABC News, *«el asalto que el 2 de mayo [de 2011] acabó con la vida del líder de Al Qaeda en Pakistán fue resultado de información electrónica, no de informadores humanos. [...] Ni la CIA ni el Ejército dispusieron de un operativo de Al Qaeda dispuesto a entregarlo».*

¿Cuánto pagaría Pepsi por la fórmula secreta de la Coca-Cola?
(SDL)

Hace poco pillaron a unos despreciables empleados de Coca-Cola tratando de vender secretos empresariales a Pepsi. Pepsi entregó a los malos y cooperó con la operación encubierta.

¿Los directivos de Pepsi renunciaron a la oportunidad de obtener grandes beneficios a costa de Coca-Cola porque era «lo correcto»?

Ayer comí con mi amigo y colega Kevin Murphy. Su punto de vista me resultó interesante: probablemente, la fórmula secreta de la Coca-Cola tiene escaso interés para Pepsi. He aquí la lógica:

Imaginemos que Pepsi conociese la fórmula secreta de Coca-Cola y la hiciese pública, de forma que cualquiera estuviese en condiciones de fabricar una bebida con el sabor de la Coca-Cola. Es parecido a lo que ocurre con los medicamentos cuando vence la patente y entran en escena los fabricantes de genéricos. El precio de la Coca-Cola se reduciría considerablemente (aunque no es probable que quedara por debajo de sus imitaciones). Esto sería terrible para Coca-Cola, pero también para Pepsi. Con la Coca-Cola mucho más barata, la gente abandonaría la Pepsi, y sus beneficios caerían.

De modo que si Pepsi tuviese la fórmula secreta de la Coca-Cola, no querría que se hiciese pública. ¿Y si en lugar de eso se la quedaran y fabricaran una bebida que tuviese el mismo sabor que la Coca-Cola? Si realmente pudieran convencer a la gente de que su bebida es idéntica, la Coca-Cola y la versión de Pepsi se convertirían en lo que los economistas llamamos «sustitutos perfectos». Cuando dos productos son intercambiables en la mente de los consumidores, se genera una competencia feroz y caen los beneficios. Como consecuencia, ni la Coca-Cola ni su imitación serían negocios rentables. Con el precio de la Coca-Cola más bajo, los consumidores de Pepsi se pasarían a la Coca-Cola o a la nueva imitación de la Coca-Cola comercializada por Pepsi, lo que, en cualquier caso, sería mucho menos rentable que la Pepsi original.

En definitiva, tanto a Coca-Cola como a Pepsi les iría mucho peor si Pepsi se hiciese con la fórmula de la Coca-Cola y la copiase.

Puede que los ejecutivos de Pepsi actuaran de forma honrada y honorable al denunciar a los presuntos ladrones de la fórmula de la Coca-Cola.

Y puede que simplemente fueran buenos economistas.

¿No va siendo hora de deshacerse de las monedas de un centavo?
(SJD)

Lo que empezó como comentario al margen acabó, a saber cómo, en una cruzada, con Dubner convertido en portavoz extraoficial a favor de la retirada de las monedas de un centavo. Durante una sección de 60 Minutes dedicada a este asunto, afirmó que los Estados Unidos están aquejados de «centavitis» y que las monedas de un centavo son tan útiles «como una mano con cinco dedos y medio». A continuación presentamos extractos de diversas entradas sobre la cuestión.

Cada vez que me dan cambio, le digo a la cajera que se quede con las monedas de un centavo; no merecen el tiempo que nos hacen perder a ella, a mí o a quien sea. A veces se niega por motivos contables, en cuyo caso acepto amablemente esas monedas y después las tiro en la papelera más cercana. (¿Es ilegal? Si es así, supongo que también deberíamos empezar a detener a los que lanzan dinero a las fuentes de los deseos.)

Si fuera una de esas personas que *a*) suele llevar los bolsillos llenos de calderilla o *b*) lleva el suelto a una sucursal bancaria para que se lo cambien, me valdría la pena guardar las monedas de un centavo. Pero no soy una de esas personas y, por tanto, no me sale a cuenta. Por ese motivo, combinado con la inflación, hace años que sueño con la retirada de las monedas de un centavo, incluso las de cinco centavos. (De niños jamás usamos los billetes de un dólar para jugar al Monopoly, ¿y ustedes?)

Hay muchas razones para retirar las monedas de un centavo, pero quizá baste con explicarles que acuñar un centavo le cuesta mucho más que un centavo al Gobierno de los Estados Unidos. Considerando que perdemos dinero cada vez que se fabrica una moneda de un centavo, y que su existencia no nos beneficia de ningún modo, parece evidente que deberíamos eliminarlas. La inflación las ha hecho aún menos deseables, tanto para el productor como para el consumidor.

Pero me alegra ver que hay una alternativa sensata a tirar las monedas a la papelera: «reconfigurarlas» para que valgan cinco centavos. La propuesta es de François Velde, economista de la Reserva Federal de Chicago, y quiero creer que esa gente tan seria que está a cargo de la divisa estadounidense se la tomará con seriedad. Sin embargo, a la luz de lo que sé de la moneda de un centavo, de la política y de la inercia, no me hago ilusiones.

¿Por qué se siguen usando monedas de un centavo en los Estados Unidos? Por un motivo importante: los grupos de presión. Hace poco, en una sección de *60 Minutes* titulada «Making Cents» («Acuñación de monedas de un centavo»), hablé de lo estúpido que resulta mantener esa moneda, pero el programa también invitó a un defensor. He aquí un extracto:

Mark Weller es la voz de Americans for Common Cents, un grupo a favor de que se mantenga la moneda de un centavo, que sostiene que el redondeo hacia arriba costaría a los estadounidenses 600 millones de dólares anuales... Afirma que, sin la moneda de un centavo, también sufrirían las organizaciones benéficas, basándose en la teoría de que la gente es menos proclive a donar la misma cantidad de monedas de cinco centavos. De hecho, las colectas de monedas de un centavo por todo el país recaudan decenas de millones de dólares al año para la investigación médica, los sin techo, la educación...

Pero, tal como Mark Weller reconoce sin problemas, tiene un interés económico en el alto coste de acuñar: trabaja para el grupo de presión de Jarden Zinc, la empresa de Tennessee que vende esos pequeños discos que la Casa de la Moneda convierte en monedas de un centavo con la efigie de Abraham Lincoln.

Supongo que, en lugar de perder el tiempo argumentando contra las monedas de un centavo, debería invertir en zinc.

El gran debate sobre la moneda de un centavo sigue renqueando. En el Centro Rockefeller se exhibieron cien millones de monedas de un centavo recaudadas por escolares. Mientras tanto, un montón de gente sigue argumentando a favor de su eliminación.

Soy un firme defensor de su retirada. En mi opinión, las únicas razones para mantenerla son la inercia y la nostalgia. Un verdadero lastre.

La defensa más ridícula de la moneda de un centavo que he visto en mucho tiempo apareció recientemente en un anuncio a toda página del *Times*. Virgin Mobile promovía el uso de su servicio de mensajes cortos diciendo que era tan barato que hasta valía la pena conservar las monedas de un centavo. El encabezado rezaba:

Ahora quieren
ELIMINAR LA MONEDA DE UN CENTAVO.
¿Qué prohibirán después? ¿Los cachorros y los arcoíris?

Pero esta fue la frase que captó mi atención:

¿Y qué piensan los estadounidenses? El 66 % de nuestra población quiere conservar la moneda de un centavo, y el 79 % se detendría a recoger una del suelo.

Si se sigue el asterisco hasta la parte inferior del anuncio, aparece:

Fuente: Octava encuesta anual de Coinstar.

Para quienes no lo sepan, Coinstar es la empresa que instala en los supermercados esas máquinas de cambio en las que se puede vaciar el bote de monedas a cambio de un recibo que luego se presenta en caja. Al parecer, Coinstar cobra una comisión del 8,9 % por este servicio.

Aunque se supone que una empresa de estudios de opinión independiente realiza la encuesta anual de Coinstar, no sé por qué no me sorprende que un sondeo encargado por una empresa que se dedica al cambio de monedas haya obtenido un resultado que indica que dos tercios de los estadounidenses se muestran dispuestos a «conservar la moneda de un centavo».

Nunca me propuse ser detractor de la moneda de un centavo, pero ocurrió de algún modo y ahora, siempre que puedo, abogo públicamente por su desaparición.

Si bien sigo convencido de que el centavo es un desastre, por fin han encontrado para estas monedas un uso que me ha hecho reconsiderar mi argumento a favor de su extinción: ¡hacer un suelo con ellas!

El suelo de monedas de un centavo se puede ver en el Standard Grill del nuevo hotel de la cadena Standard en Nueva York, el que cruza sobre el parque High Line. Según Standard, se usaron algo más de 2.500 monedas de un centavo por metro cuadrado, 480.000 monedas en total.

Para los que estén pensando en renovar su casa, eso equivale a 25 dólares por metro cuadrado de suelo, más barato que las baldosas vitrificadas (250 dólares), el mármol pulido (120 dólares), la cerámica (40 dólares) e incluso el parqué de nogal (50 dólares). Esto nos dice algo sobre la inutilidad del centavo como moneda: si bien es dinero real, sigue siendo más barato que cualquiera de esos materiales para cubrir un suelo.

Planificación Familiar contraataca
(SJD)

Durante largo tiempo, el movimiento provida ha tenido muy claro cómo responde la gente a los incentivos. Los grupos de protesta ante las clínicas han demostrado ser una estrategia eficaz para elevar los costes sociales y morales de recurrir al aborto.

Ahora, a una clínica de Planificación Familiar de Filadelfia se le ha ocurrido una inteligente estrategia de contraataque, denominada «Un manifestante, un donativo». En sus palabras:

> Cada vez que se convoca una protesta ante nuestra clínica de la calle Locust, nuestras pacientes se enfrentan a ataques verbales, carteles ideados para confundir e intimidar. [...] Nos llaman asesinos, nos sermonean sobre el pecado y nos dicen que pagaremos el «precio definitivo» por nuestras acciones.
>
> Así funciona esto: usted se compromete a donar una cantidad (diez centavos como mínimo) por cada manifestante. Cada vez que aparezcan manifestantes en las aceras de Planificación Familiar de Southeastern Pennsylvania, los contaremos, registraremos el número y [...] colocaremos en el exterior de la clínica un cartel en el que se llevará la cuenta del dinero que se va recaudando, para que los manifestantes sean plenamente conscientes de que sus acciones están beneficiando a Planificación Familiar. Transcurridos los dos meses de duración de la campaña, le enviaremos un informe sobre las protestas y un recordatorio de su compromiso de donación.

Mi predicción: las clínicas de abortos de todo el país no tardarán en adoptar esta estrategia. Lo que me parece tan inteligente de esta táctica es la manera en que transforma la rabia y la impotencia que sienten los defensores más ardientes del derecho a decidir ante los manifestantes en un incentivo económico que funciona a su favor, contra los manifestantes.

Al margen, creo que las donaciones aumentarán porque los donantes sentirán placer, o al menos no sufrirán tanto, ante la presencia de los manifestantes. Por otro lado, si yo fuese un manifestante, detestaría la idea de que lo que hago pueda estar fortaleciendo a Planificación Familiar, lo que reduce la utilidad de la protesta.

Perdidos 720.000 millones de dólares. Se ruega devolver al propietario, preferiblemente en metálico
(SDL)

Según el índice de precios Case-Shiller, de S&P, el valor de la vivienda se ha reducido en un seis por ciento en los Estados Unidos a lo largo de 2007. Según mis cálculos, como consecuencia de este descenso, el patrimonio de los propietarios de viviendas se ha reducido en unos 720.000 millones de dólares. Eso supone aproximadamente 2.400 dólares por estadounidense, y 18.000 por propietario de vivienda.

Sin embargo, en relación con el declive de la bolsa, la pérdida de 720.000 millones de dólares en un año no parece tan grave. La capitalización total del mercado bursátil estadounidense se encuentra en el mismo orden de magnitud que el valor total del mercado de la vivienda (entre diez y veinte trillones de dólares). En tan solo una semana, en octubre de 1987, las acciones estadounidenses perdieron más de un treinta por ciento de su valor.

La cifra de 720.000 millones también es de un orden parecido al del gasto del Gobierno estadounidense durante los primeros años de la guerra de Irak.

Si usted es propietario de una casa, ¿cómo le sienta este dato? Debería sentarle muy mal, pero supongo que la siguiente situación le dolería aún más: los precios de la vivienda se mantuvieron durante el año pasado, pero un día usted sacó 18.000 dólares del banco para comprar un coche en metálico y le robaron la cartera. Al día siguiente, su patrimonio sería el mismo (18.000 dólares menos, bien por la depreciación de su casa, bien por el robo), pero psicológicamente, una pérdida es mucho peor que la otra.

Hay muchas razones posibles por las que no es tan doloroso perder dinero en un activo como una casa. En primer lugar, no es muy tangible, ya que, de todos modos, nadie sabe realmente cuánto vale su casa. En segundo lugar, la idea de que las otras casas también pierden valor es un consuelo. (Una vez oí a un multimillonario decir que no le importaba el monto total de su patrimonio, sino el puesto que ocupaba en la lista de gente más rica de *Forbes*.) En tercer lugar, nadie se puede culpar por la caída de los precios de la vivienda, pero es posible arrepentirse de la decisión de llevar encima 18.000 dólares en efectivo. En cuarto lugar, que un ladrón tenga nuestro dinero debe de ser más difícil de encajar que el hecho de que el dinero se ha evaporado, como ocurre cuando cae el valor de la vivienda. Y probablemente hay otras razones.

En términos más generales, el economista Richard Thaler acuñó la expresión «contabilidad mental» para describir la manera en que la gente trata diversos bienes como no fungibles, pese a que todo indica que lo son. Aunque mis amigos economistas se rían de mí, yo también utilizo la contabilidad mental. Para mí, un dólar conseguido jugando al póquer vale más que un dólar ganado por la subida del valor de unas acciones. Del mismo modo, cada dólar que pierdo en una partida de póquer me duele mucho más.

Incluso la gente que se declara inmune a la contabilidad

mental suele ser presa de esta. Tengo un amiguete en esta categoría: ganó una apuesta considerable en el fútbol americano de la NFL (considerable en relación con lo que suele apostar, pero insignificante respecto a su fortuna) y al día siguiente se gastó las ganancias en un palo de golf carísimo.

¿Qué significa todo esto para el valor de la vivienda? Pues bien, que si los precios empiezan a remontar, sería mucho más divertido que las subidas de precio llegasen en forma de fajos de billetes en la puerta, con el periódico de la mañana, que mediante la revalorización de la vivienda. Supongo que todos los que rehipotecaron su vivienda lo saben desde hace mucho.

¿En qué se parece una cantante de pop canadiense a un vendedor de bagels?
(SJD)

En un caso parecido al de Paul Feldman, el economista convertido en vendedor de bagels del que escribimos en *Freakonomics*, la cantautora Jane Siberry ha decidido ofrecer sus productos al público mediante un sistema de pago voluntario, y ofrece cuatro opciones a sus fans:

1. Gratuito (regalo de Jane)
2. Precio libre (pagar ahora)
3. Precio libre (pagar más tarde, para decidir con conocimiento de causa)
4. Estándar (hoy está en 0,99 dólares)

A continuación, con perspicacia, publica las formas de pago utilizadas hasta la fecha:

Ha aceptado el regalo de Jane: 17 %
Ha optado por el precio libre: 37 %
Ha optado por pagar más tarde: 46 %

Precio promedio por canción: 1,14 dólares
Ha pagado por debajo del precio sugerido: 8 %
Ha pagado el precio sugerido: 79 %
Ha pagado por encima del precio sugerido: 14 %

Con más perspicacia aún, Siberry muestra el precio medio pagado por cada canción cuando se elige la opción de pago en el menú desplegable, un recordatorio más de que «Eh, si quieres, puedes robar la canción, pero esto es lo que han hecho las otras personas».

Evidentemente, Siberry conoce muy bien el poder de los incentivos. Esto da lugar a al menos un par de cosas interesantes: por un lado, la gente puede decidir cuánto paga después de escuchar las canciones y asignarles un valor (al parecer, con esta opción se suele pagar el precio más alto por canción); por otro, emplea el sistema de precios variables, tan apreciado por los economistas, y lo pone en manos del consumidor, no del proveedor.

Me temo que las discográficas necesitarán muchos más argumentos para animarse a probar este modelo a gran escala. Es probable que los fans de Jane Siberry que van a su web para descargar música sean un grupo muy selecto, mucho más entregado que el navegante medio. Pero, con lo desesperadas que están las discográficas, no me sorprendería que este método empezase a calar más adelante.

DOS DÍAS DESPUÉS...

Jane Siberry se echa atrás
(SJD)

Al parecer, a Jane Siberry no le gusta la publicidad que se está dando a su sitio web, que permite que cada cual pague lo que considere oportuno para descargar su música. A mí me gustó la idea; tanto que le dediqué una entrada. Pero he aquí lo que ha escrito hoy Siberry en *My Space*:

> El pago voluntario vuelve al candelero: se publicó una entrada en el blog *Freakonomics* y me han escrito de ABC. No quiero tanta atención. Creo que cambiaré el sistema de pagos a «pague lo que quiera, pero no voy a permitir que lo escuche».

Vaya. Lo sentimos mucho, señora Siberry. Al parecer, tenemos un historial lamentable en lo que a los músicos pop se refiere. ¿Recuerdan cuando Levitt anunció que Thomas Dolby iba a sacar un nuevo disco, cosa que nunca sucedió?

Supongo que deberíamos renunciar a los cantantes de pop y aferrarnos a los traficantes de *crack*, a los agentes inmobiliarios y a los que hacen trampas en el póquer.

¿Qué tipo impositivo están dispuestos a pagar los deportistas?
(SJD)

La curva de Laffer es una entelequia que pretende explicar a partir de qué tipo impositivo se reducirán los ingresos, bien porque los asalariados dejarán de trabajar, bien porque decidirán ganar menos (o engañar más, supongo).

Si fuese académico del derecho tributario y me interesara este concepto, prestaría especial atención al comportamiento de los deportistas de alto rendimiento. El boxeo es especialmente interesante porque permite que el púgil elija dónde luchar. Si usted es golfista o tenista profesional, puede que se sienta inclinado a saltarse un acontecimiento determinado por sus peculiaridades impositivas, pero por lo general necesitará jugar allá donde se celebre el torneo. Mientras tanto, un boxeador de primer nivel puede elegir el lugar en el que le hagan la mejor oferta.

Razón por la cual es interesante leer que es improbable que Manny Pacquiao vuelva a pelear en Nueva York, y esto se debe en primer lugar, según explica el promotor Bob Arum, al tipo impositivo que se le aplicaría. Del *Wall Street Journal*:

> Manny Pacquiao ha ganado combates en California, Tennessee, Texas y Nevada, por no mencionar Japón y su Filipinas natal. Pero esta semana que Pacquiao se encuentra en Nueva York para promocionar su próxima pelea —en Macao contra Brandon Ríos—, su equipo declaró que el Barclays Center y el Garden son dos pabellones deportivos en los que no actuaría porque se vería obligado a pagar los impuestos estatales además de los nacionales. «Tendría que estar loco», afirmó Bob Arum, promotor de Pacquiao.

En un artículo publicado en el *L. A. Times*, Arum declara que es posible que Pacquiao no vuelva a pelear en los Estados Unidos:

> Al combatir fuera del país, como es el caso de la pelea contra Ríos, Manny ya no tiene que pagar el 40 % que tributan los atletas extranjeros en los Estados Unidos.
> Si el combate tiene éxito en la televisión a la carta, como esperamos, es probable que Pacquiao no pelee nunca más en los Estados Unidos.

Por supuesto, además de los impuestos hay otros factores en juego: las apuestas, para empezar, razón por la que Macao se ha convertido en un centro de boxeo. Pero, pensemos lo que pensemos sobre la curva de Laffer, es difícil pasar por alto las enormes diferencias existentes entre los tipos impositivos de cada país, sobre todo en el caso de los deportistas que ganan un montón de dinero en poco tiempo.

En enero, el golfista Phil Mickelson dijo que tendría que

«realizar cambios drásticos» en respuesta a las subidas de los impuestos estatales y nacionales (él vive en California). «Si sumo el impuesto nacional, la pensión de invalidez, el seguro de desempleo, la Seguridad Social y el impuesto estatal, mi tipo es del 62,63 %», dijo.

Sus cálculos se pusieron en duda, y Mickelson, uno de los golfistas más conocidos de todos los tiempos, fue reprendido ampliamente por airear su disconformidad con los impuestos. De modo que el mes pasado, cuando ganó dos torneos consecutivos (el Abierto de Escocia y el Abierto británico), no dijo nada, pero los medios de comunicación hablaron por él. En *Forbes*, Kurt Badenhausen escribió un artículo (muy bueno) sobre el tipo impositivo de Mickelson en el Reino Unido, que según sus cálculos era el 61 % de los cerca de 2,2 millones de dólares ingresados. Además, Badenhausen identifica este interesante escollo:

> Pero eso no es todo. El Reino Unido gravará la parte de sus ingresos por patrocinio correspondiente a las dos semanas que pasó en Escocia. También gravará cualquier bonificación que reciba por ganar estos torneos, así como una parte de la bonificación por clasificación que reciba al final del año, y todo al 45 %...
>
> El Reino Unido es uno de los pocos países, junto con los Estados Unidos, donde los deportistas extranjeros tributan por los ingresos de patrocinio. A causa de esta ley, la estrella del atletismo Usain Bolt no compite en Gran Bretaña desde 2009, con la excepción de los Juegos Olímpicos de 2012, donde se retiró dicho impuesto como condición para organizar el acontecimiento. El tenista español Rafael Nadal también ha modificado su calendario de participaciones en razón del tributo británico.

Y conviene no olvidar que Mick Jagger, el mayor atleta de resistencia de nuestra época, huyó del Reino Unido hace años por motivos fiscales (y también porque la policía inglesa siempre estaba deteniéndolos a él y a los integrantes de su grupo).

El precio de las alitas de pollo
(SDL)

El otro día pasé por el Harold's Chicken Shack, un tugurio de la zona donde venden pollo frito. Para que se hagan una idea del tipo de establecimiento que es, un cristal antibalas separa a los empleados de los clientes. No preparan el pollo hasta que reciben el pedido, así que dispuse de cinco o diez minutos para matar el tiempo hasta que me sirvieron.

En la carta figuran varios menús de alitas de pollo, acompañadas de una cantidad determinada de patatas fritas y ensalada de col.

El menú de dos alitas cuesta 3,03 dólares; el de tres, 4,50 dólares.

La única diferencia entre los dos menús es una alita adicional, que al cliente le sale por 1,47 dólares. Esto me resultó interesante, porque si el precio unitario de las dos primeras alitas fuera 1,47 dólares, el precio conjunto de las patatas fritas y la ensalada de col sería de 9 centavos. De modo que, al parecer, Harold's cobra más por la tercera alita de pollo que por las dos primeras, lo que es desacostumbrado, ya que los negocios suelen ofrecer descuentos por cantidad.

Seguí leyendo la carta:

Menú de dos alitas de pollo	3,03 dólares
Menú de tres alitas de pollo	4,50 dólares
Menú de cuatro alitas de pollo	5,40 dólares
Menú de cinco alitas de pollo	5,95 dólares

Los menús de cuatro y cinco alitas se corresponden más con lo que suelen cobrar las empresas.

¿Cuánto creen ustedes que cuesta un menú de seis alitas en Harold's? He aquí la respuesta:

Menú de seis alitas de pollo   7,00 dólares

Sumamente extraño. Cuando los economistas vemos cosas que no tienen lógica, no podemos dejar de idear alguna historia que dé sentido al extraño comportamiento. ¿Será que en Harold's cobran más por las seis alitas para combatir la obesidad? Poco probable, ya que todo lo que se ofrece en la carta está frito. ¿La sexta alita es más grande o sabe mejor? ¿La gente que pide seis alitas es menos flexible?

Tal vez los precios de los otros menús ofrezcan alguna pista. La perca frita se sirve, como las alitas de pollo, con patatas fritas y ensalada de col. He aquí los precios de la perca:

Menú de dos piezas de perca   3,58 dólares
Menú de tres piezas de perca   4,69 dólares
Menú de cuatro piezas de perca   6,45 dólares

De modo que la tercera pieza sale barata, pero nos clavan con la cuarta. Esto nos lleva a pensar que para Harold's hay algún tipo de lógica en este esquema de precios.

Aunque me temo que quien fijó los precios no lo tenía muy claro. Una cosa que he observado al trabajar con empresas es que distan mucho de ser los idealizados autómatas de la optimización de beneficios de la teoría económica. La confusión es endémica en los negocios. A fin de cuentas, las empresas están compuestas por personas, y dado que casi todas las personas se lían con la economía, ¿por qué no iban a arrastrar esos problemas a sus empresas?

¿Por qué son tan baratos los kiwis?
(SJD)

Últimamente he estado comiendo muchos kiwis (fruta que tal vez conozcan como *yang tao*). En la tienda de la esquina, en el West Side de Manhattan, puedo comprar tres por un dólar. Son deliciosos y, a menos que las etiquetas mientan, provienen de Nueva Zelanda. A 33 centavos por pieza, un kiwi neozelandés cuesta menos que enviar una carta al East Side de Manhattan (y créanme, la tarifa postal básica me parece uno de los grandes chollos de todos los tiempos). ¿Cómo es posible que cueste tan poco cultivarlos, recogerlos, empaquetarlos y transportarlos al otro lado del mundo?

Para complicar aún más las cosas en esto de la fruta, puedo comprar un plátano (también de importación) y un kiwi casi por el mismo precio que una manzana, que muy probablemente procede del norte de Nueva York. Lo que me llevó a escribir a Will Masters, un economista de la Friedman School of Nutrition de la Universidad Tufts.

La mayoría de los economistas, como sin duda saben, responden a estas consultas en verso, y Will no es una excepción:

Maldita oferta y maldita demanda,
¿por qué cerdos baratos y jamón caro?
Trigo de ganga y harina por las nubes,
el antiguo poder del mercado del villano.

Un solo vendedor nos pone nerviosos,
como que solo haya un Correos:
puede que ofrezcan precios de ganga,
pero ¿quién controla sus desmanes?

Desde siempre se culpa a los mediadores
cada vez que se infla un mercado,

pero mejores explicaciones nos dan
los graduados de Hyde Park.

Los enfoques modernos de los economistas de Chicago
ofrecen una visión parcial de la realidad;
Steven Levitt y John List
nos han convertido en freakonomistas.

Dejamos que los datos expresen su opinión:
diga lo que diga Friedman,
está visto que los precios de la fruta y la verdura
los fija la perspicacia del mercado.

¿Quién es aquí el manipulador?
El pensamiento original despeja la niebla:
de la interacción de vendedores, compradores e
[intermediarios
surgen los precios.

Un kiwi cuesta 33 centavos
sencillamente porque nadie impide
que otro agricultor o tendero de Nueva York
entre en el negocio y venda más.

En cambio, puede que las manzanas sean tan deseadas
por razones que pronto aclararemos:
con los anillos que se nos caen al recogerlas,
para bajar los precios necesitamos inmigrantes.

Los plátanos tienen otra historia,
magia sin semillas, gloria del cultivador.
Recogidos y transportados a precios irrisorios,
¿qué importa si a los trabajadores se les paga una
[miseria?

El método de producción de cada cultivo,
dónde crece y cómo se transporta,
satisface algunas necesidades de forma barata
mientras que otros costes aumentan abruptamente.

También importa la elección del comprador:
en productos absurdos como el champú pijo,
los precios no son realistas;
cuanto más se paga, mayor es el valor.

El comportamiento es lo que es;
Tal vez en ocasiones es solo «porque sí».
Gran parte de la vida es un misterio,
un hábito con raíces en la historia.

En el caso de los precios, es la competencia,
más las tasas impuestas por los políticos,
lo que determina que el kiwi se venda
a precios tan maravillosamente bajos.

Bravo.

Pete Rose da una lección de economía elemental
(SDL)

Hace tiempo, Pete Rose autografió un montón de pelotas de béisbol con la inscripción «Lamento apostar al béisbol». Según los medios de comunicación, regaló estas pelotas a sus amigos y nunca se planteó que fueran a venderlas para obtener beneficios.

Pero los herederos de alguien que recibió varias de estas pelotas decidieron subastar treinta. Según las conjeturas, se venderían por unos cuantos miles de dólares.

Fue entonces cuando el propio Rose intervino para dar una lección elemental de economía: mientras se disponga de sustitutos parecidos, los precios no alcanzarán cotas muy altas.

Cuando Rose supo de la subasta, decidió ofrecer en su web pelotas con la misma inscripción por tan solo 299 dólares, con lo que destrozaba el mercado de las pelotas que se iban a subastar. Cierto es que las pelotas firmadas recientemente no eran sustitutos perfectos, porque un coleccionista podía afirmar que tenía una de las treinta originales. Por ello no era posible que el precio de las viejas pelotas descendiera a 299 dólares. De hecho, la subasta se canceló y las pelotas se vendieron por 1.000 dólares cada una.

(Mi reconocimiento a John List, el único vendedor de pertenencias de celebridades del béisbol reconvertido en economista que conozco.)

Si Dios hubiese contado con patrocinio empresarial...
(SJD)

... en el Génesis, cuando crea el mundo. ¿Se imaginan lo rico que se habría hecho vendiendo los derechos sobre el nombre de cada animal, mineral y vegetal?

Si Dios tuvo la mala suerte de trabajar en los días previos al patrocinio empresarial, a los Chicago White Sox no les pasa lo mismo. Acaban de anunciar que, durante las tres siguientes temporadas, los partidos en su estadio empezarán a las 19.11 (7.11 p.m.), en lugar de las 19.05 o las 19.35 habituales hasta ahora. ¿Por qué? Porque 7-Eleven, la cadena de tiendas de conveniencia, les paga 500.000 dólares por ello.

Últimamente me encuentro anuncios en muchos sitios insospechados: estampados en huevos frescos o impresos en las bolsas para mareos de los aviones, por ejemplo. Pero tengo que reconocer la creatividad de asociar un valor al tiempo mismo, sobre todo si se puede emplear el valor en beneficio propio.

Tal vez mañana escriba más sobre este asunto.™

Lo que quería decir el capitán Sullenberger (pero se abstuvo por educación)
(«CAPITÁN STEVE»)

El capitán Steve es un experimentado piloto internacional que trabaja para una importante compañía aérea estadounidense y un amigo de Freakonomics. Dada la delicada naturaleza de lo que escribe, prefiere permanecer en el anonimato. Esta entrada se publicó el 24 de junio de 2009, seis meses después del «milagro del Hudson», en el que el capitán Chesley Sullenberger consiguió aterrizar con un Airbus A320-200 en el río Hudson. Los dos motores del avión habían fallado a causa de las aves poco después del despegue del aeropuerto LaGuardia de Nueva York.

Después de leer citas de los distintos discursos del capitán Sullenberger, sobre todo los que pronunció hace unas semanas en la Junta Nacional de Seguridad del Transporte, me gustaría añadir mi opinión.

El capitán Sullenberger se ha comportado como un señor de principio a fin. No ha sido mezquino, moralizador ni egoísta. Sin embargo, es como la mayoría de los capitanes que conozco y, de forma más amplia, como la mayoría de los pilotos que conozco. ¿Por qué? Porque no necesita ser distinto. Cuando alguien ha logrado lo que él y tantos como él, no le hace falta alardear.

Ha dado a entender que lo que hizo al mando del vuelo 1.549

de US Airways no fue más que cumplir su deber. Está siendo tan sincero y riguroso como se puede ser: «Por favor, nada de fanfarrias ni aplausos. Solo hacía mi trabajo.» Pero también ha aludido en algunos de sus discursos a que le llevó años, incluso décadas, prepararse para ese único «evento irrepetible» consistente en aterrizar sobre la suave y segura superficie del río Hudson.

Lo que no dice es lo siguiente:

Los pilotos de aerolíneas estamos perdiendo la batalla de las relaciones públicas. Se dice que tenemos un sueldo exorbitado y recibimos un trato comparable al de la realeza. Pura ficción. ¿Por qué llevamos tanto tiempo perdiendo esta batalla? Muy sencillo: porque casi todos somos como Sully; no queremos vítores ni aplausos por hacer lo que aprendimos a hacer. Sin embargo, somos conscientes de que deberíamos recibir una compensación justa por lo que hemos logrado para conseguir este trabajo y por lo que seguimos logrando a diario para conservarlo. Las respuestas violentas a las justas reclamaciones de los pilotos empiezan a adquirir un carácter preocupante.

Las aerolíneas regionales, como el vuelo de Colgan Airlines que se estrelló en Búfalo con la muerte de sus 49 pasajeros como resultado, dan trabajo a los pilotos que están dispuestos a aceptar los salarios más bajos. Sin ánimo de ofender; no es nada personal. Lo que falla es el sistema que antepone el dinero y los beneficios.

Primera lección sobre vuelos comerciales: hasta la década de 1980, las grandes aerolíneas contrataban a un piloto joven que se convertía en ingeniero de vuelo y luego pasaba unos años gestionando los sistemas de los aviones de generaciones anteriores. Mientras tanto, el piloto aprendía. Estos nuevos pilotos ocupaban sus puestos de ingeniero de vuelo y hacían su trabajo, a la vez que observaban pilotar a los pilotos, un día tras otro.

Los ingenieros de vuelo aprendían de los pilotos experimentados cómo volar a los O'Hare y los LaGuardia del mundo real. Aprendían a tomar decisiones, a delegar, y la realidad de la «máxima autoridad del capitán» que establece la ley. Cuando les llegaba la oportunidad de ascender se convertían en copilotos. La función del copiloto era asistir al capitán en el vuelo, pero, incluso durante su primera etapa en este puesto, se permitían el lujo de tener a un ingeniero de vuelo que los supervisaba, es decir, seguían aprendiendo. Este concepto de tripulación compuesta por tres personas, hoy un bonito recuerdo en los mercados nacionales pero usado ampliamente en los vuelos internacionales, se consideraba una protección adicional.

Pero ha desaparecido. Ahora los vuelos nacionales están pasando a manos de aerolíneas regionales tales como Colgan, American Eagle, Comair y Mesa, por nombrar unas pocas, que contratan a los pilotos menos experimentados y más baratos para volar en los entornos más duros. Los equipos de gestión de las aerolíneas dirán que funciona y que se trata de una actividad rutinaria, pero mi opinión es muy distinta.

Supongamos que le dicen que necesita un *bypass* cuádruple. Acto seguido busca en Internet el precio más barato y programa a toda prisa la operación porque solo puede obtener la tarifa reducida durante dos días.

¿Alguien actúa de esa manera? No. ¿Qué hacemos? Solicitamos una segunda opinión, preguntamos cuál es el mejor cirujano de la ciudad, etc. Preguntamos: «¿Hay alguien que lleve 20 o 25 años realizando esta operación?» No decimos: «¿Conoce a alguien que se acabe de licenciar y que haya hecho menos tiempo de residencia, porque será más barato?»

¿Por qué no aplicar esta lógica a la hora de comprar un billete de avión? El *bypass* es rutinario, ¿verdad? Hay cirujanos que practican dos, tres y hasta cuatro al día. Debe de ser fácil.

Para llevar esta analogía un paso más lejos, ¿cuántos cirujanos tienen que hacer una reválida cada nueve meses para seguir ejerciendo? Los pilotos estamos obligados. Cada nueve meses debemos pasar una prueba de simulador para demostrar nuestros conocimientos y nuestra competencia.

¿Cuántos cirujanos deben someterse a un examen físico de la AMA cada seis meses para seguir trabajando? ¡Ni uno! Los pilotos, sí. Como no pasemos el reconocimiento médico, se acabó. ¿Cuántos cirujanos (o cualquier otro grupo de profesionales cuya función sea crítica, incluidos los políticos) están sujetos a pruebas aleatorias de consumo de drogas y alcohol? Ni uno.

Cruzar el Atlántico es rutinario, ¿verdad? No lo era hace unas décadas. Los pilotos lo hemos convertido en algo rutinario porque tenemos unas habilidades, una experiencia y una preparación como pocos.

¿Dotados de un talento especial? No, o en pocos casos. Pero dedicados y perfeccionistas, todos. A mis hijos les digo, desde que son pequeños: «No espero que seáis perfectos, pero sí que destaquéis. Espero que os esforcéis al ciento por ciento en todo lo que hagáis.» Este es el credo de todos los pilotos que conozco.

Volar del aeropuerto O'Hare de Chicago a Denver es rutinario, ¿verdad? Los pilotos nos encargamos de que lo sea. Pero ¿vale menos su vida sobre la zona central de los Estados Unidos que sobre el Atlántico? Desde luego que vale menos si vuela con la aerolínea regional de bajo coste. Si se encuentra en un avión con destino a Denver y se incendia el motor, será muy reconfortante pensar que se ha ahorrado un 15 % tras buscar el mejor precio en Internet. ¿No es fantástico saber que se cuenta con la tripulación más joven, menos experimentada, más agotada y más hambrienta que ha podido encontrar la aerolínea?

¿He dicho hambrienta? Sí. ¿Sabe que estas tripulaciones regionales pueden trabajar entre 12 y 13 horas al día, realizando de cinco a ocho tramos, pero la aerolínea no considera importante darles de comer? Pese a que reciben salarios de miseria, tienen que buscarse el tiempo y el dinero, durante los 25 minutos que pasan en tierra, para alimentarse. Es una situación lamentable, pero recuerde que compró el billete más barato.

¡Viva la gasolina cara!
(SDL)

Esta entrada se publicó en junio de 2007, cuando el precio medio de la gasolina normal en los Estados Unidos era de 74 centavos por litro, tras subir enormemente durante los meses anteriores. Un año más tarde, el precio alcanzaría 1,5 dólares. En el momento de escribir esta nota, el precio ha bajado a 54 centavos por litro. Así pues, incluso sin el ajuste por inflación, la gasolina está un 26 % más barata que cuando se escribió la entrada. Mientras tanto, el impuesto nacional a la gasolina no ha subido desde 1993.

Durante un tiempo estuve convencido de que la gasolina era demasiado barata en los Estados Unidos. Casi todos los economistas son de la misma opinión y, por tanto, creen que se debe aumentar sustancialmente el impuesto sobre hidrocarburos.

La razón por la que necesitamos un impuesto alto para la gasolina es que no pago una serie de costes asociados a mi actividad como conductor; los pagan otras personas. Es lo que los economistas denominamos «externalidad negativa». Como no pago todos los costes, conduzco demasiado. En una situación ideal, el Gobierno podría corregir este problema gravando la gasolina con un impuesto que equipare mis incentivos privados para conducir y los costes sociales de la conducción.

Estas son tres posibles externalidades asociadas a la conducción:

a. Cuando conduzco aumento la congestión del tráfico rodado.

b. Podría chocar con otros coches o atropellar peatones.

c. Cuando conduzco contribuyo al calentamiento global.

Puestos a adivinar, ¿cuál de estas tres consideraciones proporciona, en su opinión, la mayor justificación para aumentar los impuestos sobre hidrocarburos?

La respuesta, al menos basada en las pruebas que he podido encontrar, puede resultar sorprendente.

La más obvia es la de la congestión, pues es consecuencia directa del exceso de automóviles en la carretera. Si retirásemos algunos, los demás conductores lo tendrían más fácil. De la página de Wikipedia sobre la congestión del tráfico rodado:

> El Instituto de Transporte de Texas calcula que, en el año 2000, las 75 zonas metropolitanas más grandes experimentaron 3.600 millones de horas-vehículo de retraso, lo que supuso un desperdicio de 21.600 millones de litros de combustible y una pérdida de productividad de 67.500 millones de dólares, es decir, alrededor del 0,7 por ciento del PIB de los Estados Unidos.

Este estudio en concreto no me da los datos que necesito para calcular el impuesto que se debería aplicar a la gasolina (la idea es saber cómo afectaría la adición de un conductor a la pérdida de productividad). Pero sí me permite saber que, como alguien que se desplaza a diario entre su casa y el trabajo, me irá mucho mejor si usted decide tomarse hoy la baja.

Una ventaja más sutil de tener menos conductores es que habría menos accidentes. En un artículo que tuve el honor de publicar en el *Journal of Political Economy*, Aaron Edlin y Pinar Mandic sostienen de forma convincente que cada conductor aumenta los costes del seguro de los demás conductores en unos 2.000 dólares. Su observación principal es que si mi coche no está donde puedan chocar con él, es posible que no se produzca el accidente, y concluyen que el impuesto adecuado proporcionaría 220.000 millones de dólares al año. Así que, si están en lo cierto, reducir el número de accidentes de circulación es una justificación más acuciante para el impuesto que reducir la congestión del tráfico rodado. El argumento no me convence del todo; desde luego, es un resultado que nunca me habría planteado.

¿Qué hay del calentamiento global del planeta? Cada litro de gasolina que quemo libera carbono a la atmósfera, lo que supuestamente acelera el calentamiento global. Si nos fiamos de lo que dice Wikipedia del impuesto sobre el carbono, el coste social de cada tonelada de carbono que lanzamos a la atmósfera es de 43 dólares (es una cifra discutible, pero usémosla de ejemplo). Si el cálculo es correcto, el impuesto sobre los hidrocarburos necesario para contrarrestar el efecto del calentamiento global es de unos 3 centavos de dólar por litro. Según un informe de la Academia Nacional de Ciencias, los vehículos motorizados estadounidenses queman unos 606.000 millones de litros de gasolina y gasóleo al año. A 3 centavos por litro, supone una externalidad del calentamiento global de 20.000 millones de dólares. De modo que, en comparación con la reducción de la congestión y el número de accidentes de tráfico, la lucha contra el calentamiento global como justificación para subir el impuesto sobre los hidrocarburos ocupa un lejano tercer lugar (no es que 20.000 millones de dólares sean una cantidad pequeña, sino que hacen destacar por contraste los altos costes de la congestión del tráfico rodado y los accidentes).

Si combinamos todas estas cifras, junto con las otras razones por las que deberíamos aumentar el impuesto sobre los hidrocarburos (por ejemplo, el desgaste de las carreteras), parece evidente que se deberían exigir, al menos, 25 centavos más por litro. En 2002 (año del que he podido conseguir datos fiables), el impuesto medio fue de 11 centavos de dólar por litro o, tal vez, solo una tercera parte de lo que debería.

Los precios altos de la gasolina actúan como los impuestos, salvo por el hecho de que son más transitorios y los beneficios adicionales van a parar a manos de los productores, las refinerías y los distribuidores, no a las del Gobierno.

A mi modo de ver, en lugar de quejarnos por lo cara que está la gasolina, deberíamos celebrarlo. Y si algún candidato a la presidencia propone un impuesto de 25 centavos por litro, vótenlo.

Un efecto colateral de los precios altos de la gasolina: producen más accidentes de tráfico en la medida en que los conductores optan por coches más pequeños que consuman menos y, cada vez más, motocicletas. Un estudio publicado en 2014 en la revista Injury Prevention *(«Prevención de lesiones») detectó que, solo en California, un aumento del precio de la gasolina de 8 centavos por litro generó 800 muertes adicionales por accidentes de motocicleta a lo largo de nueve años.*

4

Concursos

Cada vez que escribimos un libro, nuestro editor imprime una serie de objetos promocionales: camisetas, pósters, etc. Nos envía unas cuantas cajas que, invariablemente, acaban en un armario. Un día nos preguntamos qué podíamos hacer para regalar esos objetos a gente que los quiera, y así fue como decidimos organizar el primer concurso en el blog. Estos concursos son tan divertidos —nuestros lectores son extraordinariamente ingeniosos— que ya los hemos organizado por docenas. He aquí algunos de nuestros favoritos.

¿Qué es lo más adictivo del mundo?
(SDL)

Hace poco estuve charlando con mi colega y amigo Gary Becker sobre la adicción. Entre sus muchos logros, por los que recibió un Nobel, Becker introdujo el concepto de adicción racional.

Cuando me dio su opinión sobre el elemento más adictivo, respondí inicialmente con sorpresa y escepticismo. Pero, después de pensármelo con detenimiento, creo que tiene razón.

Así que esta es la pregunta del concurso: ¿qué es lo más adictivo del mundo en opinión de Gary Becker?

AL DÍA SIGUIENTE...

Más de seiscientos lectores intentaron adivinar qué considera Gary Becker lo más adictivo del mundo.

Muchos aventuraron cosas como el *crack* o la cafeína, pero ¿de verdad creen que voy a hacer una pregunta de concurso con una respuesta tan obvia?

Aunque no era lo que buscaba, la respuesta de Deb me pareció poética:

Un bostezo. Una sonrisa. Sal.

Antes de contestar, vale la pena plantearnos qué entendemos por adictivo. Tal como yo lo veo, al menos, para que algo sea adictivo debe reunir las siguientes premisas:

1. Cuando se empieza a consumir se quiere más y más.
2. Con el tiempo se desarrolla tolerancia, es decir, el consumo continuado de una cantidad determinada aporta cada vez menos placer.
3. Su obtención lleva a sacrificar todo lo demás, por lo que se puede caer en situaciones ridículas.
4. Cuando se deja de consumir se experimenta un síndrome de abstinencia.

No cabe duda de que el alcohol y el *crack* encajan con esta definición, pero según Becker, hay algo aún más adictivo que las drogas: la gente.

Cuando me lo dijo la primera vez, me pareció absurdo. ¿Cómo que la gente es adictiva?

Luego me lo pensé mejor, y creo que tiene razón. El enamoramiento es la adicción por antonomasia. No cabe duda de que, en las primeras etapas de la atracción, pasar un tiempo breve con alguien hace que se desee desesperadamente pasar más. El deseo puede mover montañas, y se hace lo que sea por conseguir que florezca una relación. Se arriesga todo, hasta el punto de hacer el ridículo. Sin embargo, cuando ya se ha establecido una relación, los beneficios que se obtienen del tiempo que se pasa con el ser amado disminuyen. La embriagadora emoción del cortejo da lugar a algo más pedestre. Incluso cuando la relación no es tan buena, al menos para una de las dos partes, atraviesa un doloroso síndrome de abstinencia.

La respuesta que buscaba llegó con el comentario 343, donde Bobo responde: «Otras personas.» Muchos más estuvieron muy cerca: Jeff (comentario 13) escribió «La sociedad o el compañerismo»; Laura (comentario 47) escribió «El amor».

Declaro ganadores a los tres.

Las consecuencias inesperadas de un concurso en Twitter
(SJD)

El otro día nos dimos cuenta de que estábamos a punto de alcanzar los 400.000 seguidores en Twitter, de modo que twiteamos el siguiente mensaje, ofreciendo objetos promocionales de *Freakonomics* a modo de premio:

@freakonomics
Hemos alcanzado los 399.987 seguidores en Twitter. ¡Gracias a todos! El seguidor número 400.000 recibirá merchandising de Freakonomics.

Todo muy inocente, ¿verdad?

Pues nos habíamos metido en una trampa de incentivos.

Empezamos a seguir el estado de nuestra cuenta de Twitter para identificar al seguidor número 400.000. Fue muy rápido, ya que el número de seguidores aumentaba a un ritmo de cinco o seis por segundo. Así que hicimos un conteo cuidadoso y, *voilà*, encontramos a nuestro ganador:

@freakonomics
@emeganboggs ¡Es usted nuestro seguidor número 400.000! ¡Felicidades! Se ha acabado el concurso. ¡Gracias a todos!

Pero después, cuando fuimos a nuestra página de Twitter, descubrimos que teníamos MENOS de 400.000 seguidores. De hecho, después del concurso teníamos menos que antes.

¿Qué había pasado?

Si sabe cómo funciona Twitter, probablemente ya han caído en la cuenta. Nuestra oferta de objetos promocionales creó un incentivo para dejar de seguir nuestro *feed* y, a continuación, volver a seguirlo. Como era de esperar, nuestros seguidores no tardaron en dejarlo patente:

@GuinevereXandra
@freakonomics ¿Me están incentivando para dejar de seguirlos y volver hasta llegar al 400.000?

@Schrodert
@freakonomics ¡Empiezan las bajas y las altas!

@Keyes
@freakonomics Ja, acaban de perder 20 seguidores. La versión para Twitter de esas subastas al céntimo.

@ChaseRoper
@freakonomics: acaban de crear un incentivo para dejar de seguirlos y volver a seguirlos cerca del 400.000.

Me gustaría poder decir que se trató de un experimento interesante; en realidad no fue más que una buena lección sobre los incentivos en Twitter. De modo que la persona que consideramos nuestro seguidor 400.000, @emeganboggs, no lo era. Aun así, le enviaremos algunos objetos promocionales, igual que a un par de personas que se acercaron a ese número, aunque dejaran de seguirnos para alcanzarlo :-) . Gracias a todos por un día divertido en Twitter y una lección más sobre las consecuencias inesperadas.

Concurso:
Un lema de seis palabras para
los Estados Unidos
(SJD)

Inspirado por un reciente viaje a Londres y un artículo del *Times* (de Nueva York) sobre la reacia búsqueda en el Reino Unido de un eslogan nacional (entre las sugerencias están «No necesitamos ningún lema, somos británicos» y «Un poderoso imperio, aunque ligeramente desgastado»), así como por un nuevo libro de memorias de seis palabras para el que escribí un artículo («Y en la séptima palabra, descansó»), los invito a intentar lo siguiente:

Escriba un lema de seis palabras para
los Estados Unidos de América

Por supuesto, también se puede participar desde el extranjero. No duden en aplicar la puntuación laxa a sus lemas (o, si prefieren, la clásica); por ejemplo: «¿Magullado? Pelín. ¿Molido? Por faaaavorrr. ¡Adelante!»

DOS SEMANAS DESPUÉS...

A fecha de hoy hemos recibido más de 1.200 respuestas para el concurso del lema. Quien quiera contemplar una buena instantánea del sentimiento público durante estas interesantes elecciones de 2008 hará bien en leer los comentarios: son sumamente reveladores y nada optimistas.

Los primeros se inclinaban bastante hacia la izquierda. Después, aparentemente, porque el concurso llegó a algunos blogs de derechas, nos llegó una ronda de lemas correctivos. Tras sumarse a esta refriega, un cínico podría mandar el siguiente lema al concurso:

Izquierdistas lloriquean; derechistas contraatacan; hay follón

O tal vez este:

Empate técnico entre patriotas y desleales

Visto que este blog trata, al menos ocasionalmente, sobre economía, me extraña que no hubiera más sugerencias relacionadas con la libertad de mercados, tal vez algo como...

Lo más avanzado en destrucción creativa

Al final recibimos tantas sugerencias buenas, meditadas, graciosas, sentidas e indecentes que, como pueden imaginar, resultaba imposible elegir un solo ganador, de modo que redujimos la selección a los cinco finalistas siguientes. Por favor, voten al que más les guste.

El lema que obtenga más votos en las próximas 48 horas se declarará ganador.

1. El imperio más amable por ahora
2. Tendrías que haber visto al otro
3. ¡Cuidado! Experimento en curso desde 1776

4. Como Canadá, pero con mejor bacón
5. Hasta los peores críticos prefieren quedarse

UNA SEMANA DESPUÉS...

Tal como prometimos, hemos contado sus votos para el nuevo lema de seis palabras de los Estados Unidos. El ganador estaba claro:

Hasta los peores críticos prefieren quedarse (194 votos)

He aquí los siguientes puestos:

¡Cuidado! Experimento en curso desde 1776 (134 votos)

El imperio más amable por ahora (64 votos)

Tendrías que haber visto al otro (38 votos)

Como Canadá, pero con mejor bacón (18 votos)

Los felicito por el lema que han elegido y, sobre todo, felicito a Edholston, su autor. Aunque quizá no sea especialmente edificante, «Hasta los peores críticos prefieren quedarse» es un reconocimiento maravillosamente conciso de la paradoja que supone una democracia capitalista: un lugar del que a menudo vale la pena quejarse y que nos permite quejarnos a voz en cuello cuanto queramos.

Unos objetos promocionales de Freakonomics parecen muy poca recompensa para una tarea tan colosal como la de escribir un nuevo lema para los Estados Unidos, pero son todo lo que podemos ofrecer. Eso y las gracias: a Ed y a todos los participantes.

Ahora bien, ¿quién de ustedes puede conseguir que se adopte el nuevo lema?

5

Cómo temer lo que no es temible

En Superfreakonomics *identificamos una de las actividades más peligrosas que se pueden realizar: caminar en estado etílico. Va en serio. Los datos demuestran que es ocho veces más peligroso recorrer dos kilómetros a pie y borracho que al volante y también borracho. En general, la gente se rio y no nos hizo caso. Cuando se trata de evaluar riesgos, la gente se sobresalta por toda clase de razones, desde los sesgos cognitivos hasta la preferencia por los sucesos extraños de los medios de comunicación. A lo largo de los años, estas cosas han dado mucho combustible a los blogs en asuntos tan variopintos como el miedo a los desconocidos, quedarse sin gasolina y montar a caballo.*

¡Mecachis!
(SJD)

Hace poco, Matthew Broderick se rompió la clavícula en un accidente ecuestre. Broderick es la cuarta o la quinta persona que se lesiona mientras monta a caballo de la que he tenido noticia en los últimos meses. Esto me dio que pensar:

¿tan peligrosa es la equitación, sobre todo en comparación, por ejemplo, con la conducción de una motocicleta o un automóvil?

Una búsqueda rápida en Google desenterró un informe de 1990 del Centro para el Control y la Prevención de Enfermedades: «Cada año, aproximadamente 30 millones de personas montan a caballo en los Estados Unidos. Se considera que la proporción de lesiones graves por horas de práctica es más alta en los jinetes que en los motociclistas o en los pilotos de coches de carreras.»

Resulta interesante que la gente que se lesiona montando a caballo suela estar bajo la influencia del alcohol, igual que los que se hacen daño (y se lo hacen a otros) con un vehículo motorizado.

Entonces, ¿por qué no se oye hablar de los peligros de la equitación? Se me ocurren varias posibilidades:

1. Gran parte de los accidentes de equitación tienen lugar en propiedades privadas y solo afectan a una persona.
2. Estos accidentes no suelen dar lugar a informes policiales, como inevitablemente ocurriría en un accidente de motocicleta o en una carrera prohibida.
3. Al tipo de gente que normalmente llamaría la atención sobre una actividad peligrosa le gustan más los caballos que las motos.
4. Un accidente de motocicleta tiene más posibilidades de generar titulares que un accidente de equitación. A menos, por supuesto, que la víctima sea Matthew Broderick o Christopher Reeve.

Puede que me equivoque, pero no recuerdo que el trágico accidente de Reeve diese pie a la prohibición ni a la regulación de la equitación, mientras que cuando Ben Roethlisberger se lesionó por ir en motocicleta sin casco hubo muchos comentarios en las redes sobre su estupidez. No digo que Big Ben no cometiera una estupidez, pero, como aficionado de los Steelers, supongo que me alegro de que no estuviese montando a caballo.

Lo que tiene que decir el ministro de Transportes de mi investigación sobre los asientos para niños
(SDL)

En su blog oficial del Gobierno, Ray LaHood, ministro de Transportes de los Estados Unidos, desestimó mi investigación sobre los asientos de seguridad para niños. Este trabajo sostiene que los asientos de seguridad no son mejores que el cinturón a la hora de reducir el número de muertes y lesiones graves en niños de dos a seis años de edad, y se basa en casi treinta años de datos del Sistema de Informes de Análisis de Muertes de los Estados Unidos, y en pruebas de choque que encargamos Dubner y yo.

Mi cita preferida del ministro de Transportes:

> Ahora bien, si quieren diseccionar los datos para provocar, adelante. Como abuelo y como director de un ministerio cuyo objetivo principal es la seguridad, no me puedo permitir ese lujo.

Al leer la entrada del ministro de Transportes me sorprende lo distinta que es su reacción de la que tuvo Arne Duncan cuando le mencioné mi trabajo sobre las trampas de los profesores. Por aquella época, Duncan, que ahora es ministro de Educación, era responsable de los colegios públicos de Chicago. Esperaba que hiciera lo que ha hecho LaHood: desestimar las conclusiones, cerrarse en banda, etc., pero me sorprendió: me dijo que lo único que le importaba era que los alumnos aprendiesen lo máximo posible, y que las trampas de los profesores lo impedían. Me invitó a participar en un diálogo, y al final conseguimos mejorar notablemente las cosas.

Si el verdadero objetivo en este caso es la seguridad de los niños, esto es lo que podría haber escrito LaHood en su blog:

> Durante largo tiempo hemos confiado en los asientos de seguridad para proteger a nuestros hijos. Hasta hace poco, los trabajos académicos confirmaban las ventajas del uso de asientos de seguridad en la reducción de la mortandad infantil en accidentes de tráfico. Sin embargo, en una serie de trabajos publicados en revistas indexadas en el ISI, Steven Levitt y sus coautores han puesto en duda esta conclusión mediante tres conjuntos de datos recabados por el Ministerio de Transporte, así como otras estadísticas. No soy experto en datos y soy el responsable de un organismo gubernamental, así que no me puedo permitir el lujo de analizar lo expuesto; pero como abuelo, y puesto que el objetivo prioritario de mi ministerio es la seguridad, he solicitado lo siguiente a mis investigadores:
>
> 1. Revisar atentamente los datos que recabamos y que constituyen la base del trabajo de Levitt. ¿Realmente no contienen pruebas fehacientes de que los asientos protejan mejor que los cinturones para adultos a los niños de dos años o más? Nuestra base de comparación para medir la eficacia de los asientos de seguridad ha sido siempre el niño sin sujeciones. Tal vez tengamos que replanteárnoslo.
> 2. Pedir a los médicos del Hospital Pediátrico de Filadelfia, que en numerosas ocasiones han concluido que los asientos de seguridad funcionan, que hagan públicos sus datos. Tengo entendido que dichos médicos se han negado a compartir sus datos con Levitt, pero, con el

fin de aclarar esta cuestión, es necesario que otros investigadores tengan la oportunidad de revisarlos.

3. Realizar una serie de pruebas con maniquíes para determinar si los cinturones de seguridad para adultos cumplen todas las condiciones de ensayos de choque gubernamentales. En *SuperFreakonomics*, Levitt y Dubner dan cuenta de sus hallazgos con una muestra muy reducida; necesitamos muchas más.

4. Tratar de entender por qué, incluso después de treinta años, la gran mayoría de los asientos de seguridad siguen sin instalarse adecuadamente. Después de todo este tiempo, ¿realmente podemos culpar a los padres, o puede que la culpa sea de otros?

5. Después de investigar todas estas cuestiones se extraerán las conclusiones necesarias y se emplearán para determinar la legislación.

Si el ministro de Transportes LaHood tiene algún interés en seguir alguna de estas propuestas, estaré encantado de ayudarlo en lo que pueda.

Actualización: el ministro de Transportes LaHood no llegó a aceptar mi oferta de ayuda.

Exceso de seguridad, versión para cambiador de pañales
(SJD)

Últimamente he estado pensando un poco en el exceso de seguridad. Esto no solo incluye la noción de seguridad teatrera, sino también las muchas ocasiones en las que alguien obstaculiza mis actividades cotidianas por motivos de seguridad sin utilidad aparente.

Por ejemplo, mi banco argumentaría que sus muchas y diversas medidas antifraude son valiosas, pero, en realidad, *a*) están concebidas para proteger al banco, no a mí, y *b*) son engorrosas hasta extremos ridículos. La cosa ha llegado hasta tal punto que puedo predecir qué cargo a una tarjeta de crédito disparará el estúpido algoritmo del banco que me congelará la cuenta porque no le ha gustado el código postal en el que usé la tarjeta.

Y el exceso de seguridad ya se está filtrando al mundo civil. Cuando los padres del colegio de mis hijos envían una lista de contactos a principio de curso, llega en una hoja de cálculo de Excel protegida con contraseña. Tengan en cuenta que esta lista no contiene los números de la Seguridad Social ni información bancaria: solo los nombres, las direcciones y los teléfonos de los padres de alumnos. No me cuesta imaginar que dentro de varios meses alguien necesitará acudir a la lista y se encontrará con que olvidó la contraseña hace tiempo.

El ejemplo más ridículo de exceso de seguridad con el que me he encontrado recientemente se encontraba en la estación de la calle Trece, la principal terminal ferroviaria de Filadelfia. Saqué esta fotografía en el baño de hombres:

Sí, es una estación de cambio de pañales en la que han colocado un candado. La nota de arriba reza: «Pida la combinación al encargado.» Estoy seguro de que podemos concebir cosas malas que ocurrirían en un cambiador de pañales sin candado, y supongo que, como en la mayoría de casos de exceso de seguridad, esto se debe a alguna experiencia anómala que le dio un susto de muerte a alguien (o hizo que alguien involucrase a sus abogados), pero aun así...

La última amenaza terrorista
(SDL)

La mejor estrategia que he encontrado para reducir la irritación que producen los controles de seguridad es hacerme a la idea de que soy terrorista e identificar los puntos débiles por los que me puedo colar. Creo que durante el gobierno de George W. Bush encontré la manera de meter un arma o explosivos en la Casa Blanca. Pero solo me invitaron una vez, de modo que no tuve oportunidad de poner a prueba mi teoría en una visita posterior.

Durante un viaje reciente a Irlanda me enteré de un nuevo método antiterrorista: el personal de seguridad de Dublín no solo exige que se saque del equipaje de mano el portátil, sino también un artículo que hasta ese momento no sabía que fuera peligroso: el paraguas. Por más que lo intento, no consigo imaginar qué maldad se puede hacer con un paraguas o, mejor dicho, qué maldad se podría evitar haciendo que los pasajeros lo saquen del equipaje de mano y lo coloquen en la cinta transportadora. Pregunté a la mujer del control por qué los paraguas tenían que ponerse en la cinta, pero tenía un acento muy marcado y no entendí la respuesta. Me pareció oír la palabra *clavar*.

Enterarme de los peligros a los que nos exponen los paraguas me ha reducido tremendamente su utilidad en términos económicos. Ahora, cada vez que vuele dentro de los Estados Unidos, donde se trata a los paraguas con menos antipatía, pasaré todo el viaje con miedo a que algún peligroso paraguas haya conseguido abrirse paso hasta el avión.

Una cosa es segura: si en pleno vuelo veo que alguien saca un paraguas del equipaje de mano, lo derribaré primero y preguntaré después.

El «cenit del petróleo»: Bienvenidos a la nueva versión mediática de los ataques de tiburones
(SDL)

Esta entrada se publicó el 21 de agosto de 2005. Entonces habría sido difícil encontrar a alguien dispuesto a predecir que, diez años después, los avances tecnológicos en la extracción del petróleo situarían a los Estados Unidos por delante de Arabia Saudí como el mayor productor de petróleo del mundo, pero eso es exactamente lo que ha pasado.

Un reciente artículo de portada de *The New York Times Magazine*, firmado por Peter Maass, trata sobre el «cenit del petróleo». La idea subyacente de que el mundo ha estado produciendo cada vez más petróleo durante muchos años, y que estamos a punto de tocar techo y pasar a una situación de agotamiento de las reservas que subiría a tres las cifras del precio del barril de crudo, provocaría una depresión mundial sin precedentes y, en palabras de una web dedicada a la crisis del petróleo, «la civilización, tal como la conocemos, está llegando a su fin».

Cabría pensar que los profetas del apocalipsis estarían escarmentados por la larga historia de desaciertos de sus predecesores: Nostradamus, Malthus, Paul Ehrlich, etc. Pero está claro que no.

El error de la mayoría de los escenarios apocalípticos estriba en el principio fundamental de la economía: la gente responde a incentivos. Si el precio de un producto sube, la demanda baja, las empresas que lo producen descubren la manera de producirlo en mayores cantidades y todos intentan dar con la clave para producir sustitutos. Añádase el impulso de la innovación tecnológica (como la revolución ecológica, el control de la natalidad, etc.). Resultado: los mercados suelen encontrar la manera de resolver los problemas de la oferta y la demanda.

Esa es exactamente la situación del petróleo en la actualidad. No sé mucho de las reservas mundiales de crudo; ni siquiera discuto, necesariamente, las previsiones sobre el declive de la producción de los campos existentes o la afirmación de que la demanda mundial se encuentra en aumento. Pero estos cambios en la oferta y la demanda son lentos y graduales, un porcentaje pequeño cada año. Los mercados tienen maneras de gestionar situaciones como esta: los precios suben ligeramente. No es ninguna catástrofe; es un mensaje de que ya no vale la pena lo que antes tenía sentido con el petróleo a bajo precio. Algunas personas pasarán de los todoterrenos a los híbridos, por ejemplo. Tal vez estaremos dispuestos a construir más centrales nucleares o valdrá la pena poner paneles solares en más casas.

El artículo de *The New York Times* mete la pata en lo económico una y otra vez. He aquí un ejemplo:

> Las consecuencias de una verdadera escasez de la oferta serían enormes. Si el consumo empieza a superar la producción, el precio del barril de crudo podría alcanzar las tres cifras. Esto, a su vez, podría desencadenar una recesión mundial como resultado de los precios desorbitados del combustible para transporte y de los productos que dependen de los petroquímicos, es decir, casi todos los productos del mercado. El impacto en el estilo de vida es-

tadounidense sería profundo: los automóviles no se pueden propulsar con molinos de viento instalados en el techo. El estilo de vida de los barrios residenciales y las ciudades dormitorio, con familias con dos coches y viajes constantes al trabajo, la escuela y el supermercado, podría volverse prohibitivo o, si se impone el racionamiento de la gasolina, imposible. Los coches compartidos serían la menor de las inconveniencias; los costes de la calefacción se dispararían, suponiendo, por supuesto, que las viviendas con control climático no se convirtiesen en un bonito recuerdo.

Si suben los precios de los hidrocarburos, los consumidores tendrán las cosas (un poco) más difíciles. Pero estamos hablando de la necesidad de reducir la demanda unos puntos al año. Eso no quiere decir que haya que instalar molinos de viento en los coches; quiere decir que habrá que suprimir unos cuantos viajes poco necesarios. No habrá que abandonar Dakota del Norte; habrá que mantener el termostato uno o dos grados por debajo en invierno.

Un poco más adelante, el autor escribe:

> Podría parecer providencial para los saudíes que el barril sobrepasara los 100 dólares; recibirían más dinero por su petróleo de escasez creciente. Pero una falsa concepción sobre Arabia Saudí, y sobre la OPEP en general, es que las subidas de precios, por cuantiosas que sean, redundan en su beneficio.
>
> Aunque el petróleo a más de 60 dólares por barril no ha causado ninguna recesión internacional, no la podemos descartar del todo: los precios altos pueden tardar cierto tiempo en provocar su desastroso efecto. Y cuanto más suban por encima de los 60 dólares, más probable será la recesión. Los precios altos del petróleo son inflacionarios; aumentan el precio de casi todas las cosas —desde el com-

bustible de los coches hasta el de los aviones, desde el plástico hasta los fertilizantes—, por lo que la gente compra menos y viaja menos, lo que implica una reducción de la actividad económica. De modo que después de una breve etapa de vacas gordas para los productores, los precios del crudo caerían a medida que se afianzase la recesión y se ralentizaran las hasta entonces voraces economías, con un consumo inferior de petróleo. Los precios ya se derrumbaron, y no hace mucho tiempo: en 1998, el crudo cayó hasta los diez dólares por barril a raíz de un inoportuno aumento de la producción de la OPEP y una reducción de la demanda en Asia, que atravesaba una crisis financiera.

Vaya, se ha venido abajo todo el argumento del cenit del petróleo. Cuando suben los precios, baja la demanda y, con ella, los precios del petróleo. ¿Qué pasó con «el fin del mundo tal como lo conocemos»? El petróleo vuelve a estar a 10 dólares por barril. ¡Sin darse cuenta, el autor acaba de echar mano de las leyes esenciales de la economía para desacreditar toda la premisa de su artículo!

Por si acaso, dice a continuación:

Los precios altos pueden tener otra consecuencia desafortunada para los productores. Cuando el crudo está a 10 dólares por barril, incluso 30, los combustibles alternativos son demasiado caros. Por ejemplo, Canadá tiene grandes cantidades de arenas bituminosas que se pueden transformar en petróleo pesado, pero a un coste muy elevado. Sin embargo, esas arenas y otras alternativas tales como el biocarburante, las pilas de combustible de hidrógeno y el combustible líquido procedente del gas natural o el carbón, se vuelven viables económicamente cuando el barril de petróleo supera, pongamos por caso, los 40 dólares, sobre todo si los gobiernos consumidores deciden ofrecer sus propios incentivos y subsidios. De modo que incluso si los precios altos no causan una recesión, los saudíes corren el riesgo de ceder su cuota de mercado a competidores por cuyas manos no fundamentalistas preferirían canalizar sus dólares los estadounidenses.

Tal como observa el autor, los precios altos llevan a desarrollar sustitutos. Y ese es precisamente el motivo por el que el cenit del petróleo no tiene que hacernos entrar en pánico, para empezar.

De modo que ¿por qué comparo el cenit del petróleo con los ataques de tiburones? Porque los ataques de tiburones se mantienen constantes, pero el miedo se dispara cuando la prensa decide informar sobre ellos. Lo mismo ocurrirá ahora, supongo, con el cenit del petróleo. Preveo toneladas de periodismo de imitación que azuce el miedo de los consumidores a una catástrofe inducida por el petróleo, pese a que no se ha producido ningún cambio fundamental en las perspectivas del crudo en la última década.

Apuestas sobre el cenit del petróleo
(SDL)

John Tierney escribió una excelente columna en *The New York Times* en respuesta al artículo de Peter Maass sobre el cenit del petróleo que yo critiqué. Tierney y Matthew Simmons, banquero inversionista de petroleras y líder del grupo del cenit del petróleo, apostaron 5.000 dólares (ajustados a la inflación del dólar en 2005) sobre si el precio del crudo en 2010 estaría por encima o por debajo de los 200 dólares por barril.

La apuesta se estableció en el espíritu de la famosa apuesta entre Julian Simon y Paul Ehrlich, que ganó el economista Simon cuando los precios de las cinco materias primas que según Ehrlich iban a subir bajaron considerablemente.

A mí me encanta apostar. Y cuando veo que la previsión para diciembre de 2011 está por debajo de los 60 dólares por barril en el NYMEX, por debajo de los 200 dólares me parece un buen precio. Así que le pregunté a Simmons si quería un poco más de acción.

Tuvo la amabilidad de responderme. Al parecer, no fui el primer economista que se ofreció a participar en la apuesta. Declinó mi oferta, pero insistió en su convicción de que el petróleo es demasiado barato y «los precios reales acabarán pronto con un siglo de precios imaginarios».

Algo en lo que Simmons tiene razón, sin duda, es en que el petróleo y el gas son muy baratos por volumen en comparación con otras cosas que consumimos. Imaginen que apareciese un inventor genial y nos dijese que ha desarrollado una píldora que se echa a cinco litros de agua destilada para convertirla en gasolina. ¿Cuánto estarían dispuestos a pagar por la píldora? Durante gran parte de los cincuenta últimos años, la respuesta es prácticamente nada, porque un litro de gasolina cuesta casi lo mismo que un litro de agua destilada.

Pero donde me cuesta seguir la lógica de Simmons es cuando parece argumentar que, puesto que un litro de gasolina es tan valioso en comparación, por ejemplo, con un conductor de *rickshaw*, debería ser tan caro como un conductor de *rickshaw*. En mercados razonablemente competitivos, como los del gas, el petróleo y, presumiblemente los *rickshaws*, lo que determina el precio es lo que cuesta suministrar el bien, no el número de consumidores dispuestos a pagar. Esto se debe a que el suministro es casi perfectamente elástico en un período razonable. Si se pudiesen obtener grandes beneficios con un precio determinado, la competencia entre empresas reduciría ese precio. El número de consumidores dispuestos a consumir el bien solo determina la cantidad consumida cuando el suministro es perfectamente elástico. Es por ello que el agua, el oxígeno y la luz solar —bienes todos ellos enormemente valiosos— son muy baratos o gratuitos. Esto explica por qué consumimos tanto petróleo y gasolina, pero no muchos viajes en *rickshaw* a los precios actuales.

Si los costes del suministro del petróleo se dispararan de pronto, los precios subirían, sin duda, a plazo más corto que largo, hasta que se encontrara la forma de sustituir estos bienes. (Es poco probable que los *rickshaws* se convirtieran en el principal sustituto, al menos en los Estados Unidos.) Que el «cenit del petróleo» nos preocupe o no se reduce a lo siguiente: 1) ¿aumentarán los costes del suministro?; 2) si aumentaran, ¿hasta dónde?, y 3) ¿cómo es de elástica la demanda?

John Tierney ganó la apuesta: el precio medio de un barril de crudo durante 2010 fue de 80 dólares, o 71 dólares ajustados al dólar de 2005. Por desgracia, Matthew Simmons murió el pasado agosto, a los 67 años de edad. «Sus albaceas revisaron los números —escribió Tierney— y acordaron que se me otorgaran 5.000 dólares de su patrimonio.»

¿La obesidad mata?
(SJD)

Últimamente hay tanto alboroto en torno a la obesidad que puede resultar difícil discernir lo verdaderamente importante. Para mantenerme al día, a veces divido el problema de la obesidad en tres preguntas.

1. ¿Por qué se ha elevado tanto la tasa de obesidad en los Estados Unidos? Se han ofrecido muchísimas respuestas, la mayoría referida a cambios en la dieta y el estilo de vida (y, en cierto grado, a los cambios en la definición de *obesidad*). En un interesante trabajo, los economistas Shin-Yi Chou, Michael Grossman y Henry Saffer analizan diversos factores (incluidos los restaurantes per cápita, el tama-

ño y el precio de las raciones, etc.) y concluyen —sin que resulte sorprendente— que el pico en las tasas de obesidad se debe principalmente a la amplia disponibilidad de comida muy sabrosa a precios muy baratos. También concluyen que el extendido declive en el consumo de tabaco ha contribuido a aumentar las tasas de obesidad. Esto parece razonable, ya que la nicotina es tanto un estimulante (que ayuda a quemar calorías) como un inhibidor del apetito. Pero Jonathan Gruber y Michael Frakes han presentado un trabajo en el que se pone en duda que la reducción del consumo de tabaco conlleve un aumento de peso.

2. ¿Qué pueden hacer los obesos para dejar de serlo? Esta, por supuesto, es la pregunta que sostiene una industria multimillonaria de dietas y ejercicios. Un vistazo a los 50 libros más vendidos en Amazon.com revela lo desesperada que está la gente por perder peso: *Intuitive Eating: A Revolutionary Program That Works* (Alimentación intuitiva: un programa revolucionario que funciona), *The Fat Smash Diet: The Last Diet You'll Ever Need* (Jaque mate a la grasa: La última dieta que necesitará) y *Ultrametabolism: The Simple Plan for Automatic Weight Loss* (Ultrametabolismo: Un plan sencillo para perder peso automáticamente). Todos estos libros me recuerdan la teoría de que todas las narraciones de la historia del ser humano, desde la Biblia hasta la película más reciente de Superman, se basan en uno de siete patrones (si sirve de algo, Superman y la Biblia emplean la misma horma: al bebé Superman y al bebé Moisés, sus desesperados padres los salvan de una muerte segura colocándolos en un cohete/cesta de mimbre; se crían en una familia de otra cultura, pero siempre recuerdan la forma de vida de su gente y se dedican a luchar por la justicia). Esta teoría de los siete patrones es aún más pertinente en el caso de los libros de dietas: todos hablan de lo mismo, con alguna que otra variación.

3. ¿Hasta qué punto es peligrosa la obesidad? Esta es,

para mí, la pregunta más difícil. Existe la creencia generalizada de que la obesidad es como una ola enorme que empieza a recorrer los Estados Unidos, inundándonos de problemas sanitarios y económicos. Pero también existe la impresión creciente de que el pánico a la obesidad podría ser tan problemático como la propia obesidad. Entre quienes proponen este enfoque está Eric Oliver, politólogo de la Universidad de Chicago y autor de *Fat Politics: The Real Story Behind America's Obesity Epidemic* (La política de la gordura: La historia oculta tras la epidemia de obesidad de los Estados Unidos). Oliver sostiene que el debate sobre la obesidad está plagado de mentiras y desinformación. Tal como se lee en la solapa, el libro pretende demostrar «cómo un puñado de médicos, burócratas del Gobierno e investigadores sanitarios, con el respaldo financiero de las farmacéuticas y la industria de la pérdida de peso, han clasificado errónea y premeditadamente a más de sesenta millones de estadounidenses como casos de sobrepeso, para inflar los riesgos sanitarios de la obesidad y propagar la idea de que es una enfermedad mortal. Tras analizar las pruebas científicas, Oliver afirma que existen escasos indicios de que la obesidad cause tantas enfermedades y muertes o de que la pérdida de peso mejore la salud».

Pues bien, incluso si Oliver tuviese razón, y dejando de lado por el momento las preguntas 1 y 2, la obesidad parece ser culpable de al menos 20 muertes recientes. El pasado octubre, una embarcación turística que transportaba 47 pasajeros de la tercera edad se hundió en el lago George, en el norte del estado de Nueva York, y 20 de ellos murieron.

Según un informe de la Junta Nacional de Seguridad del Transporte, la causa fue un exceso de peso en el barco: la empresa turística empleó normas antiguas sobre el peso medio de pasajeros para calcular su cabida. El problema no fue el límite de pasajeros, sino el de peso. Cuando los turistas se amontonaron a un lado de la embarcación para contemplar las vistas, sobrevino el desastre. Según *The New York Times*, la empresa turística seguía aplicando la antigua norma de 64 kilos por pasajero, pese a que la Junta Nacional de Seguridad del Transporte ya había advertido de su cancelación; George Pataki, gobernador de Nueva York, la había elevado a 79 kilos por pasajero.

La reyerta jurídica ha sido intensa y hemos visto como todos culpaban a todos los demás del accidente. El grupo turístico lo ha considerado «catástrofe natural». Otros culpan a una empresa que modificó el barco. Ya no me extrañaría que alguien se querellase contra McDonald's por haber engordado a los pasajeros.

Daniel Kahneman responde sus preguntas
(SDL)

Una de las primeras veces que hablé con Daniel Kahneman fue en una cena, poco después de la publicación de *SuperFreakonomics*. «Me gustó mucho tu libro —me dijo Danny—. Cambiará el futuro del mundo.» Sonreí orgulloso; sin embargo, Danny no había terminado. «Cambiará el futuro del mundo, y no para mejor.»

Aunque estoy seguro de que mucha gente estará de acuerdo con él, ¡fue el único que me lo dijo a la cara!

Para quienes no hayan oído hablar de él, Daniel Kahneman es el no economista que ha ejercido mayor influencia sobre la economía de entre cuantos no economistas hayan existido. Psicólogo de profesión, es el único no economista que ha ganado el Nobel de Economía por su trabajo pionero sobre la economía conductual. No creo exagerar cuando afirmo que forma parte de las cincuenta figuras del pensamiento económico más influyentes de todos los tiempos, y de las diez figuras vivas del pensamiento económico más influyentes.

Durante los años transcurridos desde aquella cena he llegado a conocer bastante a Danny. Cada vez que lo veo aprendo algo de él. Su especial perspicacia, he concluido, consiste en ver lo que debería ser obvio pero en lo que, por algún motivo, nadie repara hasta que él lo señala.

Ahora ha escrito un magnífico libro de divulgación: *Pensar rápido, pensar despacio*. Es un paseo maravillosamente cautivador por el mundo de la economía conductual, uno de esos libros de los que se hablará durante largo, largo tiempo. Danny se ha prestado generosamente a responder a las preguntas de los lectores del blog de *Freakonomics*, que parafraseamos a continuación, junto con sus respuestas.

P: Gran parte de las investigaciones realizadas por usted y otros equipos en este campo demuestran que tomamos muchas decisiones irracionales, pero ¿se ha investigado en busca de maneras de aumentar la conducta racional? ¿También lo han intentado?

R: Claro, por supuesto. Lo han intentado muchos. No creo que la autoayuda sirva de gran cosa, aunque no es mala idea reducir la marcha cuando está en juego algo muy importante (e incluso el valor de este consejo se ha cuestionado). La mejora de la toma de decisiones tiene más posibilidades de funcionar a nivel empresarial.

P: ¿Sus investigaciones dicen algo sobre la asunción de riesgos al estilo de los administradores de la Universidad Estatal de Pennsylvania, que decidieron no hacer públicos los delitos sexuales del entrenador Jerry Sandusky?

R: En este caso, la pérdida asociada a hacer público el escándalo en el momento en que se descubre es grande, inmediata y fácil de imaginar, mientras que las desastrosas consecuencias de la dilación son vagas y lejanas. Así es probablemente como empiezan tantos intentos de encubrimiento. Si la gente tuviera en mente las consecuencias personales negativas del encubrimiento (como ocurrió en este caso), quizá viéramos menos casos en el futuro. Desde este punto de vista, es probable que una reacción decisiva por parte de la junta de la universidad tenga consecuencias positivas más adelante.

P: Levitt nos ha contado que usted dijo que *SuperFreakonomics* cambiaría el mundo para peor. ¿A qué se refería?

R: Fue una broma, dentro de una charla sobre las soluciones tecnológicas del problema del calentamiento global planteadas en *SuperFreakonomics*. A mi modo de ver, la presentación favorable de algunas soluciones podía indicar a los lectores que no hay gran cosa por la que preocuparse si el problema tiene fácil solución. No fue un desacuerdo serio.

P: ¿Cómo pueden ayudar sus investigaciones y publicaciones a tomar decisiones mejores en el campo de la atención sanitaria, en lo relativo tanto a la demanda como a la oferta?

R: No creo que podamos esperar que cambien las opciones de los pacientes y el personal sanitario si no cambia la situación. Los incentivos de «tarifa por servicio» son poderosos, lo mismo que la norma social según la cual la salud no tiene precio (sobre todo cuando el que paga es un tercero). Donde la psicología de la modificación de la conducta y los empujoncitos de la economía conductual entran en juego es en la planificación de una transición a un sistema mejor. La pregunta que nos debemos hacer es: «¿Cómo podemos facilitar un cambio en la dirección deseada de los médicos y los pacientes?», lo que está estrechamente relacionado con: «¿Por qué aún no quieren cambiar?» Muchas veces, cuando se plantea esta pregunta se descubre que unas cuantas pequeñas modificaciones baratas de contexto pueden cambiar el comportamiento significativamente. (Por ejemplo, sabemos que es más probable que la gente pague sus impuestos si sabe que los demás los pagan.)

P: ¿Puede hablarnos de la relación entre felicidad y satisfacción?

R: Sí. No es lo mismo ser feliz (de media) en el momento y estar satisfecho retrospectivamente. Es más probable que la gente se sienta feliz si pasa mucho tiempo con los seres queridos, y que se sienta satisfecha si alcanza objetivos convencionales, tales como unos ingresos altos y un matrimonio estable.

P: ¿Tiene algún consejo para convencer a gente que, por otro lado, es inteligente, de que considere la legitimidad de ideas o pruebas científicas con las que no está de acuerdo?

R: Suele ser útil distinguir entre el contenido del pensamiento y sus mecanismos. Algunos sesgos (como, por ejemplo, las nociones preconcebidas, las creencias sin base científica y determinados estereotipos) son sesgos de contenido, de índole habitualmente cultural. Otros sesgos (como, por ejemplo, pasar por alto las estadísticas, pasar por alto la ambigüedad o la tendencia a los estereotipos) son efectos secundarios inevitables de mecanismos psicológicos de carácter general.

P: ¿Es posible que una de las barreras a las que se enfrentan las mujeres que intentan trabajar en campos dominados por los hombres sea que estos entornos les exigen un esfuerzo mental adicional?

R: El hecho de analizar demasiado los propios actos exige un esfuerzo mental y, desde luego, no es bueno para el rendimiento. Más aún: cuanto más atención se presta a los propios actos, más se tiende a interpretar (y, a veces, a malinterpretar) las actitudes de los demás en función del sexo, lo que solo contribuye a empeorar las cosas. Sin embargo, hay esperanza: el exceso de análisis tiende a disminuir en un entorno estable, interaccionando con gente a la que se conoce bien. La tendencia parece favorable: mejoran las actitudes de los hombres y aumenta la representación de la mujer en muchas profesiones de dominio masculino, de modo que el futuro parece que será mejor que el pasado.

Los peligros de la tecnología, versión para iPad
(SJD)

Últimamente he leído muchos libros en el iPad mediante la app Kindle. En general es una experiencia muy satisfactoria, sobre todo para la lectura recreativa.

El otro día, de vacaciones con la familia, encontré un inconveniente. Estaba leyendo la vieja novela sobre fútbol americano *North Dallas Forty*, que es un libro bastante entretenido, sobre todo en lo referente al racismo y las drogas. Resultó que mi hija de nueve años de edad estaba acurrucada a mi lado leyendo su libro, *The Doll People*, en versión árbol derribado. Echó un vistazo a mi lectura y sus ojos encontraron de inmediato una palabra de cinco letras.

—Eh —dijo—. ¡Es una palabrota!

—Sí —respondí.

Y luego, movido por un infantil instinto parental, cubrí la palabra ofensiva con el pulgar. ¿De qué tenía miedo? Ni siquiera sé qué intentaba conseguir. ¡Ella ya había visto la palabra! ¿Tenía mi pulgar el poder de borrar lo que había visto? E, incluso si lo hubiese tenido, ¿de qué podía servir?

Pero mi pulgar no solo ocultó la palabra; también la tocó la pantalla, una función muy cómoda que abre la definición en el diccionario:

1. *intr.* malson. Practicar el coito. *U. t. c. tr.*
2. *tr.* Molestar, fastidiar. *U. t. c. intr.* y *c. prnl.*
3. *tr.* Destrozar, arruinar, echar a perder. *U. t. c. prnl.*

Gracias, tecnología. Eres, sin duda, un arma de doble filo. Y lo tengo jodidamente merecido por temer que mi hija vea un taco.

Lo que entiendo por aversión al riesgo
(SDL)

El otro día me encontraba en una casa de apuestas de Las Vegas con mi colega y buen amigo John List. Puesto que ambos vivimos en Chicago y tenemos hijos que juegan al béisbol, pensamos que sería divertido apostar por los Chicago White Sox. Nos daría una excusa para animarlos, y a nuestros hijos, una razón para abrir el periódico de la mañana para ver si el equipo había ganado.

No teníamos información especial sobre los White Sox; no había información privilegiada. El valor de la apuesta era exclusivamente de consumo.

Si el marchante nos hubiera ofrecido una apuesta justa, es decir, el equivalente de un cara o cruz con una moneda, habríamos estado dispuestos a apostar un montón porque no tenemos aversión al riesgo. Diría que habríamos estado dispuestos a apostar 10.000 dólares, probablemente más.

Pero, por supuesto, las casas de apuestas no ofrecen apuestas justas. En la que nos interesaba —cuántos partidos ganarían los White Sox en el curso de la temporada— cobraban una comisión del 8 %. A ese precio, decidimos, estábamos dispuestos a apostar 2.500 dólares. El 8 % de 2.500 es 200, así que, básicamente, estábamos dispuestos a pagar 200 dólares por hacer la apuesta.

De modo que nos dirigimos a la ventanilla y dijimos que queríamos apostar 2.500 dólares a que los White Sox ganarían más de 84,5 partidos este año.

La mujer de la ventanilla nos dijo que el límite máximo por apuesta era de 300 dólares.

¡¿Cómo?!

Le preguntamos por qué y llamó al gerente, que nos explicó la razón: el casino «no quiere asumir demasiados riesgos en este tipo de apuestas».

Aquella casa de juego formaba parte de Caesars Entertainment, el mayor grupo empresarial de casinos del mundo, con unos ingresos anuales cercanos a los diez mil millones de dólares. ¿Y no estaban dispuestos a cobrarnos 200 dólares por lanzar una moneda de 2.500 dólares?

No me extrañaría que, un día de estos, el casino no me permitiera apostar 2.500 dólares al negro en la ruleta. A fin de cuentas, en esencia es la misma apuesta que la de los White Sox: el lanzamiento de una moneda donde el casino juega con un buen margen a su favor.

Me parece una forma absurda de llevar un negocio. Y me sorprende, especialmente, porque Caesars es una de las pocas grandes empresas dirigidas por un economista, Gary Loveman, que ha introducido buenas ideas económicas en muchos otros aspectos.

Si no fuese economista, no me importaría dirigir un casino. ¿Aceptarán currículos en Caesars?

Cuatro razones por las que el Gobierno estadounidense ha hecho mal en reprimir el póquer por Internet

(SDL)

El Gobierno estadounidense acaba de cerrar a sus ciudadanos las tres principales webs de póquer. He aquí cuatro razones por las que esta medida no tiene sentido:

1. *Las prohibiciones que tienen por objetivo castigar a los proveedores son ineficaces. La prohibición del póquer por Internet no es una excepción.*

   Cuando existe demanda de un bien o servicio, es extraordinariamente difícil combatir el problema castigando a los proveedores. Las drogas ilegales son un buen ejemplo. Los estadounidenses quieren cocaína. Durante los cuarenta últimos años de la «guerra contra las drogas» hemos invertido una enorme cantidad de recursos en poner entre rejas a los traficantes de drogas. (Contrariamente a lo que se suele pensar, el castigo a los consumidores de drogas ha sido relativamente limitado; según mis cálculos, el 95 % del tiempo de condena ha recaído sobre los distribuidores.) Suele ser ineficaz aplastar la oferta, sobre todo cuando la demanda es inelástica. Poner las cosas difíciles a los proveedores existentes no hace más que atraer a los aspirantes a cubrir la demanda.

   ¿Cómo sé que la medida del Gobierno estadounidense contra los sitios web de póquer es ineficaz? A los 30 minutos de que me cerraran la cuenta en Full Tilt Poker, una de las grandes empresas afectadas por la medida, pude abrir una cuenta en otro sitio web más pequeño y depositar 500 dólares con la tarjeta de crédito sin problemas.

2. *Las externalidades causadas son pequeñas en relación con el excedente de consumidores generado por el póquer en línea. Las intervenciones del Gobierno deberían dirigirse a casos en los que ocurra lo contrario.*

A los estadounidenses nos encanta el póquer, y nos gastamos miles de millones de dólares al año para poder jugarlo en Internet. No creo exagerar cuando digo que más de cinco millones de estadounidenses han jugado al póquer en línea. Los jugadores profesionales son famosos. El jugador de póquer por Internet medio no hace daño a nadie, igual que el que va al cine o el aficionado al deporte. Por supuesto, existen adictos al juego, y los adictos imponen costes a otros. Pero la naturaleza del póquer en línea, con límites fáciles de imponer sobre el dinero que se puede descargar en un período determinado, es un entorno mejor que los casinos para regular el comportamiento adictivo.

3. *Desde una perspectiva moral, resulta contradictorio que el Gobierno consienta el juego y se beneficie de él mientras criminaliza a los proveedores privados de póquer por Internet.*

Sería comprensible si, por razones de las que discrepo, el Gobierno adoptara una actitud coherente contra todas las formas de juego. Pero los gobiernos son grandes beneficiarios de las ganancias del juego, tanto a través de las loterías como de los casinos autorizados. De modo que no es una cuestión de autoridad moral. Vaya por delante que estoy de acuerdo con que el Gobierno obtenga ingresos fiscales de las apuestas, pero la forma correcta de conseguirlo no es una prohibición, sino un marco regulatorio en el que los gobiernos obtengan su tajada. Este enfoque es más eficaz que el actual para todas las partes involucradas.

4. *Incluso en aplicación de las propias leyes del Gobierno, no parece haber duda de que el póquer en línea debería ser legal.*

Si bien opino que la lógica que subyace a la *Unlawful Internet Gambling Enforcement Act* (Ley de prohibición de juegos de azar ilícitos en Internet, *UIGEA* por sus siglas en inglés), que regula los juegos de azar en línea, está llena de fallos, no deja de ser la ley del país. Bajo la UIGEA, los juegos de habilidad quedan exceptuados, ya que en teoría la ley se aplica solo a los juegos de azar. De modo que la consideración del póquer como legal o ilegal se reduce a la interpretación que pueda hacer un tribunal sobre si el póquer es predominantemente un juego de habilidad. Si han jugado alguna vez al póquer, les parecerá evidente que lo es, pero si necesitan más pruebas, recientemente publiqué con Tom Miles, catedrático de la Facultad de Derecho de la Universidad de Chicago, un artículo titulado «El papel de la habilidad frente al azar en el póquer», en el que se usan datos de la Serie Mundial de Póquer de 2010 para confirmar lo que ya era obvio.

El precio de temer a los desconocidos
(SJD)

¿Qué tienen en común Bruce Pardo y Atif Irfan?

En caso de que no estén familiarizados con sus nombres, lo plantearé de otra manera:

¿Qué tiene en común el tipo blanco que se disfrazó de Papá Noel y mató a su ex mujer y a su familia política (y luego se suicidó) con el musulmán al que expulsaron de un vuelo de AirTran bajo sospecha de terrorismo?

La respuesta es que en ambos casos se malinterpretaron por completo sus intenciones. El que debería haber asustado a la gente que lo conocía no la asustó, y el que asustó a la gente que no lo conocía resultó ser inofensivo.

Como veremos más adelante, es una pauta habitual, pero antes de seguir voy a retroceder un poco.

Pardo iba a la iglesia y nadie lo consideraba un maníaco homicida. «Es una persona completamente distinta de la que se describe en las noticias —dijo un amigo de la familia—. Estoy atónito, literalmente atónito. No puedo creer que se trate del mismo tipo.»

Irfan, nacido en Detroit, es un abogado fiscal que vive con su familia en Alexandria (Virginia). Volaba de Washington DC a Florida con varios miembros de su familia para un retiro religioso. Su hermano y él estaban discutiendo sobre cuáles eran los asientos más seguros en un avión. «Otros pasajeros los escucharon y malinterpretaron —declaró al *Washington Post* un portavoz de AirTran—. Como estas personas eran de fe y aspecto musulmanes, el temor se intensificó, la situación se hizo incontrolable y todos tomaron medidas de precaución.» Las «medidas de precaución» consistieron en sacar a todos los Irfan del avión y llamar al FBI para que los interrogara. El FBI no tardó en liberarlos, declarando que sin duda no eran terroristas, pero, a pesar de ello, AirTran se negó a llevarlos a Florida.

De modo que ¿a quién tendrían más miedo? ¿A una familia musulmana estadounidense de la que no saben nada o a un feligrés de su iglesia que acaba de pasar por un divorcio?

Como hemos dicho en otras ocasiones, a la mayoría de la gente se le da muy mal evaluar los riesgos. Suele exagerar el riesgo de acontecimientos dramáticos e improbables a expensas de sucesos más comunes y aburridos (aunque igualmente terribles). Una persona puede temer un ataque terrorista y la enfermedad de las vacas locas más que a nada en el mundo, cuando en realidad haría mejor en temer un ataque al corazón (y, por tanto, cuidarse) o una salmonelosis (y, por tanto, lavar a conciencia la tabla de cortar).

¿Por qué nos da más miedo lo desconocido que lo conocido? Es una pregunta demasiado compleja para responderla aquí (incluso si fuera capaz), pero probablemente tenga que ver con la heurística —el atajo de las conjeturas— que utiliza nuestro cerebro para resolver problemas, y que se basa en la información almacenada en los recuerdos.

¿Y qué almacenamos? Las anomalías. Esos sucesos tan enormes y dramáticos, tan imprevisibles, que se nos graban en el recuerdo y nos llevan a considerarlos erróneamente como algo típico o, al menos, probable, cuando en realidad son extraordinariamente infrecuentes.

Lo que nos trae de vuelta a Bruce Pardo y Atif Irfan. Los que no parecieron temer a Pardo eran amigos y parientes; los que temieron a Irfan eran desconocidos. Todos se equivocaron diametralmente. En general, tememos a los desconocidos más de lo que deberíamos. Consideremos varios datos esclarecedores:

1. En los Estados Unidos, la proporción de víctimas de asesinato que conocían a sus asesinos respecto a las víctimas de desconocidos es de 3 a 1.
2. El 64 % de las mujeres violadas conocen a sus violadores, y el 61 % de las víctimas femeninas de agresión con agravantes conocen a sus atacantes. (Por otra parte, es más probable que los hombres reciban agresiones de desconocidos.)
3. ¿Y el secuestro de menores? ¿No se trata, acaso, del típico delito cometido por gente de fuera? Un artículo publicado en *Slate* en 2007 explica que, de las desapariciones de niños durante un año reciente, «203.900 fueron secuestros cometidos por familiares, 58.200 fueron secuestros cometidos por personas ajenas al ámbito familiar y solo 115 fueron "secuestros estereotípicos", definidos en un estudio como "realizados por un conocido lejano o un desconocido, donde se retiene al

menor durante la noche, se transporta al menos a 80 km de distancia y la intención es cobrar un rescate, quedárselo para siempre o matarlo"».

De modo que la próxima vez que su cerebro insista en temer a los desconocidos, dígale que se tranquilice un poco. Esto no quiere decir que, en su lugar, deba temer a sus amigos y familiares..., a menos que tenga amigos como Bernie Madoff. No olvidemos que el mayor fraude financiero de la historia fue cometido principalmente entre amigos. Y con amigos así, ¿quién necesita desconocidos?

6

Hecha la ley, hecha la trampa

En el primer capítulo de Freakonomics *escribíamos: «Puede que hacer trampas esté en la naturaleza humana y puede que no, pero desde luego son una de las principales características de prácticamente todas las actividades humanas. La trampa es un acto económico primordial: obtener más por menos.» Aquel capítulo se titulaba: «¿Qué tienen en común los maestros de escuela y los luchadores de sumo?» A lo largo de los diez años transcurridos no hemos tenido ningún problema para encontrar más pruebas que sustenten este argumento.*

Atractivo físico tramposo
(SJD)

¿Somos demasiado negativos?

Yo no lo creo, pero hay quien sí. Estamos acostumbrados a que los lectores nos digan que es una pena que llamemos la atención sobre tantos engaños, tretas y trampas realizados por luchadores de sumo, maestros de escuela, contribuyentes y usuarios de páginas de contactos. Podría responder: «Eh, que también llamamos la atención sobre la gente que no hace trampas, como los oficinistas que ponen dinero en la caja de los bollos.»

Pero no es que se pueda dividir a la gente en buena y mala, en quienes hacen trampas y quienes no; el comportamiento está determinado por la configuración de los incentivos en cada caso.

Por eso me resultó interesante leer en *Salon* un artículo de Farhad Manjoo sobre un concurso que organizó *FishbowlDC* para elegir a los dos periodistas más atractivos de Washington. Aunque coincide en que los ganadores eran, sin duda, una pareja agraciada, Manjoo explica que el concurso estaba totalmente amañado:

> [Los ganadores] Capps y Andrews reconocen que si ganaron fue porque sus ciberamigos —sin que ellos se lo pidieran, afirman ambos— crearon *bots* que dieron miles de votos a cada uno. Los *bots* se distribuyeron en Unfogged, un blog humorístico y de debate muy frecuentado por la gente de Washington DC, un día después de que se abriera la votación. Cada vez que alguien descargaba y ejecutaba el *software*, su ordenador empezaba a emitir votos para Capps y Andrews más deprisa que un dispositivo de votación Diebold amañado a favor de George W. Bush.

Estas son mis reflexiones:

1. La gente no necesita grandes incentivos para hacer trampas.
2. Las trampas resultan muy atractivas cuando no están castigadas.
3. A nosotros también se nos ha acusado de un pucherazo o dos, aunque no intervino ningún *bot* (que yo sepa).
4. ¿Podría indicarme alguien quiénes fueron los tipos de Diebold que quizás amañaran esos dispositivos? Sería divertido hablar con ellos.

¿Por qué mienten? Los peligros de la autoevaluación
(SJD)

Siempre me han sorprendido la facilidad con que mentimos los humanos hasta cuando no hace falta.

¿Alguna vez se ha visto inmerso en una conversación sobre, por ejemplo, un libro, y ha sentido la tentación de decir que lo ha leído aunque no sea así?

Supongo que la respuesta es afirmativa, pero ¿por qué tomarse la molestia de mentir en situaciones en las que no se gana nada?

Mentir sobre el libro es lo que se podría llamar una *mentira de reputación*: nos importa lo que piensen de nosotros. De los muchos motivos que puede tener la gente para mentir, las mentiras de reputación siempre me han parecido las más interesantes, en contraposición a las destinadas a obtener una ventaja, evitar problemas, librarse de una obligación, etc.

Un trabajo académico reciente de Cesar Martinelli y Susan W. Parker, titulado *Deception and Misreporting in a Social Program* («Engaños e informes falsos en un programa social»), ofrece información fascinante sobre las mentiras de reputación, aprovechando el notablemente amplio conjunto de datos de Oportunidades, un programa de bienestar mexicano, donde constan las pertenencias que la gente afirma tener en la solicitud y los enseres que se encuentran realmente en las casas tras la aceptación de las solicitudes. Martinelli y Parker emplearon los datos de más de cien mil solicitantes, lo que representa un 10 % de los entrevistados durante aquel año (2002).

Resultó que un montón de personas omitían ciertos objetos que, en su opinión, les impedirían obtener la prestación. A continuación se presenta una lista de objetos cuya existencia se pretendía ocultar, seguidos del porcentaje de solicitantes que poseían esos objetos y lo negaban:

Automóvil (83 %)
Camión (82 %)
Vídeo (80 %)
Antena parabólica (74 %)
Caldera de gas (73 %)
Teléfono (73 %)
Lavadora (53 %)

No resulta muy sorprendente: cabe esperar que la gente mienta para obtener la ventaja de una prestación social. Pero ahora viene la sorpresa: a continuación presentamos una lista de objetos con los que pasó lo contrario, esto es, que los solicitantes afirmaban tenerlos cuando no era así (una vez más, seguidos de los porcentajes):

Inodoro (39 %)
Agua corriente (32 %)
Cocina de gas (29 %)
Suelo de cemento (25 %)
Nevera (12 %)

Así pues, uno de cada cuatro solicitantes sin inodoro afirmaba tenerlo. ¿Por qué?

Martinelli y Parker lo atribuyen a la vergüenza pura y simple. La gente en situación de pobreza extrema, al parecer, también sentía una preocupación extrema por reconocer ante un trabajador social que vivía sin inodoro, agua corriente o incluso un suelo de cemento. Esta es una de las mentiras de reputación más asombrosas que puedo imaginar.

Cabe señalar que hay buenos incentivos para mentir y entrar en el programa Oportunidades, ya que la prestación dineraria equivale aproximadamente al 25 % de los gastos domésticos del solicitante medio. Además, la sanción por omitir posesiones no era muy alta: no se expulsó del programa a muchos de los que ocultaban objetos como una parabólica o un camión. Se podría aducir que, mientras tanto, el peligro de exagerar las posesiones era considerable, ya que podía significar que no se aceptara la solicitud de acogida al programa, lo que supondría una pérdida económica de gran magnitud.

El trabajo académico de Martinelli y Parker resulta muy esclarecedor, no solo en lo tocante a los programas de ayuda social, sino en cualquier proyecto donde los solicitantes aporten los datos. Piensen en una encuesta típica sobre consumo de drogas, hábitos sexuales, higiene personal, preferencia de voto, etcétera. Esto es lo que escribimos una vez, por ejemplo, en un artículo sobre la parquedad del lavado de manos en los hospitales:

> En un estudio médico australiano, los facultativos informaban de una tasa de lavado de manos del 73 %, mientras que en la observación se constató que la tasa real de esos mismos sujetos era de tan solo el 9 %.

También hemos escrito sobre las mentiras más frecuentes en las páginas de contactos y lo espinoso de las encuestas electorales, sobre todo cuando sale a colación la raza.

Pero por mucho que nosotros o cualquier otro escriba sobre los peligros de la autoevaluación, el *paper* de Martinelli y Parker sienta las bases del asunto. No solo aporta una visión sorprendente sobre los motivos de la mentira, sino que resulta un recordatorio de lo poco fiables que son los datos de autoevaluación, al menos hasta que algún científico nos permita entrar en la mente ajena y ver qué ocurre realmente ahí dentro.

Cómo trampear en el sistema ferroviario de Bombay
(SJD)

Un bloguero llamado Ganesh Kulkarni descubrió que los ferrocarriles de cercanías de Bombay transportan a seis millones de pasajeros diariamente, pero el sistema no tiene capacidad para comprobar que todo el mundo viaje con billete, por lo que los revisores realizan inspecciones aleatorias. Esto ha dado lugar a una forma de trampa que recibe el elegante nombre de «viajar sin billete». Aunque probablemente no es muy habitual que pesquen a los viajeros desprovistos de título de transporte, la multa es considerable. De este modo, escribe Kulkarni, un viajero inteligente ideó una póliza de seguros destinada a liberar de esa carga a los viajeros a los que pescan sin billete.

Así funciona: por quinientas rupias (algo menos de siete euros) se puede ingresar en una organización de viajeros sin billete. Si el revisor sorprende a alguien, este paga la multa y remite el recibo a la organización, que le reembolsa el importe en su totalidad.

¿No estaría bien que todos los miembros de la sociedad fueran tan creativos como los tramposos?

¿Por qué Correos entrega cartas sin sello?
(SDL)

Si me hubieran preguntado hace una semana, habría afirmado sin vacilar que Correos no entregaría una carta sin franqueo.

Sin embargo, hace unos días mi hija recibió una carta. En el lugar que debería haber ocupado el sello, el remitente había escrito: «Exento de franqueo: intento de alcanzar un récord Guiness.»

El sobre contenía un papel que describía un intento de establecer la carta en cadena más larga del mundo, junto con instrucciones para reenviársela a siete amigos. Explicaba que si rompíamos la cadena, en Correos, donde supervisaban el intento de récord, sabrían que habíamos sido nosotros quienes les habíamos estropeado la oportunidad a todos los que habían participado desde 1991.

Basta con hacer unos cálculos sobre las cartas en cadena para darse cuenta de que alguien miente.

Si cada destinatario de una carta en cadena la reenviara realmente a otras siete personas, en poco tiempo se extendería por todo el mundo (siete elevado a la décima potencia equivale aproximadamente a la población de los Estados Unidos). Aunque debo decir a favor del remitente que al menos reconocía que se trataba de una carta en cadena.

Lo que me intrigaba era la complicidad de Correos en este empeño. Me parecía raro, pero a la vez le aportaba credibilidad. Quizá tuviera algo que ver realmente con una opción a récord Guiness.

Sin embargo, una búsqueda rápida en Google reveló que no es que Correos fomente las cartas en cadena. En realidad, el motivo por el que se entregó la carta sin franquear me pareció más interesante aún: al parecer, a las máquinas que clasifican el correo se les cuelan muchas cartas sin sello.

Bien pensado, tiene sentido: para maximizar los beneficios se debe equiparar el coste marginal de una acción con su ventaja marginal. Si casi todas las cartas están franqueadas, la ventaja de examinarlas todas con una exactitud del 100 % es infinitesimal, por lo que es razonable dejar que pasen cartas sin sello. (Se aplica lo mismo a pescar a la gente que viaja sin billete.)

Ahora siento curiosidad por determinar la laxitud de Correos. Estoy pensando en echar algo a un buzón y puede que no lo franquee, aunque sospecho que mi declaración de la renta llegará a Hacienda con sello o sin él.

¿Mentalidad de manada? La freakonomía del autobús
(SJD)

Unos cuantos días por semana llevo a mi hija a su guardería del East Side de Manhattan. Vivimos en el West Side y solemos cruzar la ciudad en autobús, en hora punta. En la parada más cercana a nuestro piso (la llamaremos punto A) esperan el autobús entre cuarenta y cincuenta personas. Esto se debe en gran medida a que está al lado de una parada de metro; mucha gente llega en metro desde el centro o las afueras y sube a la superficie para coger el autobús que atraviesa la ciudad.

No me gustan demasiado las aglomeraciones (sí, ya lo sé, ¿qué hago viviendo en Nueva York?) y no me hace ninguna gracia enfrentarme a una multitud cuando intento embutirme en un autobús con mi hija de cinco años. Dado que la parada del punto A está atiborrada, tenemos quizás un 30 % de posibilidades de subir al primer autobús que pare en ella, y probablemente el 80 % de subir a uno de los dos primeros. Así de lleno está.

En cuanto a conseguir asiento, puede que tengamos un 10 % de posibilidades de sentarnos en alguno de los dos primeros autobuses que paran en el punto A. El trayecto no dura mucho, puede que quince minutos, pero estar de pie con ropa de invierno en un autobús abarrotado, mientras a mi hija le aplastan la comida de la mochila, no es la mejor forma de empezar el día. El punto A está tan lleno que, cuando los pasajeros que se dirigen al este se bajan en esta parada por la puerta trasera, muchos viajeros aprovechan para entrar por ella, lo que significa que *a*) no pagan, ya que el importe se abona en la puerta delantera, y *b*) le quitan el sitio a la gente que espera legítimamente en la cola para subir al autobús.

Así que hace cierto tiempo nos pusimos a caminar una manzana hacia el oeste para coger el autobús en lo que llamaremos punto B, que estará a algo más de 200 metros al oeste del punto A y, por tanto, unos 200 metros más lejos de nuestro destino. Pero en el punto B, donde no hay parada de metro, las colas son considerablemente más cortas y los autobuses llegan más vacíos. En el punto B tenemos un 90 % de posibilidades de subirnos al primer autobús que llegue, y puede que un 40 % de encontrar asiento. En mi opinión, esto merece el tiempo y el esfuerzo de caminar 200 metros.

Desde que dimos con esta solución no hemos vuelto a coger un solo autobús en el punto A. Podemos sentarnos; podemos escuchar juntos el iPod (a los dos nos encanta Lily Allen, y no me importan demasiado las partes malhabladas porque el acento británico hace que resulten prácticamente indescifrables para Anya); no llegamos con la comida chafada.

Pero lo que no alcanzo a entender es que haya tan pocos pasajeros del punto A, si es que hay alguno, que hacen lo mismo que nosotros. Cualquier persona que vaya al punto A mañana tras mañana tiene que darse cuenta de lo malas que son las condiciones. En el punto B son obviamente mejores, ya que *a*) está tan cerca que se ve sin problemas, y *b*) los autobuses que llegan desde ahí al punto A suelen tener asientos libres, aunque solo alcanzan para los diez o veinte primeros pasajeros que intentan subirse en el punto A.

Personalmente, me alegro de que no haya más gente que va del punto A al punto B (lo que me haría pensar en dirigirme al punto C), pero no entiendo a qué se debe. He aquí unas cuantas posibilidades:

1. Una caminata de 200 metros no parece una inversión que salga a cuenta para mejorar una experiencia breve aunque desagradable.
2. Recién salidos del metro, los pasajeros del punto A ya están demasiado descorazonados para hacer acopio de energías y mejorar su viaje.
3. Puede que algunos pasajeros del punto A no se planteen siquiera la existencia del punto B o, al menos, sus condiciones.

4. En el punto A hay una manada. La gente dirá que no le gusta formar parte de una manada, pero de algún modo se siente cómoda psicológicamente por ello; sucumbe a la «mentalidad de manada» y se queda sin planteárselo, porque si todo el mundo se queda, será porque es lo que hay que hacer.

Estoy convencido de que las cuatro explicaciones intervienen en mayor o menor medida, y sin duda se podrían añadir más, pero si tuviera que elegir una ganadora me decantaría por la cuarta: la mentalidad de manada. Cuanto más sabemos de sociología más cuenta nos damos de que la gente, por mucho que valore su independencia, en la práctica se ve atraída por el comportamiento de manada en casi todos los aspectos de su vida cotidiana. La buena noticia es que cuando nos damos cuenta de esto podemos explotar la mentalidad de manada en beneficio propio, como al coger el autobús, o en beneficio común, como al recurrir a la presión de los iguales para aumentar las tasas de vacunación.

Un experimento sobre las memorias falsas
(SJD)

¿Por qué hay tantos libros de memorias falsas en el mundo? Las últimas son *Love and Consequences* («Amor y consecuencias»), de Margaret Seltzer; enlazaría su página de Amazon pero, por desgracia, ya no tiene página en Amazon.

Si usted hubiera escrito unas memorias que contuvieran, digamos, un 60 % de verdad, ¿intentaría presentarlas como memorias o como novela? Si fuera el editor de unas memorias a las que atribuyera un 90 % de veracidad, ¿las publicaría como memorias o como novela?

Quizás una pregunta mejor sea: ¿Cuáles son las ventajas

de publicar un libro de estas características como memorias y no como novela? He aquí unas cuantas respuestas posibles:

1. Una historia real obtiene mucha más cobertura mediática que una novela realista.
2. Las historias reales suscitan más revuelo en general, lo que incluye posibles ventas de derechos cinematográficos, presentaciones, etc.
3. El lector se involucra en la narración a nivel más personal si lo que se describe en el libro es real que si es ficticio.

Cada vez que sale a la luz la falsedad de unas memorias se oye decir a la gente: «Si era una historia tan buena, ¿por qué no se publicó simplemente como novela?» Pero creo que los tres motivos arriba expuestos, y puede que muchos más, incentivan a autores, editores y otros a favor de las memorias por encima de la novela.

Con el tercer argumento en mente, y habiendo leído hace poco que los placebos caros funcionan mejor que los baratos, se me ocurre que podría tener gracia realizar este experimento:

Elíjase un manuscrito sin publicar que relate una historia intensa y desgarradora en primera persona; algo del estilo de *En mil pedazos* o *Love and Consequences*. Reúnase un grupo de cien voluntarios y divídase al azar en dos mitades. Entréguese a cincuenta de ellos un ejemplar del manuscrito con una carta de presentación que describa las memorias que van a leer. Entréguese a los otros cincuenta un ejemplar con una carta de presentación que describa la novela que van a leer. En ambos casos, elabórese y adjúntese un amplio cuestionario sobre la reacción del lector. Siéntese, espere a que lean y recopile el resultado. ¿Es cierto que las memorias prevalecen sobre las novelas?

El último miembro de la sala de célebres tramposos

(SDL)

Si le gustan las trampas, le encantará lo que hizo la semana pasada el jugador de rugby británico Tom Williams.

Al parecer en el rugby hay una regla, como en el fútbol, por la que, cuando se sustituye a un jugador por otro, el primero ya no puede volver al campo. La excepción de esta regla son las heridas con sangre, en cuyo caso el jugador puede abandonar el partido hasta que se detiene la hemorragia y seguir jugando después.

Hace poco, en un partido, Tom Williams sufrió una herida con sangre en un momento crítico. No tengo ni idea de rugby, pero su equipo iba perdiendo por un punto y tenían en el banquillo a un especialista en patadas de botepronto, por lo que era el momento perfecto para que entrara e intentara dar una patada que otorgaría la victoria a los Harlequins, el equipo de Williams.

Los problemas empezaron cuando Williams abandonó el campo con una actitud un poco demasiado alegre, a la vista de las grandes bocanadas de sangre que escupía. Cabía atribuir lo que le estaba ocurriendo a que era jugador de rugby, pero al parecer hasta los jugadores de rugby se alteran cuando les parten la boca. El suceso condujo a abrir una investigación, y al final, el metraje televisivo reveló que Williams se había sacado una cápsula de sangre artificial del calcetín y la había mordido para fingir la lesión.

Una idea genial, pero, por desgracia, al final no solo suspendieron a Williams, sino que su sustituto falló la patada y los Harlequins perdieron el partido por un solo punto.

¿Las trampas son buenas para los deportes?
(SJD)

Esa fue la pregunta que me sorprendí planteándome hace poco mientras leía la sección de deportes del *Times*. Tengo entendido que estamos entre temporadas: la Super Bowl ha terminado, el béisbol no ha empezado aún, la NBA está sumida en su prolongado letargo invernal y la NHL... Lo siento, no me interesa mucho el hockey.

En cualquier caso, en esta época del año escasea el deporte profesional, pero, aun así, es increíble la cantidad de artículos sobre deportes que no están relacionados directamente con ellos, sino con las trampas que los rodean. Andy Pettitte pide disculpas a sus compañeros de equipo y a los seguidores de los Yankees por haber consumido somatotropina, y revela que su amistad con Roger Clemens atraviesa un mal momento; Clemens no asiste a un acto de la ESPN para no provocar «una distracción»; hay artículos sobre los controles antidóping de Alex Rodríguez, Miguel Tejada y Éric Gagné.

¡Y esto solo en el béisbol! También se puede leer sobre cómo Bill Belichick niega haber grabado los entrenamientos de sus adversarios y sobre el cuento de nunca acabar de los ciclistas dopados. También hay unos cuantos artículos sobre la NBA (aunque últimamente nada sobre el escándalo de los árbitros y las apuestas) y el fútbol (aunque últimamente nada sobre los tongos), pero, en líneas generales, la sección deportiva que llega todas las mañanas parece cada vez más una sección sobre trampas.

Sin embargo, puede que esto sea lo que nos va. Por mucho que afirmemos que los juegos y deportes nos gustan por sí mismos, quizá las trampas formen parte de su atractivo, una extensión natural del deporte que la gente condena por motivos morales pero que en el fondo secretamente gusta, ya que hace los deportes más apasionantes. ¿Es posible que toda esa cháchara sobre cómo las trampas «destruyen la integridad del deporte» no tenga un ápice de verdad? Puede que las trampas añadan un nivel de interés, un elemento de gato y ratón o de historia de detectives que complementa el deporte. O puede que las trampas sean solo una faceta más del impulso de ganar a toda costa que hace grandes a los grandes atletas. Como dice el refrán, «hecha la ley, hecha la trampa».

También nos encanta aplaudir a los tramposos que confiesan sus faltas. Pettitte, por ejemplo, recibió tratamiento de héroe por hablar de sus errores con la somatotropina; Clemens, mientras tanto, cada vez que lo niega parece absorber más ojeriza, como una esponja. Me pregunto si nuestro interés por el deporte, al igual que el poderoso concepto teológico de la resurrección o la noción de que un invierno duro va seguido de una insistente primavera, no tendrá una acogida universal a pesar de los escándalos sobre trampas, sino gracias a ellos.

¿Deberíamos dejar doparse a los dopados del Tour de Francia?
(SJD)

Ahora que han pescado dopándose prácticamente a todos los ciclistas del Tour de Francia, ¿ha llegado el momento de replantearse radicalmente el asunto del dopaje?

Quizá vaya siendo hora de elaborar una lista de sustancias y procedimientos permitidos para mejorar el rendimiento, exigir a los ciclistas que acepten la plena responsabilidad por los daños físicos y emocionales que puedan provocar a largo plazo dichas sustancias y procedimientos, y dejarlos a todos en una relativa igualdad de condiciones sin tener que sancionar al líder un día de cada tres.

Si los ciclistas ya se dopan, ¿por qué debemos preocuparnos por su salud? Si este deporte ya se encuentra gravemente comprometido, ¿por qué debemos fingir que no es así? A fin de cuentas, el dopaje en el Tour no es nada nuevo. Según un artículo de MSNBC.com, el dopaje entró en el mundo deportivo de la mano del ciclismo:

La historia del dopaje moderno empezó con el furor del ciclismo de la década de 1890 y las carreras de seis días que duraban del lunes por la mañana al sábado por la noche. Se añadían cafeína extra, menta, cocaína y estricnina al café solo de los ciclistas; se les añadía coñac al té; se les daba nitroglicerina para facilitarles la respiración tras los *sprints*. Resultaba peligroso, ya que estas sustancias se administraban sin supervisión médica.

Cómo combatiríamos los esteroides si esa fuera nuestra intención
(SDL)

Aaron Zelinsky, un estudiante de Derecho de Yale, ha propuesto una interesante estrategia antiesteroides en tres puntos para el béisbol profesional:

1. Un laboratorio independiente almacena muestras de orina y sangre de todos los jugadores y las analiza diez, veinte y treinta años después con la tecnología punta del momento.
2. El sueldo de los jugadores se abona a lo largo de treinta años.
3. El salario restante de un jugador queda rescindido en su totalidad si algún control de dopaje da positivo.

No estoy muy seguro sobre los puntos dos y tres, pero es indiscutible que el punto uno es esencial en cualquier intento serio de combatir el consumo de potenciadores ilegales del rendimiento. Los potenciadores del rendimiento más avanzados se caracterizan por ser indetectables mediante la tecnología actual. Por tanto, el dopaje de altos vuelos escapará a la detección, a no ser que se tenga mala suerte o se cometa un error.

La amenaza de la mejora de la tecnología de detección en el futuro es el arma más potente de que se dispone en esta lucha, ya que el consumidor no puede estar seguro de que el dopaje de hoy no sea fácil de identificar el próximo decenio. Las pruebas retrospectivas de muestras atribuidas a Lance Armstrong indican que consumió eritropoyetina, indetectable en aquella época. Las circunstancias que rodearon al análisis fueron bastante turbias (la muestra se atribuyó a Armstrong indirectamente, y tampoco está muy claro por qué se analizaron, para empezar), así que el campeón del Tour de Francia no pagó el precio (en su momento) que habría pagado si se hubieran oficializado los análisis formales en intervalos regulares.

Los atletas entre los que sería más probable que esta práctica resultara disuasoria son las superestrellas que más tienen que perder si se empaña su legado. Se supone que el dopaje de las superestrellas es el que más preocupa a los aficionados.

Zelinsky ha proporcionado una vara de medición con la que podemos comprobar hasta qué punto la liga de béisbol, o cualquier otro deporte, se toma en serio la lucha contra los potenciadores ilegales del rendimiento: si la adoptan, la norma de almacenar muestras de sangre y orina para su análisis en el futuro, va en serio; de lo contrario, no.

Cómo no se hacen trampas
(SDL)

Supongamos que usted descubre una vieja lámpara, la frota y sale un genio que se ofrece a concederle un deseo. Supongamos que es usted una persona avariciosa y artera, por lo que desea tener la capacidad, cuando juegue al póquer en línea, de ver todas las cartas de la mano de los otros jugadores. El genio le concede el deseo.

¿Qué haría a continuación?

Si fuera un imbécil redomado, exactamente lo que al parecer hicieron hace poco unos cuantos tramposos en la web Absolute Poker: se apuntaban a las partidas de apuestas más altas y, por lo visto, jugaban todas las manos como si conocieran todas las cartas de los otros jugadores: se retiraban cuando ningún jugador normal se retiraría y subían las apuestas con manos ganadoras que podrían parecer malas si no se supiera qué tenían los demás. Ganaban dinero a un ritmo aproximadamente cien veces más rápido que el que podría esperar razonablemente un buen jugador.

Su forma de jugar era tan anómala que tardaron unos días en descubrirlos.

¿Qué hicieron a continuación?

Al parecer jugaron algo más, ahora peor de lo que nadie ha jugado nunca en la historia del póquer. Dicho de otra forma, intentaban perder algo de lo ganado para que las cosas no parecieran tan sospechosas. El historial de una mano muestra que los jugadores veían una apuesta al final cuando sus dos cartas propias eran un dos y un tres, sin que encajaran con nada de lo que había boca arriba. Literalmente, no existía ninguna mano a la que pudieran ganar.

No sé si esas acusaciones son ciertas, ya que toda la información que tengo es de tercera mano. Todos los jugadores de póquer con los que he hablado creen que es verdad. Independientemente de eso, estoy seguro de que a esos tipos les gustaría volver a empezar. Si hubieran sido más inteligentes podrían haber ordeñado la vaca indefinidamente, ganando a un ritmo razonable. En el nivel en el que jugaban podrían haberse hecho muy ricos, y su montaje habría sido prácticamente indetectable.

(Obsérvese que digo «prácticamente indetectable» porque, aunque es probable que ese sitio web de póquer no los hubiera detectado nunca, colaboro con otro sitio de póquer *online* en el desarrollo de una serie de herramientas para pescar a los tramposos. Aunque esos tipos fueran cuidadosos, los pillaríamos.)

UNAS SEMANAS DESPUÉS...

El escándalo de las trampas en Absolute Poker, revelado
(SDL)

Hace poco escribí en el blog sobre las presuntas trampas realizadas en un sitio web de juego en línea llamado Absolute Poker. Aunque los hechos eran tremendamente sospechosos, no había ninguna pistola humeante y no se sabía exactamente cómo se habían realizado las trampas.

Una combinación de increíble trabajo detectivesco por parte de algunos jugadores de póquer y una filtración accidental (?) de datos de Absolute Poker han dejado el escándalo al descubierto.

La noticia inicial se puede encontrar en 2+2 Poker Forum, y *The Washington Post* publicó a continuación una amplia crónica, pero esta es la versión resumida:

La forma de jugar de determinado usuario tenía escamados a otros jugadores: parecía saber qué cartas tenían boca abajo sus adversarios. Los jugadores desconfiados proporcionaron ejemplos de esas manos, y eran tan flagrantes que prácticamente todos los jugadores serios estaban convencidos de que se habían hecho trampas. Uno de los jugadores engañados solicitó que Absolute Poker proporcionara el historial de las manos del torneo (que es una práctica habitual en los sitios web de póquer). En este caso, Absolute Poker, «accidentalmente», no envió los historiales acostumbrados, sino un archivo que contenía todo tipo de información privada que nunca deberían revelar, como todas las cartas que los jugadores tenían boca abajo, observaciones sobre las apuestas e incluso las direcciones IP de todos los jugadores. (Entrecomillo «accidentalmente» porque este error parece una coincidencia excesiva a la vista de lo que ocurrió a continuación.) Sospecho que alguien de Absolute estaba al tanto de las trampas y cómo habían ocurrido, y envió esos datos para levantar la liebre. Si es así, espero que quien enviara el archivo «accidentalmente» recibiera una recompensa por su acción heroica.

Los jugadores de póquer se pusieron manos a la obra y analizaron la información, no tanto el historial de las manos como otros datos más sutiles contenidos en el archivo. Lo que observaron estos jugadores metidos a detectives fue que, a partir de la tercera mano del torneo, había un observador que se puso a seguir todas las manos que jugaba el tramposo (para quienes no sepan gran cosa de póquer en línea, quien quiera puede observar una mesa, aunque, por supuesto, no puede ver las cartas boca abajo). Resulta interesante que el tramposo se retirase en las dos primeras manos, hasta que apareció este observador, y que después no se retirase en una sola mano antes del *flop* durante los veinte minutos siguientes, hasta que se retiró antes del *flop* cuando otro jugador sacó dos reyes boca abajo. Esta conducta se mantuvo durante todo el torneo.

Así que los detectives del póquer centraron su atención en este observador. Rastrearon su dirección IP y su nombre de cuenta hasta el mismo conjunto de servidores que aloja Absolute Poker y, concretamente, una persona que parece trabajar para el sitio web. Si todo esto es correcto, se aprecia cómo se realizaron las trampas exactamente: alguien de dentro tenía acceso en tiempo real a todas las cartas boca abajo (no es difícil concebir que esto sea posible) y transmitía esta información a un cómplice del exterior.

El póquer en línea se basa en la confianza: los jugadores envían su dinero a un sitio web convencidos de que las partidas serán limpias y el sitio web les enviará sus ganancias. Si existiera aunque fuese una ligera incertidumbre sobre cualquiera de estos factores, ningún jugador tendría buenos motivos para elegir ese sitio en vez de cualquiera de las muchas webs parecidas que existen. Si yo fuera el gerente de Absolute Poker extraería la lección de los antiguos intentos de encubrir pufos: sacrificaría a los tramposos y tomaría medidas para evitar que volviera a ocurrir.

Sin embargo, es probable que la verdadera lección sea esta: gente que ni siquiera tiene muchas luces dará con formas de hacer trampas. Y, con un poco de suerte y los datos adecuados, gente mucho más inteligente los pillará in fraganti.

Actualización: Según The Washington Post, *Absolute Poker acabó por reconocer que «ha identificado un problema en su* software *y está investigando». Poco después, la empresa «informa a los jugadores de que un importante asesor hackeó este* software *desde sus oficinas de Costa Rica y espió las manos de los rivales [...] pero, en una jugada que ha soliviantado a los jugadores, se niega a identificar al tramposo o entregarlo a las autoridades». Una comisión de juegos multó más adelante a Absolute Poker, pero le permitió conservar la licencia. Mientras tanto, según el* Post, *«sale a la luz un nuevo escándalo de trampas en UltimateBet.com, un sitio web hermano de Absolute Poker». Más adelante, UltimateBet reconocería las trampas realizadas desde dentro y devolvería más de seis millones de dólares, pero una vez más, se le permitió pagar una multa y conservar la licencia.*

Impuestos: ¿tramposos o idiotas?
(SDL)

Ni Tom Daschle ni Nancy Killefer van a entrar en el Gobierno de Obama; sus nombramientos se echaron atrás por el impago de ciertos impuestos. Mientras tanto, hace poco se confirmó el nombramiento de Tim Geithner como ministro de Economía, a pesar de que él también tenía impuestos sin pagar.

¡Dios! ¿Qué nos dice del régimen impositivo estadounidense que gente como Geithner, Daschle y Killefer no hayan pagado religiosamente sus impuestos?

(Con «gente como...» me refiero a gente inteligente y con logros, que ha atravesado en su vida profesional muchos procesos de solicitud y veto, y que tiene más motivos que nadie para pagar todos sus impuestos.)

Examinemos las posibilidades:

a. Si los tres hacían trampas intencionadamente (y se salían de rositas hasta que los examinaron con lupa), es demasiado fácil trampear en los impuestos.

b. Si los tres se equivocaron de buena fe, el régimen impositivo, simplemente, no funciona.

c. Si existe una combinación de trampas y errores, es demasiado fácil trampear y el régimen impositivo no funciona.

Yo votaría por la tercera opción. Una vez escribimos una columna sobre las trampas en los impuestos que incluía este pasaje:

> Lo primero que se debe recordar es que el IRS (Hacienda) no establece el régimen impositivo; de hecho, señala con presteza al verdadero culpable: «En los Estados Unidos, el Congreso aprueba leyes impositivas y exige su cumplimiento a los contribuyentes —establece su declaración de principios—. El papel de Hacienda consiste en ayudar a la inmensa mayoría de contribuyentes honrados con la legislación impositiva y asegurarse de que la minoría que se resiste pague la parte que le corresponde.»

Así pues, Hacienda es como un policía de uniforme o, mejor dicho, el mayor escuadrón de policías de uniforme del mundo, obligados a imponer el cumplimiento de leyes impuestas por unos pocos cientos de personas a unos pocos cientos de millones, muchos de los cuales encuentran estas leyes demasiado complejas, caras e injustas.

Puede que lo vergonzoso de que hayan salido a la luz estos casos de altos vuelos sirva al menos para instilar algo de cordura en el régimen de impuestos: como la «declaración precumplimentada» que propone el economista Austan Goolsbee, a quien Obama mira con buenos ojos.

La gente como Daschle no entraría en la declaración precumplimentada, pero liberaría los recursos de Hacienda para detectar transgresiones impositivas antes de que las sacaran a la luz las comparecencias ante el Senado para la ratificación en el cargo.

¿Han estado haciendo trampas los «mejores colegios» de Washington DC?
(SDL)

Una investigación de *USA Today* ha encontrado lo que parecen pruebas concluyentes de que los profesores de los colegios de Washington DC cuyo éxito se proclamó por haber aumentado la nota hicieron trampas. La pistola humeante: demasiadas respuestas incorrectas borradas y reemplazadas por las correctas. Las cifras son tan exageradas que parecen indicar que las trampas estuvieron generalizadas. No es sorprendente que el distrito escolar no se muestre ansioso por investigar, sobre todo porque los profesores recibieron grandes gratificaciones como premio por la mejora de las notas. Sin embargo, el martes, Kaya Henderson, canciller escolar en funciones de Washington DC, solicitó una revisión.

Cuando Brian Jacob y yo investigamos las trampas de los profesores en los centros de enseñanzas de Chicago, como se describe en *Freakonomics*, no analizamos las respuestas borradas, sino que desarrollamos herramientas para identificar las series de respuestas improbables.

Cabe preguntar por qué no empleamos los borrones cuando es un enfoque tan evidente. La respuesta: a diferencia de los colegios de Washington DC, los de Chicago no delegan en terceros la calificación de los exámenes. Lo que metió en problemas a los colegios de Washington fue que los terceros analizaban sistemáticamente las respuestas borradas. El grupo interno que calificaba los exámenes en Chicago no se planteó analizarlas hasta que surgieron dudas sobre grupos de alumnos concretos.

Oportunamente se produjo una marcada reducción del espacio libre en el almacén de Chicago donde se calificaban los exámenes. Esto, por supuesto, requirió que todos los exámenes se destruyeran y eliminaran poco después de calificarlos.

Sin duda, en Washington hay profesores que desearían que se hubiera producido una escasez de espacio de almacenamiento similar en la capital de nuestra nación.

Cómo beneficiarse de la falta de civismo al volante
(SDL)

Ya casi no conduzco desde que me mudé muy cerca del trabajo, así que cuando cojo el coche me sorprende la falta de civismo de los automovilistas. La gente, al volante, hace cosas que jamás haría en otras circunstancias. Dar bocinazos. Perjurar. Colarse. Y eso es solo lo que hace mi hermana; los demás son mucho peores.

Un motivo evidente es que no hay que afrontar las consecuencias durante mucho tiempo. Si alguien se cuela en el aeropuerto pasará un buen rato muy cerca de la gente a la que ha insultado; con el coche se escabulle rápidamente. Poder escabullirse también significa que es difícil recibir ataques físicos, mientras que hacer una peineta mientras se camina por la acera no proporciona tanta seguridad.

Cuando tenía que desplazarme al trabajo había una zona donde la falta de civismo campaba a sus anchas. (Para quienes conozcan Chicago, en la incorporación de Dan Ryan a Eisenhower.) Hay dos carriles de salida de la autopista: uno desemboca en otra autopista, y el otro, en una calle. Poca gente quiere desviarse a la calle. Puede que haya una cola de un kilómetro de coches que esperan pacientemente para ir a la autopista, y aproximadamente el veinte por ciento de los conductores se meten maleducada e ilegalmente en el último momento después de fingir que se dirigen al otro lado. Todas las personas honradas que hacen cola sufren un retraso de quince minutos o más a causa de los tramposos.

Los sociólogos hablan a veces del concepto de «identidad», que consiste en la visión que tiene cada uno de la clase de persona que es, y cómo se siente fatal cuando hace cosas que no encajan en esa visión. Eso conduce a realizar acciones que aparentemente no resultan beneficiosas a corto plazo. George Akerlof y Rachel Kranton popularizaron esta idea en el ámbito de la economía. Había leído sus trabajos académicos, pero en general tengo un sentido de la identidad tan débil que no conseguía entender bien de qué hablaban. Lo capté realmente por primera vez cuando me di cuenta de que una parte crucial de mi identidad consistía en que no soy la clase de persona que se colaría para reducir el tiempo de viaje, aunque resultaría fácil, por lo que podría parecer una locura esperar quince minutos en la cola. Pero si me colara tendría que replantearme a fondo la clase de persona que soy.

Probablemente, el hecho de que no me importe que mis taxistas se cuelen (de hecho, hasta me gusta) demuestra que me queda mucho camino por recorrer en mi desarrollo moral.

Y esta divagación era en realidad un preludio de lo que quiero contar. El otro día estaba en Nueva York y mi taxista pasó junto a una larga hilera de coches que salían de la autopista para colarse en el último segundo. Como de costumbre, me gustó ser un inocente espectador/beneficiario de este pequeño delito. Pero lo que pasó a continuación resultó aún más gratificante para el economista que hay en mí: en mitad de la calle había un agente de policía que hacía señas a todos los coches que se colaban para que se dirigieran al arcén, mientras su compañero expedía multas; parecía una cadena de montaje. Según mis cálculos, esos dos policías ponían treinta multas por hora, a 115 dólares cada una: con unos ingresos de más de 1.500 dólares por agente y hora (suponiendo que se pagaran las multas), es una fantástica fuente de ingresos para el Ayuntamiento, orientada a los transgresores adecuados. El exceso de velocidad no hace tanto daño a los demás, excepto indirectamente; por tanto, me parece mucho más sensato atacar los comportamientos malintencionados, como el de colarse. Se podría decir que este es el espíritu del planteamiento de la labor policial de Bill Bratton, jefe de policía de Nueva York y seguidor de la teoría de las ventanas rotas. No estoy seguro de que esto reduzca significativamente el número de tramposos al volante, ya que la probabilidad de ser sorprendido sigue siendo infinitesimal, pero lo bonito es que 1) todos los conductores que respetan las normas sienten una punzada de alegría al ver que empapelan a los maleducados, y 2) es una forma muy eficaz de gravar la mala conducta.

Así que mi recomendación a los departamentos de policía de todo el país es que busquen los puntos que se prestan a este tipo de transgresión, y que empiece la fiesta.

7

Pero ¿es bueno para el planeta?

Que levanten la mano quienes estén a favor de desperdiciar los recursos naturales, acabar con la vida salvaje y destruir el mejor planeta concebible. Lo que pensábamos: no vemos muchas manos alzadas. Por lo tanto, prácticamente cualquier cosa destinada a proteger el medio ambiente se considera buena idea. Pero muchas veces los números cuentan una historia diferente.

La legislación sobre especies protegidas, ¿es mala para las especies protegidas?
(SDL)

Mi colega y coautor John List es uno de los economistas más prolíficos e influyentes del mundo.

Ha sacado con Michael Margolis y Daniel Osgood un *paper* provisional que plantea la sorprendente revelación de que quizá la legislación sobre especies protegidas, destinada a ayudarlas, las perjudique en realidad.

¿Por qué? La intuición nos dice que cuando se considera

que una especie está en peligro de extinción hay que tomar una decisión sobre las zonas geográficas que se consideran hábitats críticos para dicha especie. Se establece una serie de límites, a continuación se realizan audiencias públicas y por último se decide qué terreno se va a proteger. Mientras se desarrolla este debate, los intereses privados tienen un gran incentivo para intentar desarrollar los terrenos, por temor a que se lo prohíban en el futuro por albergar especies protegidas. Por tanto, a corto plazo es probable que en realidad aumente la destrucción de los hábitats.

Basándose en esta teoría, List y colaboradores analizan los datos del mochuelo caburé en las inmediaciones de Tucson (Arizona). En efecto, determinan que el desarrollo urbanístico se acelera considerablemente en las zonas que se van a considerar hábitats críticos.

Este resultado, combinado con la observación del economista Sam Peltzman de que solo 39 de las 1.300 especies que han entrado en la lista de especies en peligro han salido de ella, pinta un panorama poco halagüeño sobre la eficacia de la legislación pertinente.

Sea verde: conduzca
(SDL)

Cuando se trata de proteger el medio ambiente es frecuente que las cosas no sean tan sencillas como parecen a simple vista.

Tomemos, por ejemplo, el debate sobre las bolsas de papel en contraposición a las de plástico. Durante bastantes años, quien optara por las bolsas de plástico en la tienda se arriesgaba a atraer la cólera de los ecologistas. Ahora parece que el consenso ha oscilado en el otro sentido, tras un análisis más detallado de los costes.

La misma incertidumbre pende sobre la elección de pañales desechables y no de tela.

Al menos quedan elecciones libres del reproche de los ecologistas. Es evidente que lo mejor para el planeta es ir a la vuelta de la esquina andando y no en coche, ¿verdad?

Ahora, incluso esta conclusión aparentemente obvia se ve cuestionada por Chris Goodall en el blog de John Tierney en *The New York Times*. Y Goodall no es ningún loco conservador; es un ecologista autor del libro *How to Live a Low-Carbon Life* («Cómo reducir la huella de carbono personal»).

Tierney escribe:

> Según los cálculos de Goodall, si se recorren tres kilómetros a pie y se recuperan esas calorías bebiendo un vaso de leche, las emisiones de gases de efecto invernadero asociadas a esa leche (como el metano de la granja y el dióxido de carbono del camión de transporte) equivalen a las emisiones de un coche típico que realice el mismo recorrido. Si lo realizan dos personas, el coche es sin duda la solución menos agresiva con el medio ambiente.

¿De verdad necesitamos miles de millones de partidarios del consumo local?
(SJD)

El fin de semana pasado preparamos helado en casa. Hace tiempo les regalaron una máquina a los niños, y por fin la estrenamos. Decidimos preparar sorbete de naranja. Tardó bastante en hacerse y no estaba muy bueno, pero lo peor fue lo caro que salió. Gastamos unos doce dólares en nata para montar mezclada con leche, zumo de naranja y colorante —el único ingrediente que teníamos era el azúcar— para preparar menos de un litro de helado. Por el mismo precio podríamos haber comprado cuatro litros de sorbete de naranja de mejor calidad. Acabamos tirando tres cuartas partes de lo que habíamos preparado, lo que significa que gastamos doce dólares, sin contar los gastos de mano de obra, electricidad y capital (alguien compró el aparato, aunque no fuéramos nosotros) en tres bolas de helado malo.

Como hemos escrito anteriormente, un detalle curioso de la vida moderna es que el trabajo de una persona es el tiempo libre de otra. Todos los días, millones de personas cocinan, cosen y trabajan la tierra para ganarse la vida, y también hay millones que cocinan (probablemente en cocinas mejores), cosen (o hacen punto o ganchillo) y trabajan la tierra (aunque sea el jardín) porque les encanta. ¿Es sensato? Si están satisfaciendo sus preferencias, ¿a quién le importa que inviertan veinte dólares en producir un solo tomate cherry (o doce en producir unas pocas cucharadas de helado)?

Esa fue la pregunta que me acudió a la mente el otro día al leer el mensaje de una lectora llamada Amy Kormendy:

Hace poco escribí a Michael Pollan para plantearle esta pregunta y, como es un buen tipo, respondió poco después: «Buena pregunta; la verdad es que no lo sé», y me sugirió que se la dirigiera a ustedes:

¿No gastaríamos más recursos si todos fabricáramos nuestra propia comida en vez de pagar a los expertos que fabrican montones de comida para vendérnosla? Por tanto, ¿no sería más sostenible comprar comida de grandes productores profesionales?

De los consejos del profesor Pollan parece extraerse que nos iría mejor como sociedad si hiciéramos más por nosotros mismos (en especial cultivar nuestra propia comida). Pero mi opinión es que la economía de gran escala y la división del trabajo, inherente a la agricultura industrial moderna, sigue siendo más eficaz en cuanto a inversión de recursos. El beneficio extra de cultivar la propia comida solo funciona si se tienen en cuenta imponderables como la sensación de logro, el aprendizaje, el ejercicio, el bronceado, etc.

Entiendo muy bien el instinto de consumo local. Parece que la comida fabricada localmente o, mejor aún, por el consumidor, debería ser 1) más deliciosa, 2) más nutritiva, 3) más barata, y 4) mejor para el medio ambiente, pero ¿es así?

1. Lo delicioso es subjetivo, pero salta a la vista que ninguna persona puede cultivar y producir todo lo que le gustaría comer. De niño vivía en una granja pequeña y les aseguro que después de atiborrarme de maíz, espárragos y frambuesas solo quería un Big Mac.

2. No cabe duda del valor nutritivo de la comida cultivada en casa, pero dado que la capacidad de variedad de producción de una persona es limitada, en su dieta habrá vacíos nutritivos que será necesario llenar.

3. ¿Es más barato cultivar la propia comida? No es imposible, pero tal como ilustra mi anécdota del helado, nos enfrentamos a grandes ineficacias. Supongamos que quien preparó helado el fin de semana no fui solo yo, sino las cien personas que viven en mi edificio. Entre todos nos habríamos gastado 1.200 dólares en unas pocas cucharadas de helado por cabeza. Supongamos que este año decide plantar un gran huerto para ahorrar. Ahora considere todo lo que tiene que comprar para ello: semillas, abono, semilleros, cordel, herramientas, etc., junto con los gastos de transporte y oportunidad. ¿Está seguro de que realmente ha ahorrado al plantar calabacines y maíz? ¿Y si mil de sus vecinos hicieran lo mismo? Consideremos otro ejemplo ajeno a la comida: construir la propia casa o comprar una casa prefabricada. Si va a construirla en el sitio tendrá que invertir en todas las herramientas, el material, la mano de obra y el transporte necesarios, con las incontables diseconomías derivadas de que docenas de furgonetas realicen el mismo recorrido cientos de veces, solo para erigir la casa de una familia, mientras que las casas elaboradas

en fábricas crean la oportunidad de las economías de escala al concentrar mano de obra, material, transporte, etc.

4. Pero cultivar la propia comida tiene que ser bueno para el medio ambiente, ¿verdad? Teniendo en cuenta las diseconomías de transporte arriba mencionadas, considere el argumento del «kilometraje de la comida» y un artículo reciente publicado por Christopher L. Weber y H. Scott Matthews, de la Universidad de Carnegie Mellon, en *Environmental Science and Technology*:

Hemos determinado que aunque la comida suele recorrer grandes distancias (de promedio, 1.640 km para el suministro y 6.750 km en la cadena de suministro), las emisiones de GEI (gases causantes de efecto invernadero) asociadas a la comida se producen principalmente en la etapa de producción, que contribuye en un 83 % al promedio de 8,1 t de CO_2e anuales derivadas del consumo de comida en cada casa estadounidense. El transporte, en total, representa únicamente el 11 % de las emisiones de GEI, y la distribución entre los minoristas contribuye solo en un 4 %. Diversos grupos de comida muestran una elevada intensidad de emisiones de GEI; de promedio, la carne de mamíferos produce alrededor de un 150 % más de GEI que el pollo o el pescado. Por ello, el cambio de dieta puede ser un método más eficaz de reducir la huella medioambiental de una casa media que la compra de productos locales. Cambiar la ingesta de calorías, menos de un día por semana, de la carne de mamífero y los productos lácteos al pollo, el pescado, los huevos o la verdura reduce más los GEI que comprar únicamente comida de producción local.

Es un argumento de peso contra las supuestas ventajas medioambientales y económicas del consumo local, sobre todo porque Weber y Matthews identifican algo que casi siempre se pasa por alto en estos argumentos: la especialización es indiscutiblemente eficaz. Eso significa menos transporte, precios más bajos y, en la mayoría de los casos, mucha más variedad, lo que en mi opinión equivale a comida más deliciosa y nutritiva. En la tienda en la que malgasté doce dólares en ingredientes para el helado me venderían encantados helado de diversos sabores, opciones dietéticas y precios.

Sin embargo, aquí estoy con el noventa y nueve por ciento del colorante que compré, que probablemente se quedará en el armario hasta el día de mi muerte (y esperemos que no llegue pronto).

Pasarse al verde para aumentar los beneficios
(SDL)

Uno de los temas más candentes entre los ejecutivos es cómo aumentar los beneficios sin perjudicar el medio ambiente. Hay muchas formas de conseguirlo. En los hoteles, por ejemplo, al no lavar las toallas a diario se ahorra dinero y se protege el entorno. Las innovaciones verdes se pueden incluir en las campañas publicitarias para atraer clientes. Otra ventaja potencial de «pasarse al verde» es que satisface a los trabajadores concienciados, con lo que aumenta su lealtad hacia la empresa.

Un burdel de Berlín ha dado con otra forma de emplear los argumentos medioambientales en beneficio propio: la discriminación tarifaria. Tal como escribe Mary MacPherson Lane en un artículo de Associated Press:

> Los burdeles de la capital de Alemania, donde la prostitución es legal, se han visto afectados por la crisis económica mundial. Los clientes se han hecho más frugales, y menos clientes en potencia visitan la ciudad en viaje de negocios o para asistir a reuniones.

Pero en la Maison d'Envie ya ven reflotar su negocio desde que en julio empezaron a ofrecer el descuento de cinco euros...

Para hacerse acreedores, los clientes deben enseñar en recepción la llave del candado de la bici o pruebas de que han llegado en transporte público. Con esto, el precio de pasar 45 minutos en una habitación baja, por ejemplo, de 70 euros a 65.

Aunque en el burdel afirman que el motivo del descuento es la conciencia medioambiental, yo diría que están aplicando la discriminación tarifaria de toda la vida disfrazada de verde.

Es probable que los clientes que lleguen en autobús o en bicicleta tengan ingresos menores y miren más el ahorro que los que van en coche. Si es así, el burdel pretende aplicarles una tarifa más barata que a los ricos. La dificultad estriba en que, sin un motivo justificable, los clientes ricos se enfadarían si el burdel pretendiera cobrarles más (y en general, ¿cómo iban a saber quién es rico?). El argumento medioambiental les da una coartada para hacer lo que pretendían desde el primer momento.

Cómo salvar la jungla a base de zumo de naranja
(SDL)

Esta mañana estaba bebiendo zumo de naranja de Tropicana, una empresa con una inteligente campaña de márketing. Si visita su sitio web e introduce el código del brik, preservarán en su nombre cien pies cuadrados (algo menos de diez metros cuadrados) de selva tropical.

¿Qué tiene de inteligente?

Creo que las empresas no explotan tanto como deberían las oportunidades de asociar el consumo de sus productos a las contribuciones solidarias. No tengo pruebas cuantitativas; es una corazonada. Pero estas ofertas empresariales suelen aparecer en la forma «Donaremos un 3 % de nuestros beneficios a X». Los beneficios compartidos suelen ser pequeños, por lo que la empresa no obtiene una imagen de generosidad.

El acierto de la campaña de la jungla es que cien pies cuadrados suenan como un montón. Si se piensa bien no es tanto, pero suena como si fuera más. Y para quien esté acostumbrado a pensar en los precios del suelo en las ciudades, diez metros cuadrados pueden ser muy caros.

Según mis cálculos aproximados, en el lugar donde vivo diez metros cuadrados de terreno edificable costarían unos 130 dólares. Sin embargo, en el Amazonas la tierra es barata. Hay sitios web donde se puede reservar casi media hectárea de territorio amazónico por 100 dólares.

Así pues, es probable que el precio que abona realmente Tropicana por media hectárea sea la mitad: cincuenta dólares. Dada esa extensión, calculo que el terreno amazónico que salvó mi hija esta mañana está valorado en once céntimos. Cuando le pregunté cuánto creía que costaba me dijo que veinte dólares; cuando pregunté a un amigo me dijo que cinco. Siempre que una empresa consigue regalar algo que vale once centavos mientras el público cree que vale cinco o veinte dólares, está haciendo bien las cosas.

Lo más notable es que incluso después de haber constatado que solo contribuimos con once céntimos seguíamos sintiéndonos bien por haber salvado un trozo de tierra del tamaño de la habitación en la que estamos desayunando.

Manzanas (empaquetadas) traigo
(JAMES MCWILLIAMS)

James McWilliams, historiador de la Universidad Estatal de Texas, es autor de escritos memorables sobre la producción de alimentos, la política alimentaria y, como se ve en las dos siguientes entradas de Freakonomics.com, la intersección de la comida y el medio ambiente.

El empaquetado de los alimentos parece un problema sencillo con una solución sencilla: se empaqueta demasiado; los embalajes se amontonan en los vertederos; deberíamos reducirlos. Estas opiniones están generalizadas entre los ecologistas, muchos de los cuales han emprendido apasionadas campañas para envolver los bienes de consumo —incluida la comida— cada vez en menos plástico, cartón y aluminio.

Pero el asunto es un poco más complejo de lo que parece. Pensemos en primer lugar en el motivo de los envases: además de proteger la comida de su entorno microbiano, prolongan considerablemente la duración en los estantes, lo que a su vez mejora las probabilidades de que la comida se consuma.

Según la Asociación de Productores de Pepinos, tan solo 1,5 gramos de film de plástico aumentan la duración de estas hortalizas de tres días a catorce, además de protegerlas de las «manos sucias». Otro estudio determinó que empaquetar las manzanas en un envase retractilado reduce los daños en la fruta (y su eliminación) en un 27 %. Se han obtenido cifras similares con patatas y uvas. De nuevo, aunque parece una obviedad, se pasa por alto con frecuencia: cuanto más dure la comida, más probable es que alguien se la coma.

Es cierto que si todos produjéramos nuestra propia comida, compráramos a productores locales o toleráramos el producto dañado o estropeado, no importaría demasiado la duración en los estantes. Pero la realidad es distinta, sin lugar a dudas. La gran mayoría de la comida se desplaza por todo el mundo, pasa largos períodos almacenada y se queda en nuestras despensas durante días, semanas o incluso años. Por tanto, si aceptamos que el embalaje es una realidad inevitable en nuestro sistema alimentario mundializado, también tendremos que establecer unas cuantas distinciones básicas. (Si no lo acepta, no tiene mucho sentido que siga leyendo.)

En primer lugar, en lo tocante al desperdicio de comida no todos los materiales son iguales. Los consumidores concienciados miran con malos ojos los productos empaquetados, porque esos envases terminarán probablemente en un vertedero. Pero si se retira el embalaje y se examina la comida se constata que se estropea mucho antes que si estuviera empaquetada y, como resultado, acabará en el mismo lugar que el envase: en el vertedero. La comida en descomposición emite metano, un gas causante de efecto invernadero veinte veces más potente que el dióxido de carbono. El embalaje, excepto si es biodegradable, no lo emite. Si el vertedero cuenta con instalaciones de digestión anaeróbica, cosa muy poco probable, el metano se convierte en energía. De lo contrario, es más sensato enviar a la tumba medioambientalmente incorrecta el embalaje y no la comida.

En segundo lugar, a la hora de ahorrar energía y reducir las emisiones de gases causantes de efecto invernadero, nuestro comportamiento en la cocina sobrepasa ampliamente el efecto medioambiental del embalaje que rodea el producto. Los consumidores desechan muchos más kilos de comida que de paquetes; alrededor de seis veces más. Un estudio calcula que los consumidores estadounidenses tiran aproximadamente la mitad de la comida que compran. En el Reino Unido, el Waste and Resource Action Programme (Programa de Acción de Desperdicios y Desechos, abreviado WRAP, «envoltorio» en inglés) afirma que la energía que se ahorraría si no se desperdiciara comida en las casas equivaldría a «sacar de la carretera un coche de cada cinco». El *Independent* explica que desechar comida produce tres veces más dióxido de carbono que desechar su embalaje.

Todo apunta a esta conclusión: si verdaderamente está deseoso de reducir los desperdicios inherentes a nuestro sistema de alimentación, más le vale reformar sus hábitos domésticos, por ejemplo, implantando una estrategia de compras, reduciendo al mínimo los desechos y comiendo menos, en vez de tomarla con las costumbres de envasado de distribuidores abstractos de alimentos.

Por último, también podemos influir eligiendo comida empaquetada de una forma que reduzca los desperdicios en casa. Esto no se aplica tanto al producto como a los envases destinados a procurar que lo consumamos en tu totalidad, con cómodas funciones como aberturas amplias (leche), transparencia (ensaladas), envases que se pueden cerrar (frutos secos), la capacidad de voltearlos (kétchup) y superficies lisas, sin recovecos en los que pueda esconderse la comida (yogur). Suena raro, pero es posible que desperdiciemos más energía al no rebañar el fondo del tarro que al tirar el tarro vacío. Dado el elevado precio del desperdicio de comida, puede que la cuestión del diseño sea más importante que la de la necesidad.

El desperdicio es un resultado inevitable de la producción. Como consumidores, desde luego, debemos considerar que los envases son una forma de desperdicio y buscar soluciones de empaquetado cada vez más responsables. Pero tampoco debemos proponer soluciones como «reducir el empaquetado», ya que en este caso es peor el remedio que la enfermedad.

Carnívoros agnósticos y calentamiento mundial: Por qué los ecologistas persiguen el carbón y no las vacas
(JAMES MCWILLIAMS)

Nadie ha hecho más por combatir el cambio climático que Bill McKibben. A través de sus interesantes libros, sus ubicuas colaboraciones en prensa y, sobre todo, la fundación de 350.org, una asociación internacional sin ánimo de lucro dedicada a combatir el calentamiento global, McKibben ha consagrado su vida a salvar el planeta. Pero a pesar de la pasión que pone en su empeño se echa algo en falta en sus métodos para reducir las emisiones de gases de efecto invernadero: ni 350.org ni él promueven activamente la dieta vegana.

Dada la naturaleza de nuestro discurso actual sobre el cambio climático, puede que esta omisión no parezca problemática: los veganos se siguen considerando bichos raros, un grupo marginal de animalistas de piel apergaminada y déficit de proteínas. Sin embargo, un informe reciente de la World Preservation Foundation confirma que pasar por alto el veganismo en la lucha contra el cambio climático es como pasar por alto la comida basura en la lucha contra la obesidad. Olvídense de acabar con el sucio carbón y las conducciones de gas natural: tal como muestra el informe de la WPF, el veganismo ofrece la vía más eficaz para reducir el cambio climático mundial.

Las pruebas son concluyentes. Según el estudio, una dieta vegana es siete veces más eficaz en la reducción de emisiones que una dieta a base de carne de producción local. El veganismo mundial (con cultivos convencionales) reduciría en un 87 % las emisiones relacionadas con los alimentos, frente al simple 8 % de «la carne y los lácteos sostenibles». Dado que el impacto medioambiental de la ganadería es mayor que el de la combustión de carbón, gas natural y petróleo, esta reducción del 87 % (del 94 % con un cultivo orgánico) prácticamente haría inútil la existencia de 350.org, lo que sin duda llenaría de dicha a McKibben.

Hay muchas cosas que considerar. Muchos consumidores creen que si sustituyen el vacuno por pollo realizarán un cambio significativo en su huella alimentaria. No es así. Según un estudio de 2010 citado en el informe de la WPF, esta sustitución tendría como resultado una «reducción neta del impacto medioambiental» de entre el 5 y el 13 %. A la hora de reducir el coste de mitigar el cambio climático, el estudio muestra que una dieta exenta de rumiantes lo reduciría en un 50 %; una dieta vegana lo reduciría en más del 80 %. La idea general es meridiana: el veganismo mundial podría aportar mucho más que ninguna otra acción a la reducción de las emisiones de GEI.

Así pues, ¿cómo es que 350.org me dice (por correo electrónico) que, aunque está «bastante claro» que es buena idea comer menos carne, «no hemos adoptado una postura oficial en asuntos como el veganismo»? Bueno, y ¿por qué demonios no? ¿Por qué una organización ecologista que pretende reducir las emisiones de gases de efecto invernadero no se opone oficialmente a la causa principal de estas emisiones, es decir, la producción de carne y productos de origen animal? Es desconcertante. Y aunque me falte una respuesta inequívoca, tengo varias ideas al respecto.

Parte del problema es que los ecologistas, incluido el propio McKibben, suelen ser agnósticos sobre la carne. Un artículo que publicó McKibben hace poco en *Orion* revela que los sólidos principios en otros ámbitos de este ecologista se tambalean un poco en lo tocante a la carne. Su tono es inusitadamente desenfadado, incluso populachero, completamente inadecuado para la gravedad de los problemas medioambientales a que nos enfrentamos. Es más, su afirmación de que no toma partido en esa lucha, con el juego de palabras *I don't have a cow* (literalmente, «no tengo una vaca») resulta asombrosa en labios de alguien que se toma tan en serio la reducción del calentamiento global, que al parecer mantiene el termostato a menos de 15º C todo el invierno y evita ciertos destinos de vacaciones por miedo a contraer una deuda de carbono excesiva. Yo diría que es quien más partido debería tomar en esta lucha.

Vayamos a la verdadera pregunta: ¿cómo explicamos este agnosticismo? Que McKibben viajara hace poco a la Casa Blanca para oponerse a la construcción de una tubería de gas natural (y fuera detenido en el proceso) ofrece indicios sobre la respuesta. Supongo que llevarse un rapapolvo por combatir un macroproyecto es mucho mejor para las relaciones públicas de 350.org que quedarse en casa masticando verduras e instar a los demás a explorar el veganismo. Desde este punto de vista, la comparación entre el impacto beneficioso del veganismo mundial y el de eliminar el gas natural de las arenas bituminosas canadienses no tiene importancia. Lo que importa es hacerse con un titular o dos.

Aquí radica el «problema» del veganismo y el ecologismo. Desde que Rachel Carson publicó *Primavera silenciosa*, un libro que denuncia los insecticidas peligrosos, el ecologismo moderno depende del alboroto mediático para ampliar la base de activistas. El veganismo, sin embargo, no se presta a este papel. Aunque resulte calladamente eficaz a su manera, hacerse vegano es un acto poco adecuado para la publicidad del sensacionalismo. Las conducciones y otros desmanes tecnológicos, en cambio, no solo saltan a la vista, sino que nos proporcionan víctimas y culpables bien identificados, y una oscura narrativa de declive. Creo que esta distinción explica en gran medida la blanda postura de McKibben —por no mencionar el movimiento ecologista— frente a la carne.

Otra causa del agnosticismo cárnico imperante está relacionada con la estética comparativa de las conducciones y las praderas. Cuando los ecologistas carnívoros se enfrentan al asunto del ganado, casi siempre responden alegando que habría que sustituir la alimentación con pienso por el pasto rotativo. Hay que poner a pastar a los animales de granja, dicen. No es sorprendente que sea esto lo que aduce McKibben en su artículo de *Orion*, donde afirma que «pasar de la alimentación con pienso al pasto rotativo es uno de los pocos cambios factibles que se encuentran en la misma escala que el problema del calentamiento global».

Todo esto suena muy bien, pero si damos crédito a los datos del informe de la WPF, el impacto medioambiental de esta alternativa sería mínimo. Entonces, ¿a qué viene la insistencia en apoyar el pasto rotativo? Yo diría que el atractivo subyacente de la solución del pasto es más irracional que calculado: los animales que pacen en los prados reproducen, aunque sea imperfectamente, las pautas simbióticas que existían antes de que llegaran los humanos a estropear las cosas. En este sentido, el pasto rotativo consolida uno de los mitos más atractivos (aunque dañinos) del núcleo del ecologismo contemporáneo: la noción de que la naturaleza es más natural en ausencia de seres humanos. Dicho de otra forma, el pasto rotativo apela vehementemente a la estética del ecologismo y confirma la oposición al entorno construido; las conducciones, no tanto.

Una última razón por la que McKibben, 350.org y el ecologismo general mantienen el agnosticismo en relación con la carne radica en el libre albedrío. Para la mayoría de las personas, la carne es básicamente algo que cocinamos y comemos. Naturalmente, es mucho más que eso, pero para casi todos los consumidores la carne es, sobre todo y ante todo, una cuestión de decisiones personales sobre lo que introducimos en nuestro cuerpo. En cambio, ¿qué acude a la mente cuando se piensa en una antigua central eléctrica de carbón? Mucha gente visualizará imágenes de un entorno ennegrecido y degradado. La central eléctrica de carbón no simboliza una decisión personal ni una fuente de placer directa, sino una intromisión opresiva en nuestra vida que nos hace sentir violados e impotentes. Por tanto, tiendo a pensar que los ecologistas se oponen al carbón en vez de a la ganadería no porque el carbón sea necesariamente más dañino para el medio ambiente (parece que no es así), sino porque las vacas significan carne y la carne, por incorrecto que sea, significa libertad para buscar la felicidad.

No pretendo minimizar el impacto de estos factores. La visibilidad de las conducciones, el atractivo romántico de los pastos y la arraigada creencia de que podemos comer lo que nos apetezca llevarnos a la boca son obstáculos difíciles de superar. Pero dadas las pruebas documentales de que el veganismo reduce directamente el calentamiento global, y dado que las emisiones no hacen más que intensificarse a pesar de todos los esfuerzos por reducirlas, yo sugeriría a McKibben, a 350.org y al movimiento ecologista en general que cambien su agnosticismo carnívoro por una dosis fundamentalista de fanatismo vegano.

Hola, cariño, ¿eso que conduces es un Prius?
(SJD)

¿Recuerdan cuando para evitar que los vecinos nos adelantaran teníamos que comprar una pitillera con diamantes engarzados? Las muestras exageradas de riqueza durante la Edad de Oro impulsaron a Thorstein Veblen a acuñar el término «consumo ostentoso».

El consumo ostentoso no ha desaparecido —¿qué creen que es el *bling-bling*?—, pero ahora le ha salido un primo algo más razonable: el ecologismo ostentoso. Mientras que el consumo ostentoso está destinado a demostrar que se nada en la abundancia, el ecologismo ostentoso tiene la finalidad de presumir de respeto por el medio ambiente. Como llevar una de esas bolsas en las que pone «No soy una bolsa de plástico» o instalar paneles solares en la fachada que da a la calle, aunque no le dé mucho el sol.

Hace poco emitimos un *podcast* sobre el ecologismo ostentoso; en él hablábamos de una investigación académica realizada por Alison y Steve Sexton, dos doctorandos de Económicas que además son mellizos (y cuyos padres también son economistas). El *paper* se titula «*Conspicuous Conservation: The Prius Effect and Willingness to Pay for Environmental Bona Fides*» («Ecologismo ostentoso: El efecto Prius y la disposición a pagar por muestras de conciencia medioambiental»).

¿Por qué destacar el Toyota Prius? Así lo explica Steve Sexton:

El Honda Civic híbrido tiene el aspecto de un Honda Civic normal. El Ford Escape híbrido tiene el aspecto de un Ford Escape. Por ello, nuestra hipótesis es que si el Prius tuviera el aspecto de un Toyota Camry o un Toyota Corolla no gozaría de tanta popularidad, y en el presente estudio nos proponemos ponerla a prueba empíricamente.

La pregunta a la que querían responder en realidad era esta: ¿Cuánto valor otorga la gente con conciencia medioambiental a demostrar dicha conciencia palpablemente? Los Sexton determinaron que el «halo verde» del Prius es muy valioso para sus propietarios, y cuanto más verde sea el vecindario, más valioso será el Prius.

8

¿Tengo 21? Pues pido carta

Una cosa que tenemos en común es que ninguno de los dos llegó a crecer de verdad. Levitt sigue persiguiendo su fantasía adolescente de dedicarse al golf profesional. Dubner sigue idolatrando a los Pittsburgh Steelers con el fervor de un niño de once años. Y, de algún modo, siempre acabamos juntos en Las Vegas.

Espero que Phil Gordon gane la Serie Mundial de Póquer
(SJD)

En estos momentos se desarrolla en el Rio de Las Vegas el acontecimiento más importante de la Serie Mundial de Póquer. ¿Por qué quiero que gane Phil Gordon?

No es solo porque sea un tipo encantador, porque sea tan inteligente ni por sus actividades filantrópicas; ni siquiera porque sea tan alto.

Es por el juego de piedra, papel o tijera, también conocido en Estados Unidos como *rochambeau*.

Levitt y yo estuvimos hace poco en Las Vegas, documentándonos con un puñado de jugadores de póquer de primer orden. La tarea de documentación incluyó un torneo benéfico de *rochambeau* en el que participaron sesenta y cuatro jugadores, organizado por Phil Gordon, en el que Annie Duke resultó ganadora.

Una noche, Gordon y sus colegas del Full Tilt Poker montaron una fiesta por todo lo alto en Pure, la exclusiva discoteca del Caesar's Palace. Fue concurrida, ruidosa y divertida, y mantuve una prolongada e interesante conversación con Phil Gordon sobre diversos asuntos. La charla desembocó en el *rochambeau*. Tras un intercambio de palabras, de repente se había planteado un reto: Gordon contra mí, mano a mano, el mejor de nueve tiradas de *rochambeau* se llevaba cien dólares.

Levitt blandió el dinero. Después Gordon, que le saca más de veinte centímetros a cualquiera de mis conocidos, se inclinó sobre mi cara y dijo: «Empiezo con piedra».

Y eso hizo. Yo jugué tijeras, así que me ganó. Íbamos uno a cero.

Pero yo tenía un as en la manga. Empecé con una *costurera*, es decir, un gambito de tres tiradas de tijeras, tijeras y más tijeras. Gordon, tras su piedra inicial, tiró un papel y después otro. Yo iba ganando dos a uno.

Por último, en la cuarta tirada, Gordon eligió tijeras. Pero yo había tirado mis cuartas tijeras seguidas, lo que significaba que empatábamos, con lo que seguíamos dos a uno. Fue entonces cuando Gordon volvió a inclinarse sobre mi cara y dijo: «Sabes que no tienes por qué tirar siempre tijeras, ¿verdad?»

Pero mis cuatro tiradas consecutivas de tijeras —llamémoslo una *supercosturera*— parecían haberlo descolocado. Se recuperó hasta empatar a dos y tomó la delantera brevemente con un tres a dos, pero yo empaté y después subí al cuatro a tres. Él consiguió empatar conmigo cuatro a cuatro, pero sin dudarlo volví a tirar tijeras y lo derroté, cinco a cuatro. Se quedó pasmado. Pobre hombre; resultó que odiaba tirar tijeras.

Y bien, ¿por qué quiero que gane la Serie? No porque sienta haber ganado. Ahora, más que nunca, estoy convencido de que el *rochambeau* es un juego de azar y tuve suerte contra un excelente jugador de póquer.

No: el motivo por el que quiero que gane Gordon es, simplemente, que quiero poder contar a mis nietos algún día que gané al campeón de la Serie Mundial de Póquer, aunque fuera algo tan insignificante como el piedra, papel o tijeras.

UNOS MESES DESPUÉS...

No hay nada como Las Vegas
(SJD)

Así pues, Levitt y yo pasamos el fin de semana en Las Vegas, documentándonos. (En serio: es para una columna del *Times* sobre los campeonatos de juegos de apuestas.) Nos sobraba un poco de tiempo y decidimos jugar al blackjack o veintiuno. Estábamos en el Caesar's Palace y serían las nueve de la noche, en Nochevieja. Nos sentamos a una mesa vacía frente a la crupier, una simpática joven de Michigan, que nos explicó con mucha paciencia los detalles que ninguno de los dos conocía y que revelaban nuestra inexperiencia: hay que mantener una mano en el regazo; para pedir carta, por ejemplo, hay que mover las cartas dos veces hacia la izquierda; para plantarse hay que meter una carta bajo las fichas. Etcétera.

En una de estas, Levitt dio un respingo. Tenía veintiún puntos, pero sin darse cuenta había pedido otra carta. La última era un dos. No es que no supiera jugar o contar; se había distraído —más tarde dijo que fue porque estaba hablando conmigo— y la crupier le vio hacer algo, o abstenerse de hacer algo, que indicaba que quería otra carta. Así que ahí estaba con cuatro cartas: una figura, un cuatro, un siete y un dos. La crupier daba la impresión de ser comprensiva. Di la cara por Levitt y le expliqué a la chica que no era ningún idiota y que, sin duda, no había pedido carta a propósito teniendo veintiuno. Pareció creernos y dijo que llamaría a su supervisor, a ver qué se podía hacer.

Ladeó ligeramente la cabeza y llamó al supervisor por su nombre. Yo lo veía y me daba cuenta de que no podía oírla. Recordemos que estábamos en un casino en Nochevieja; había mucho bullicio. La chica seguía llamando y yo seguía viendo que el supervisor no se enteraba, pero no quería volverse hacia él: para eso tendría que dar la espalda a una mesa llena de fichas, y aunque Levitt fuera suficientemente tonto para pedir carta teniendo veintiuno, probablemente era suficientemente listo para coger un montón de fichas y salir corriendo. (O quizás ella pensaba que de tonto tenía lo que un zorro y usaba continuamente el truco de pedir con veintiuno para que el crupier perdiera de vista la mesa.)

Al final me levanté a buscar al supervisor. Cuando se acercó, la crupier le contó lo ocurrido, y él pareció aceptar la explicación de Levitt.

Entonces me miró.

—¿Usted quería la carta? —me preguntó, refiriéndose al dos que le habían dado a Levitt.

—Bueno, ahora que la veo, claro que la quiero —dije. Tenía diecisiete puntos; con eso no habría corrido el riesgo de pedir carta, desde luego, pero un dos me serviría para alcanzar un precioso diecinueve.

—Tenga —dijo, y me dio el dos—. Feliz año nuevo.

Entonces la crupier sacó una carta y se pasó de veintiuno.

No sé mucho de juegos de apuestas, pero sé que la próxima vez que vaya a Las Vegas y sienta el impulso de jugar al blackjack iré al Caesars.

Y para que no piensen que Levitt es un perfecto imbécil en lo que al juego respecta, al día siguiente, en un local de apuestas de carreras, cogió un *Daily Racing Form*, lo estudió

para saber a qué se debía esa resaca. Como a cualquier
or «bueno», no me importaba demasiado ganar o perder
ras tuviera más juego en perspectiva, pero cuando se
na llega el batacazo.

oy es mi día del batacazo. Se acabó la Serie Mundial de
er. Se acabaron los juegos de apuestas durante una tem-
a. «Solamente» me esperan un viaje familiar a la presa
er y un largo vuelo de vuelta a Chicago.

puede que un minúsculo e insignificante boleto de seis
as en Hollywood Park.

Por qué no se juega más al backgammon?
(SJD)

he comentado anteriormente que me encanta el back-
on. Hace poco nos escribió un lector para preguntar si
y yo jugamos y, más importante, por qué no tiene más
ón un juego tan bueno.

amentablemente, nunca he jugado contra Levitt. Pero
segunda parte de la pregunta lo que me hizo pensar. En
, ¿por qué no? A bote pronto, yo diría...

No es que se juegue tan poco, y hay quien dice que quizás esté resurgiendo. Mi amigo James Altucher y yo tenemos en marcha una partida a 101 puntos, y solemos
jugar en restaurantes. Es casi inevitable que un grupo, o
al menos el camarero, se quede a mirar y charlar sobre
el juego.

Dicho esto, sí: es un juego marginal. ¿Por qué? Yo diría
que porque lo juega demasiada gente sin apostar, o al
menos sin usar el doblaje automático; sin esta regla, un
juego que puede ser muy complejo y requerir bastante
estrategia se convierte fácilmente en una aburrida carrera de dados. Con el doblaje automático, sobre todo si

durante unos diez minutos y después se levantó a apostar.
Había encontrado un caballo que pagaban siete a dos y nunca
había corrido, pero vio algo que le gustaba. Apostó a caballo
ganador exclusivamente, y después nos pusimos a ver la carrera en las megapantallas. Su caballo tardó sus buenos sesenta segundos en situarse en la parrilla —pensamos que lo eliminarían—, pero al fin ocupó su posición, se abrieron las puertas
y el caballo fue en primer lugar desde la salida hasta la meta.
Fue un poco más impresionante que lo del blackjack.

UNOS MESES DESPUÉS...

Actualización sobre la Serie Mundial de Póquer: Levitt iguala un récord que jamás podrá romperse
(SDL)

Hace poco fui a Las Vegas a participar en mi primera Serie
Mundial de Póquer. El formato era *hold 'em* sin límite. Cada
jugador empezaba con cinco mil dólares en fichas.

Y bien, ¿qué récord igualé? El de la menor cantidad de pozos que se lleva un jugador en una Serie: cero. Jugué durante
casi dos horas y no gané ni una mano. Ni siquiera conseguí
llevarme una ciega. A pesar de que segundos antes del torneo le
había prometido a Phil Gordon que no permitiría que la mano
de as y reina fuera mi ruina, perdí dos pozos considerables con
justo esas cartas boca abajo. (Las dos veces me salió un as en el
flop, las tres primeras cartas que se reparten boca arriba; ninguna de las dos tenían ases los adversarios; las dos perdí de todas
formas.) Probablemente jugué mal en las dos ocasiones.

Lo bueno de la Serie Mundial es que siempre hay otro
acto al día siguiente. Puede que vuelva a probar mañana; desde aquí solo puedo ir a mejor.

AL DÍA SIGUIENTE...

A una carta de la mesa final
en la Serie Mundial de Póquer
(SDL)

Cómo cambian las cosas en un día.

Ayer hablaba en el blog de mi primera incursión en la Serie Mundial de Póquer. Empezó y terminó fatal: no conseguí ganar ni una mano.

Quién sabe por qué, al día siguiente me apunté a otra ronda de castigo a mano de los profesionales del póquer. El formato de este torneo era distinto: un *shootout*. Esto significa que los diez participantes de cada mesa juegan hasta que uno se queda con todas las fichas; después, ese jugador pasa a la siguiente ronda. Al cabo de dos rondas, la base de novecientos se ha reducido a nueve jugadores que llegan a la mesa final.

Mi pesimismo aumentó cuando descubrí que David Pham, *el Dragón*, se sentaba a mi lado. Ha ganado más de cinco millones de dólares en torneos de póquer, tiene dos pulseras de ganador de la Serie y era el favorito del torneo. De los diez jugadores de mi mesa, al menos cinco eran profesionales del póquer a tiempo completo.

Sorprendentemente, tras unos cuantos golpes de suerte, cinco horas después me declaré ganador.

Tenía que ganar en otra mesa para llegar a la final, que me proporcionaría derechos de jactancia vitalicios. Tuve la fortuna de comer con Phil Gordon, probablemente el mejor instructor de póquer del mundo, que me explicó algo fundamental y probablemente bastante obvio, pero que nunca había llegado a entender. (Es una información demasiado valiosa para divulgarla aquí gratis; tendrán que comprarse alguno de los libros de Phil.)

La combinación de esa enseñanza y un montón de cartas buenas me impulsó en la segunda mesa. Por desgracia, tuve que derrotar a mi amigo Brandon Adams, uno de los mejores

los puntos conllevan dinero, el juego cambia por completo porque las decisiones más emocionantes y difíciles están más relacionadas con el dado de doblaje que con las fichas.

- ¿Por qué el juego en sí mismo suele ser poco interesante? No me malinterpreten: me encanta jugar al backgammon, pero el hecho es que la gama de jugadas es bastante reducida. En muchas tiradas hay una jugada óptima clarísima, o quizá dos prácticamente equivalentes, así que cuando se conocen estas jugadas el juego se vuelve limitado y hay que apostar para hacerlo interesante. A diferencia, digamos, del ajedrez, donde las opciones y estrategias son mucho más variadas.

Esto último, aunque discutible, me hizo preguntarme en qué porcentaje de turnos de backgammon podría estar clara la jugada óptima, en comparación, por ejemplo, con el ajedrez.

Dado que James es un jugador excepcional tanto de ajedrez como de backgammon (y un tipo inteligente en general), le pregunté. Vale la pena repetir su respuesta:

Es una pregunta interesante, pero empecemos por definir «óptimo».

Digamos que un programa tiene una función de evaluación (EV). En una posición determinada, la EV devuelve un número del uno al diez basado en lo favorable que es la posición para la persona a la que le toca jugar. Si es un diez, el jugador que tiene el turno querrá alcanzar esa posición. La EV es una función compuesta de variables heurísticas (cuántas personas están en el centro, cuántas fichas llevo de ventaja, cuántas casillas controlo, cuántas fichas sueltas tengo, etc.). En mi turno, el ordenador examina todas mis jugadas iniciales y determina cuáles proporcionan la mejor EV. Después examina todas las respuestas de mi adversario a cada jugada y determina cuáles me dejan con la menor EV (esto se propaga hacia arriba y se convierte en la EV de mi jugada inicial). A continuación examina todas mis respuestas a la respuesta de mi adversario y determina cuáles tienen la mejor EV (y vuelve a realizar la propagación). Esto se denomina *mín-máx*. Determinar únicamente las mejores jugadas se denomina *búsqueda alfa-beta*, y es el funcionamiento de la mayoría de los programas de juegos.

Por tanto, ¿qué es lo óptimo? En una escala de uno a diez, si una jugada sobrepasa en tres a la siguiente, ¿es óptima? Digamos que sí.

En el ajedrez es fácil ver las jugadas óptimas. Si el adversario me come la reina con la torre, espero poder comerle la reina; es un intercambio justo. Sin duda, será la única jugada óptima. Otras jugadas óptimas conducen al jaque mate o a ventajas considerables en intercambio de piezas; de lo contrario es probable que no sean óptimas. En una partida de ajedrez típica, quizás el cinco por ciento de las jugadas tienen un valor mayor que «un peón».

Diría que en el backgammon es el diez por ciento. Para afirmarlo me baso en la experiencia con Backgammon NJ (un programa excelente, por cierto) y las charlas que he mantenido con programadores de juegos de backgammon, y si uso el diez por ciento y no el cinco es porque el backgammon es ligeramente menos complejo que el ajedrez. Pero tampoco es sencillo. Probablemente, para dominar el backgammon hay que estudiar casi lo mismo, aunque no tanto.

Espero haberte ayudado.

James me ayudó mucho, sin duda, porque ahora entiendo un poco mejor cómo interpreta el juego, y es lo que necesito desesperadamente para derrotarlo en nuestra partida a 101 puntos. ¡Gracias!

¿Qué probabilidades tengo de llegar al Champions Tour (o, al menos, de que mi pelota de golf llegue muy lejos)?

(SDL)

Aunque no se me da muy bien el golf, mi fantasía secreta consiste en llegar al Champions Tour, el torneo de golf profesional para cincuentones. A punto de cumplir cuarenta y cuatro años me doy cuenta de que ha llegado el momento de planteármelo en serio.

Supongo que si de verdad quiero llegar al Tour debería practicar más. Mi amigo Anders Ericsson popularizó el concepto de las diez mil horas de práctica para convertirse en experto. Según qué consideremos práctica exactamente, calculo que habré practicado unas cinco mil horas a lo largo de mi vida. Sin embargo, dado lo mediocre que soy después de esas cinco mil, no soy muy optimista ante la posibilidad de que las cinco mil siguientes me sirvan de gran cosa.

Así que hoy me he pasado un rato intentando determinar cuánto necesito mejorar. Los mejores profesionales del PGA Tour no suelen tener hándicaps normales; se dice que tienen el equivalente de Plus 8 en la escala de hándicaps, es decir, una ventaja de ocho golpes sobre un golfista novato. Mi hándicap es de seis. Eso significa, a grandes rasgos, que si hoy jugara dieciocho agujeros contra los mejores jugadores del mundo perdería por catorce golpes.

La probabilidad de que mejore en catorçe golpes a lo largo de los seis próximos años es fácil de calcular: cero.

Afortunadamente, no aspiro a ser el mejor jugador de golf del mundo; tan solo el peor del Champions Tour. No puede ser tan difícil, ¿verdad?

Así que me dispuse a calcular hasta qué punto un jugador así es peor que los mejores golfistas del mundo. Es difícil hacer una comparación directa, porque es muy raro que los colistas del Champions Tour se enfrenten a los Tiger Woods del planeta. Alguna que otra estrella del Champions Tour, sin embargo, juega en algún que otro torneo del PGA Tour. Logré encontrar diecinueve jugadores que compitieron en ambos Tour en 2010, y por término medio tales jugadores tienen un promedio de golpes de 70,54 cuando juegan en el Champions Tour, frente a un promedio de 71,77 en el PGA Tour. De esto se puede deducir que el recorrido típico del Champions Tour es un golpe (y un poco más) más fácil que el recorrido típico del PGA Tour.

Los jugadores principales del PGA Tour obtienen unas puntuaciones promedio un poco por debajo de los setenta golpes por ronda, lo que significa que los golfistas maduros más destacados son alrededor de un par de golpes peores por ronda que los mejores jugadores del mundo. Los colistas del Champions Tour consiguen promedios de unos setenta y tres golpes en las pistas del Champions Tour, resultados unos dos golpes y medio peores que los de los mejores de la categoría. Si los mejores golfistas del mundo tienen hándicap Plus 8, eso quiere decir que los golfistas «malos» del tour de cincuentones tendrán aproximadamente un Plus 3 o un Plus 4.

Eso es «solo» nueve o diez golpes por ronda mejor que lo mío. ¡Debería ser capaz de salvar esa diferencia! Si puedo exprimir una simple mejora de un golpe por cada quinientas horas de práctica, cuando llegue a las diez mil horas seré un Plus 4.

Con este objetivo, he empezado a tomar clases de golf por primera vez desde que tenía trece años. Uno de los motivos por los que he elegido a mi nuevo profesor, Pat Goss, es que se diplomó en Económicas en Northwestern y quizá pueda entender mi forma de pensar.

La primera vez que nos vimos, Pat me dijo nada más empezar que golpeaba como un personaje de *Caddyshack*, y después me preguntó cuáles eran mis objetivos.

Contesté con absoluta sinceridad: «Quiero jugar en el Champions Tour. Pero si consideras que nunca llegaré a ser bastante bueno, tengo un objetivo muy distinto, y en ese caso no me importa cuál acabe siendo mi hándicap. Lo único que me importa es ser capaz de mandar la pelota lo más lejos posible, incluso si no puedo bajar de cien.»

Supongo que no está acostumbrado a que le respondan sinceramente a esa pregunta, porque fue tal la carcajada que casi se cae al suelo.

La buena noticia es que seis clases después seguimos dedicando tiempo a perfeccionar mi juego en corto, lo que parece indicar que cree que podré alcanzar mi sueño de participar en el *tour*.

O quizás es que se limita a maximizar sus ingresos. A fin de cuentas ha estudiado Económicas.

Diez mil horas después: ¿El PGA Tour?
(SDL)

La primavera pasada escribí en broma (bueno, quizá solo medio en broma) sobre mi intención de conseguir llegar al Champions Tour, el torneo de golf profesional para jugadores de más de cincuenta años. En aquel *post* hice referencia a las ideas de Anders Ericsson, quien afirma que tras diez mil horas de práctica concienzuda, cualquiera puede alcanzar más o menos el nivel de un experto. He practicado el golf unas cinco mil horas, así que si consigo encontrar tiempo para dedicarle cinco mil más, debería ser capaz de enfrentarme a profesionales. Al menos eso es lo que dice la teoría; mi hoja de puntuaciones cuenta una historia diferente.

Resulta que tengo un alma gemela en esta ambición, con la diferencia de que ese tipo se lo toma totalmente en serio. Hace unos años, a los veintitantos, Dan McLaughlin decidió que quería participar en el PGA Tour, aunque solo había jugado al golf una o dos veces en su vida y en ninguna de ellas se le había dado nada bien. Conocía la teoría de las diez mil horas y decidió que sería interesante ponerla a prueba. Así que dejó el trabajo, se buscó un profesor y desde entonces ha dedicado su vida al golf. Hasta el momento lleva unas dos mil quinientas horas del objetivo de las diez mil, y relata sus progresos en thedanplan.com.*

Hace tiempo me encontraba en Bandon Dunes, el paraíso de los golfistas en la costa de Oregón. Allí conocí a Dan y tuve la oportunidad de jugar treinta y seis hoyos con él. Lo pasamos muy bien, y me resultó fascinante conocerlo y que me explicase su enfoque.

El golfista profesional que lo había estado orientando tenía un plan que, como mínimo, se podía calificar de muy poco corriente. Durante los seis primeros meses solo le dejó ejecutar el *putt* (el golpe final que manda la pelota rodando al hoyo). Literalmente, Dan pasaba en la zona de *putting* entre seis y ocho horas diarias, seis o siete días por semana, lanzando un *putt* tras otro. Cerca de mil horas con el *putter* antes de tocar ningún otro palo. Después le pasó el *wedge*, y empleó únicamente el *wedge* y el *putter* unos cuantos meses más antes de poder tocar un hierro del ocho. Hasta que había pasado un año y medio —dos mil horas de práctica— no golpeó con el *driver* por primera vez.

Puedo entender la lógica básica de empezar cerca del hoyo (la mayoría de los tiros en el golf tienen lugar cerca del hoyo, al fin y al cabo), pero para mi mentalidad de economista era una estrategia muy mala por dos motivos al menos.

En primer lugar, uno de los principios más básicos de las ciencias económicas es lo que llamamos la disminución de los rendimientos marginales. El primer trocito de una cosa proporciona un gran rendimiento, pero cuanto más se repite, menos valioso es. Por ejemplo, el primer helado que se come está delicioso; el cuarto da ganas de vomitar. Lo mismo debería ser

---

* En el momento de escribir estas líneas (enero de 2015), a Dan le quedan solo 4.200 horas de práctica y su hándicap ha bajado a 3,1.

aplicable al *putting*. La primera media hora resulta divertida y estimulante, pero después de ocho horas seguidas se tiene que embotar el cerebro. Sencillamente, no me podía imaginar que una persona pudiera concentrarse exclusivamente en el *putting*, no solo un día, sino durante meses y meses seguidos.

En segundo lugar, mi propia experiencia indicaba solapamientos entre diferentes aspectos del golf. La sensación que se experimenta en los pequeños golpes del *chipping* ayuda a pulir el *full swing*. A veces podía sentir lo que debía hacer con el *driver*, lo que me resultaba útil al usar los hierros. A veces era al revés. El caso es que practicar solo *putting* y *chipping* durante meses sin tener idea de lo que era un *full swing*... Sencillamente, me parecía erróneo.

¿Funcionaba aquella estrategia? Después de dos mil quinientas horas, Dan sigue emocionándose con el golf; eso es una victoria en sí misma. Tiene un hándicap de once, lo que significa que está a solo quince o dieciséis golpes por ronda de ser suficientemente bueno para el PGA Tour. Eso quiere decir que a partir de ahora tendrá que reducir alrededor de un golpe por cada quinientas horas de práctica. Sospecho que puede mantener ese ritmo de mejora durante unos miles de horas más, pero después será duro.

Sea cual sea el desenlace, estaré de su lado. En parte porque es un buen tipo y en parte porque me ha prometido entradas gratis para el Open estadounidense de 2016, pero solo si se clasifica.

Levitt está listo para el Senior Tour
(SJD)

No es ningún secreto que Levitt desea convertirse en un golfista lo suficientemente bueno para jugar algún día el Champions Tour, el torneo de jugadores que superan los cincuenta años.

Después de observar el asombroso espectáculo que dio la semana pasada, creo que Levitt tiene una oportunidad de participar en un tour profesional sénior. Pero no de golf.

Fui un par de días a Chicago a trabajar con él. Después de una jornada larga, fuimos a cenar a un local cercano a la Universidad de Chicago, llamado Seven Ten, que ofrecía comida, cerveza y pistas de bolos (solo un par, nada demasiado lujoso). Bolos de la vieja escuela.

Después de comer intenté convencer a Levitt para echar una partida o dos, pero no le apetecía. Me dijo que le preocupaba que afectase su *swing* en el golf (oh, por favor); que jugase yo y él miraría. No se me ocurre nada menos entretenido que jugar a los bolos en solitario, salvo jugar a los bolos en solitario con el acompañante sentado mirando, así que lo engañé y lo convencí de que probablemente los bolos serían beneficiosos para su *swing*: el peso de la bola le distendería las articulaciones, bla, bla, etcétera.

Al final aceptó cuando propuse que el que perdiese pagara la cena.

Se las arregló para encontrar una bola de diez libras a la medida de sus dedos, y en su primera tirada de calentamiento la lanzó como si fuera una bola de *duckpin* (una especie de bolos en miniatura). Lo falló todo, y yo me las prometí muy felices en cuanto a la apuesta. Por pura camaradería le sugerí que probase con una bola más pesada. Cogió una de doce libras y acabó con una puntuación de 158, que según me dijo eran unos treinta puntos más por encima de su media. Ganó.

Su técnica no tenía nada de impresionante: aunque es diestro, lanzaba de izquierda a derecha y no daba efecto a la bola. Pero derribaba los bolos.

Así que, por supuesto, propuse una revancha. Dijo que no le apetecía, pero al final volvió a aceptar.

Abrió con un semipleno y, a continuación, tres plenos seguidos. ¡Asombroso! En los dos tiros siguientes no tumbó todos los bolos. Parecía que se le había acabado la suerte. Pero durante unos diez minutos y después se levantó a apostar. Había encontrado un caballo que pagaban siete a dos y nunca había corrido, pero vio algo que le gustaba. Apostó a caballo ganador exclusivamente, y después nos pusimos a ver la carrera en las megapantallas. Su caballo tardó sus buenos sesenta segundos en situarse en la parrilla —pensamos que lo eliminarían—, pero al fin ocupó su posición, se abrieron las puertas y el caballo fue en primer lugar desde la salida hasta la meta. Fue un poco más impresionante que lo del blackjack.

UNOS MESES DESPUÉS...

Actualización sobre la Serie Mundial de Póquer: Levitt iguala un récord que jamás podrá romperse
(SDL)

Hace poco fui a Las Vegas a participar en mi primera Serie Mundial de Póquer. El formato era *hold 'em* sin límite. Cada jugador empezaba con cinco mil dólares en fichas.

Y bien, ¿qué récord igualé? El de la menor cantidad de pozos que se lleva un jugador en una Serie: cero. Jugué durante casi dos horas y no gané ni una mano. Ni siquiera conseguí llevarme una ciega. A pesar de que segundos antes del torneo le había prometido a Phil Gordon que no permitiría que la mano de as y reina fuera mi ruina, perdí dos pozos considerables con justo esas cartas boca abajo. (Las dos veces me salió un as en el *flop*, las tres primeras cartas que se reparten boca arriba; ninguna de las dos tenían ases los adversarios; las dos perdí de todas formas.) Probablemente jugué mal en las dos ocasiones.

Lo bueno de la Serie Mundial es que siempre hay otro acto al día siguiente. Puede que vuelva a probar mañana; desde aquí solo puedo ir a mejor.

AL DÍA SIGUIENTE...

A una carta de la mesa final
en la Serie Mundial de Póquer
(SDL)

Cómo cambian las cosas en un día.

Ayer hablaba en el blog de mi primera incursión en la Serie Mundial de Póquer. Empezó y terminó fatal: no conseguí ganar ni una mano.

Quién sabe por qué, al día siguiente me apunté a otra ronda de castigo a mano de los profesionales del póquer. El formato de este torneo era distinto: un *shootout*. Esto significa que los diez participantes de cada mesa juegan hasta que uno se queda con todas las fichas; después, ese jugador pasa a la siguiente ronda. Al cabo de dos rondas, la base de novecientos se ha reducido a nueve jugadores que llegan a la mesa final.

Mi pesimismo aumentó cuando descubrí que David Pham, *el Dragón*, se sentaba a mi lado. Ha ganado más de cinco millones de dólares en torneos de póquer, tiene dos pulseras de ganador de la Serie y era el favorito del torneo. De los diez jugadores de mi mesa, al menos cinco eran profesionales del póquer a tiempo completo.

Sorprendentemente, tras unos cuantos golpes de suerte, cinco horas después me declaré ganador.

Tenía que ganar en otra mesa para llegar a la final, que me proporcionaría derechos de jactancia vitalicios. Tuve la fortuna de comer con Phil Gordon, probablemente el mejor instructor de póquer del mundo, que me explicó algo fundamental y probablemente bastante obvio, pero que nunca había llegado a entender. (Es una información demasiado valiosa para divulgarla aquí gratis; tendrán que comprarse alguno de los libros de Phil.)

La combinación de esa enseñanza y un montón de cartas buenas me impulsó en la segunda mesa. Por desgracia, tuve que derrotar a mi amigo Brandon Adams, uno de los mejores jugadores del mundo, además de excelente escritor. Brandon constituye un buen ejemplo del precio de las oportunidades: gana tanto jugando al póquer que es probable que no llegue a defender su tesis de Económicas en Harvard.

Me encontré con que iba ganando cuando solo me quedaba un adversario, Thomas Fuller. Al cabo de unos cuarenta y cinco minutos tenía el doble de fichas que él. Entonces perdí un montón cuando me salieron un as y un rey del mismo palo y, probablemente, los jugué fatal. Eso igualó nuestros montones.

Poco después llegó la mano que fue mi perdición. Fuller hizo una apuesta estándar antes del reparto de cartas boca arriba. Fui con un rey y un siete. En el *flop* salieron un rey, una reina y un ocho, cada uno de un palo. Aposté siete mil doscientas fichas y él igualó. La siguiente carta, el *turn*, fue un siete; había dos tréboles boca arriba. No aposté, con la esperanza de que él subiera, para poder subir a mi vez. Eso fue exactamente lo que pasó: él apostó ocho mil y yo subí.

Para mi sorpresa, él subió a su vez. ¿Qué podía tener? Esperaba que una reina. Pero igual era K10, KJ, K8, AK o incluso doble pareja. Aun así, seguí adelante y volví a subir; entonces él fue con todo. Ya me consideraba derrotado, pero vi su apuesta y me quedé anonadado cuando dio la vuelta a un seis y un nueve: no tenía más que un proyecto de escalera; iba de farol. En la baraja solo había ocho cartas que pudieran darle la victoria. Yo tenía un 82 % de posibilidades de ganar esa mano. Si hubiera ganado me habría hecho con el 90 % de las fichas, con lo que era prácticamente seguro que llegaría a la mesa final. Pero el *river*, la última carta, fue un cinco; montó su escalera y se acabó el cuento de la lechera. Me había derrotado.

Debo decir que, pese a lo antisocial que soy, me gustó muchísimo la experiencia; fue una de las mejores que he tenido con los juegos de apuestas. Sin embargo, a la mañana siguiente me sentía como si tuviera una resaca tremenda, a pesar de que no había bebido una gota de alcohol. Me conozco lo suficiente para saber a qué se debía esa resaca. Como a cualquier jugador «bueno», no me importaba demasiado ganar o perder mientras tuviera más juego en perspectiva, pero cuando se termina llega el batacazo.

Hoy es mi día del batacazo. Se acabó la Serie Mundial de Póquer. Se acabaron los juegos de apuestas durante una temporada. «Solamente» me esperan un viaje familiar a la presa Hoover y un largo vuelo de vuelta a Chicago.

Y puede que un minúsculo e insignificante boleto de seis carreras en Hollywood Park.

¿Por qué no se juega más al backgammon?
(SJD)

Ya he comentado anteriormente que me encanta el backgammon. Hace poco nos escribió un lector para preguntar si Levitt y yo jugamos y, más importante, por qué no tiene más difusión un juego tan bueno.

Lamentablemente, nunca he jugado contra Levitt. Pero fue la segunda parte de la pregunta lo que me hizo pensar. En efecto, ¿por qué no? A bote pronto, yo diría...

- No es que se juegue tan poco, y hay quien dice que quizás esté resurgiendo. Mi amigo James Altucher y yo tenemos en marcha una partida a 101 puntos, y solemos jugar en restaurantes. Es casi inevitable que un grupo, o al menos el camarero, se quede a mirar y charlar sobre el juego.
- Dicho esto, sí: es un juego marginal. ¿Por qué? Yo diría que porque lo juega demasiada gente sin apostar, o al menos sin usar el doblaje automático; sin esta regla, un juego que puede ser muy complejo y requerir bastante estrategia se convierte fácilmente en una aburrida carrera de dados. Con el doblaje automático, sobre todo si

no fue así: marcó otros cuatro plenos seguidos. Es difícil de explicar lo improbable que parecía (y que era) aquello. Acabó con 222 puntos. ¡222! En la universidad, para cubrir el requisito de educación física, elegí los bolos, y la puntuación más alta que conseguí fue de 184.

Cuando volvimos a su casa, Levitt consultó los datos de los mejores jugadores actuales de la PBA (la asociación de jugadores de bolos profesionales): un promedio de 222 puntos lo colocaba indiscutiblemente entre los veinte mejores. Y él había conseguido 222 con tiros rectos, con una bola de doce libras, después de una cena abundante, una cerveza y un día entero de trabajo.

La mejor explicación que tengo es que la dedicación obsesiva de Levitt al golf, en especial las miles de horas de práctica de golpes a corta distancia, lo había convertido involuntariamente en una máquina de jugar a los bolos. Era eso o que mintió sobre su promedio y me estafó una cena.

En cualquier caso, era una hazaña impresionante. Por desgracia es bastante improbable que participe en algún *tour* de séniors de la PBA: dijo que quería retirarse en lo más alto y juró no volver a jugar a los bolos.

Fiel a su palabra, Levitt no ha vuelto a tocar una bola de bolos desde entonces.

Aversión a la pérdida en la NFL
(SJD)

Es sabido que los entrenadores de fútbol americano son extraordinariamente cautos a la hora de ordenar jugadas arriesgadas, pues una sola decisión errónea (e incluso una decisión correcta que no da resultado) puede provocar su despido. Según la jerga de los economistas, los entrenadores tienen «aversión a la pérdida»; este concepto, introducido por Amos

Tversky y Daniel Kahneman, hace referencia a que se experimenta mayor dolor con una pérdida de x que el placer que se experimenta con una ganancia de ese mismo x. ¿Quiénes sufren aversión a la pérdida? Pues prácticamente todo el mundo, desde un comerciante hasta un mono capuchino, y especialmente, los entrenadores de fútbol americano.

Por eso fue tan interesante la última jugada del partido de ayer entre los Chiefs y los Raiders. A cinco segundos del final, Dick Vermeil, el entrenador de los Chiefs, tenía que tomar una decisión difícil. Su equipo iba tres puntos por detrás y la pelota estaba dentro de la línea de una yarda de los Raiders. Si los Chiefs hacían su jugada y no marcaban, no quedaría tiempo para más jugadas y perderían. Si tiraban para realizar un gol de campo, que sería muy sencillo conseguir, se pasaría a la prórroga, y aunque los Chiefs jugaban en casa, los Raiders habían dominado durante la última parte; más tarde, Vermeil admitió que tenía miedo de que los Raiders ganaran el sorteo del saque en la prórroga, marcasen rápidamente y ganasen el partido sin que los Chiefs tuvieran ninguna oportunidad.

Retrospectivamente, no era una apuesta muy difícil. Había que elegir entre a) una ganancia considerable si su equipo podía realizar la tarea relativamente sencilla de adelantar la pelota sesenta centímetros, y b) un desenlace incierto en el que era tan probable acabar ganando como perdiendo. Vermeil hizo lo que casi todos habríamos hecho si no hubiera varios millones de personas observándonos atentamente, dispuestas a criticarnos: fue a por el *touchdown*.

Vermeil ordenó correr, Larry Johnson saltó a la zona de meta y los Chiefs ganaron el partido. El titular del *USA Today* de hoy: «La audaz apuesta de los Chiefs consigue la victoria en casa: Kansas City sorprende a Oakland con un *touchdown* renunciando a un gol de campo en la última jugada del partido.»

Que la decisión de Vermeil se convirtiese en el titular

principal es un buen indicador de lo poco frecuente que es que un entrenador corra un riesgo semejante. Esto fue lo que declaró después a los periodistas: «¡Guau! Estaba asustado. Supongo que soy demasiado viejo para esperar. [Ha cumplido los sesenta y nueve hace poco.] Si no lo hubiésemos logrado, os habríais divertido bastante con nosotros. No fue una decisión impulsiva. Era lo que debíamos hacer.»

Felicidades a Vermeil por tomar una decisión correcta que dio resultado. Espero que unos cuantos de sus compañeros tengan la suficiente envidia de la atención que ha conseguido por tomar esta inteligente decisión, y sigan su ejemplo.

Bill Belichick es grande
(SDL)

Hoy respeto a Bill Belichick más que nunca.

Anoche, en los últimos minutos, tomó una decisión que llevó a la derrota a sus Patriots de Nueva Inglaterra. Es muy probable que se convierta en una de las decisiones más criticadas que haya tomado ningún entrenador. Con su equipo ganando por seis puntos y a solo dos minutos del final del partido, optó por lanzarse en la cuarta parte dentro de su lado del campo. La ofensiva no logró el primer *down*, y los Colts de Indianápolis no tardaron en conseguir un *touchdown*.

Lo han despellejado por su decisión. Todo el mundo parece estar de acuerdo en que es un idiota redomado.

Diré por qué respeto tanto a Belichick: los datos indican que, en realidad, probablemente hizo lo correcto si su objetivo era ganar el partido. El economista David Romer estudió los datos de muchos años y descubrió que, en contra de la creencia generalizada, los equipos parecen despejar en exceso. Buscar un primer *down* en la cuarta parte desde el territorio propio tiende a aumentar (aunque solo ligeramente) las posi-

bilidades de ganar. Pero Belichick sabía sin duda que, si falla-
ba, nunca dejarían de criticarlo.

Si su equipo hubiera conseguido el primer *down* y hubieran ganado los Patriots, le habría granjeado mucho menos
crédito que la culpa que le cargaron por fallar. Esto plantea lo
que los economistas llaman el «problema del agente-princi-
pal». A pesar de que el intento aumenta la probabilidad de
que gane su equipo, un entrenador que se preocupe por su
reputación tenderá a hacer lo incorrecto: se limitará a despejar
solo porque no quiere ser el chivo expiatorio. (He observado
lo mismo en mi investigación sobre los penaltis en el fútbol;
tirar apuntando al centro de la portería y a ras del suelo es la
mejor estrategia, pero si falla resulta tan vergonzoso que los
jugadores no lo intentan a menudo.) Lo que Belichick demos-
tró con su intento de anoche es que 1) entiende los datos y 2)
ganar le importa más que ninguna otra cosa.

¿Hasta qué punto da ventaja jugar en casa?
Y ¿por qué?
(SJD)

¿De verdad tienen ventaja los equipos cuando juegan en
casa?

Absolutamente. En su libro *Scorecasting*, Toby Moscowitz y Jon Wertheim recopilan el porcentaje de partidos
ganados en campo propio en todos los deportes más importantes. Algunos datos están recopilados desde hace más tiempo que otros (las cifras de la MLB se remontan a 1903; las de
la NFL, «solo» a 1966, y las de la MLS están recogidas desde 2002), pero todos son bastante amplios para resultar concluyentes:

Liga	Partidos ganados por el equipo de casa
MLB	53,9 %
NHL	55,7 %
NFL	57,3 %
NBA	60,5 %
MLS	69,1 %

De modo que es difícil poner en duda que existe una ventaja. De hecho, Levitt escribió un artículo académico sobre la conveniencia de apostar (¡chitón!) por el desvalido equipo de casa, algo sobre lo que hemos escrito posteriormente en el *Times*.

Pero ¿por qué existe tal ventaja? Hay que barajar muchas teorías, entre ellas:

- «Dormir en la cama propia» y «comer comida casera».
- Mayor familiaridad con el terreno de juego.
- Apoyo del público.

Todas tienen sentido, ¿verdad? En *Scorecasting*, Moscowitz y Wertheim recopilan datos para poner a prueba una serie de teorías generalizadas. Puede que resulte sorprendente (y quizás incluso decepcionante) leer su conclusión:

Cuando los deportistas juegan en casa no parecen golpear o lanzar mejor en béisbol, ni hacer mejores pases en fútbol americano. No parece que el público ayude al equipo de casa ni que perjudique a los visitantes. También hemos eliminado de la lista «los inconvenientes de viajar». Y aunque el calendario pueda perjudicar al equipo de fuera, y esto explica en ocasiones la ventaja de jugar en casa, sobre todo en deportes universitarios, resulta irrelevante en la mayoría de los deportes.

De modo que si, en realidad, las explicaciones populares no explican demasiado sobre la ventaja doméstica, ¿qué lo explica?

En dos palabras: los árbitros. Moscowitz y Wertheim descubrieron que, en esencia, el equipo de casa recibe un trato ligeramente preferente por parte de los jueces, ya sea dictaminar un tercer *strike* en béisbol o convertir, en fútbol, una falta en un penalti. (Vale la pena señalar que un árbitro de fútbol tiene más capacidad de influir en el resultado del partido que un juez de cualquier otro deporte, lo que ayuda a explicar por qué la ventaja de jugar en casa, en todo el mundo, es mayor en el fútbol que en ningún otro deporte profesional.)

Moscowitz y Wertheim también dejaron claro, eso sí, otro detalle importante: el prejuicio por parte de los jueces es muy probablemente involuntario.

¿Qué significa esto? Que los árbitros no deciden conscientemente dar ventaja al equipo de casa, sino que, siendo animales sociales (y seres humanos) como todos nosotros, asimilan los sentimientos del público doméstico y, de vez en cuando, toman una decisión que hace muy feliz a buena parte de esa gente ruidosa que tienen tan cerca.

Uno de los argumentos más convincentes (e inteligentes) a favor de esta teoría lo aporta un *paper* de investigación de Thomas Dohmen sobre la ventaja de jugar en casa en la Bundesliga, la máxima liga de fútbol profesional de Alemania.

Dohmen descubrió que la ventaja doméstica es menor en los estadios en los que una pista de atletismo rodea el campo de fútbol, y mayor en los estadios que no tienen dicha pista.

¿Por qué?

Aparentemente, cuando el público está más cerca del campo, los árbitros son más susceptibles de asimilar sus emociones. O, como dice Dohmen:

La atmósfera social en el estadio empuja a los árbitros al favoritismo, aunque ser imparciales es lo mejor para ellos a la hora de maximizar la probabilidad de que vuelvan a asignarles un partido.

Así que parece que el apoyo de la multitud sí importa... pero no en la forma en que se creía. Conviene tener esto en mente la próxima vez que se grite a pleno pulmón en un partido de fútbol; tan solo hay que asegurarse de saber a quién se debe gritar.

Diez motivos para seguir a los Steelers de Pittsburgh
(SJD)

Después del ataque terrorista del 11 de septiembre en Nueva York, mucha gente escribió o telefoneó para preguntar si mi familia y yo estábamos bien. Algunos eran conocidos superficiales en el mejor de los casos, pero, para muchos de ellos, yo era la única persona que conocían que viviera en Nueva York. Su preocupación era extremadamente conmovedora, aunque un poco sorprendente al principio.

En las últimas semanas me ha venido a la memoria aquel tratamiento, según recibía mensajes y llamadas para felicitarme porque los Steelers de Pittsburgh han vuelto a la Super Bowl, frente a los Cardinals. Supongo que, una vez más, en el caso de muchas de esas personas soy el único seguidor de los Steelers que conocen.

Me da un poco de vergüenza aceptar felicitaciones por un logro tan flojo: simplemente, ser aficionado de un equipo que da la casualidad de que ha ganado unos cuantos partidos. No puedo arrogarme mérito alguno. Aunque es verdad que he llevado a Pittsburgh a mi hijo, que es un gran hincha, a ver un partido en cada una de las últimas tres temporadas, ¡los Steelers perdieron los tres! Teniendo en cuenta que, en ese período, su historial en los partidos en casa es de trece victorias y seis derrotas, está claro que no sirvo de amuleto.

Pero una gran fortuna conlleva una gran responsabilidad, de modo que para corresponder aceptaré la responsabilidad de exponer unos cuantos motivos para seguir a los Steelers. No intento convertir a nadie; tan solo proporciono un poco de munición a los indecisos.

1. Mientras los Steelers intentan ganar su sexta Super Bowl registrada, durante los cuarenta primeros años de su existencia fueron incomparablemente malos. De modo que no importa que sus preferencias se inclinen hacia los ganadores prolíficos o los perdedores simpáticos: los Steelers pueden satisfacer ambas necesidades. En la década de 1930 pagaron un montón para fichar a la estrella universitaria Byron White, *el Zumbador*, quien jugó de maravilla pero solo duró una temporada; después se dedicó a una profesión ligeramente menos impresionante como juez del Tribunal Supremo de los Estados Unidos.

2. Los Steelers han pertenecido mayoritariamente a la misma familia, los Rooney, desde la fundación del equipo en 1933. Según se cuenta, Art Rooney lo compró por 2.500 dólares con las ganancias de un buen día en el hipódromo de Saratoga —era un apostador enérgico y un truhan muy querido—, pero la anécdota es probablemente apócrifa. En la actualidad, el equipo está gestionado por la tercera generación de la familia y, para lo que suelen ser las familias, los Rooney son bastante ejemplares: honrados, solidarios, humildes y más. (Quien esté satisfecho con Barack Obama tendrá motivos extra para que le caigan bien. Dan Rooney, de setenta y seis años y presidente del equipo, es un republicano de toda la vida que el año anterior pasó a apoyar a Obama e hizo campaña por él en toda Pennsylvania. Quizá sea mucho decir que Rooney decantó las elecciones a su favor, pero hay pocas marcas en el esta-

do que tengan tanto peso como los Steelers, así que desde luego no hizo daño.) La familia se enorgullece de dirigir un equipo de fútbol americano que refleja sus valores: los Steelers tienen fama de ser un equipo «de carácter». Eso hace que sea interesante ver qué ocurre cuando un jugador muestra «mal carácter». Al principio de esta temporada, cuando la policía paró al primer receptor Santonio Holmes por posesión de marihuana (luego se supo que de adolescente había vendido drogas), el equipo lo suspendió durante una semana. No tenía ninguna obligación; a Holmes ni siquiera lo habían detenido. Pero aquello enviaba un mensaje.

Entre tanto, Vincent Jackson, un jugador de los Chargers de San Diego que jugaba en la misma posición, fue detenido bajo sospecha de conducir borracho pocos días antes de que los Chargers fueran a Pittsburgh a jugar un partido de finales. Los Chargers publicaron una nota de prensa típica del estilo «Estaremos pendientes de la situación» y Jackson jugó normalmente.

3. Myron Cope. Era un escritor de talento que se convirtió en uno de los locutores de los Steelers a pesar de tener una voz que sonaba como una mezcla de gravilla e ídish pasados por una batidora. Era implacablemente único; una de sus exhortaciones en directo: «¡Yoi!», o si sucedía algo realmente emocionante, «¡Doble yoi!». Cope, que falleció el año pasado, combinaba hábilmente su condición de hincha con el realismo, lo que lo convirtió en una institución en Pittsburgh. Pero el logro por el que será más recordado es la invención de la Toalla Terrible, un trozo de felpa del color dorado de los Steelers que acabaría viéndose agitado furiosamente bajo el sol de Tampa todos los domingos. Muchos equipos han copiado la toalla, pero en ningún lugar tiene tanto eco como en Pittsburg (en parte porque Cope donó las considerables ganancias a la Allegheny Valley

School, un hogar para personas con discapacidades intelectuales y de desarrollo, entre cuyos residentes se encuentra su hijo).

4. **La diáspora de los aficionados.** Aunque la ciudad de Pittsburgh ha experimentado sin conflictos la transición de la industria a los servicios, durante las últimas décadas ha perdido cerca de la mitad de sus habitantes. Esto ha dado lugar a una diáspora de los aficionados por todo el país y, más allá, seguidores de los Steelers que han tenido que partir de Pittsburgh en busca de trabajos mejores y que han enseñado a sus hijos a amar a su equipo aunque vivan en Arizona, en Florida o en Alaska. A consecuencia de ello hay un «bar de Steelers» —un lugar donde ver el partido de los domingos con otros aficionados— prácticamente en cualquier ciudad de buen tamaño de los Estados Unidos. Puede que los Steelers no sean «el equipo de América», como afirman ser los Cowboys, pero quizá deberían serlo.

5. **Franco Harris.** Uno de los jugadores de fútbol americano más interesantes y enigmáticos de la historia; tanto que alguien (esto es, su seguro servidor) llegó a escribir un libro sobre su extraño atractivo. Franco fue, por supuesto, la estrella del milagro futbolístico conocido como la Inmaculada Recepción (nombre, faltaría más, popularizado por Cope). Además, su compañero de equipo Mean Joe Greene fue la estrella de uno de los mejores anuncios de televisión de todos los tiempos (que se volverá a rodar este año con el extraordinariamente atractivo Troy Polamalu como protagonista).

6. A los Steelers se les da bien evaluar el talento, tanto el visible como el oculto. Consideremos sus elegidos en primera ronda de selección (los llamados *drafted*) desde 2000: Plaxico Burress, Casey Hampton, Kendall Simmons, Troy Polamalu, Ben Roethlisberger, Heath Miller, Santonio Holmes, Lawrence Timmons y Ras-

hard Medenhall. Aparte de Burress, todos excepto dos son valiosos primeros jugadores de los Steelers. Timmons está a punto de ser un primer jugador, y aún es demasiado pronto para hablar de Medenhall, el principiante al que Ray Lewis rompió el hombro a mitad de temporada. Y algo aún más impresionante: tengamos en cuenta que dos de sus mejores jugadores, Willie Parker y James Harrison, eran descartes de la primera ronda de selección (los *undrafted*). Harrison recibió hace poco el galardón de MVP (jugador más valioso) en defensa, y es el único *undrafted* que lo ha conseguido en toda la historia. (Cierto es que los rivales de los Steelers en la Super Bowl, los Cardinals de Arizona, tenían como *quarterback* a Kurt Wagner, un ocupante en potencia del Salón de la Fama que se dedicaba a empaquetar comida antes de hacer carrera como jugador profesional.)

7. Los Steelers son un equipo de un lugar discreto (Pittsburgh no supera los 350.000 habitantes) que se las arregla para jugar siempre a lo grande. Comparémoslos con el equipo de béisbol de Pittsburgh, los Pirates, que no ha ganado una temporada en quince años. Es cierto que los equipos pequeños lo tienen más fácil en el fútbol americano que en el béisbol gracias a la normativa de reparto de beneficios de la NFL, pero también es cierto que los Steelers son una organización fiscalmente prudente. Esto se puede ver especialmente en su disposición a dejar marchar a sus agentes libres más costosos (Alan Faneca, Joey Porter y Plaxico Burress son ejemplos recientes). Tampoco gastan dinero en comprar los derechos de estrellas de cierta edad que, en cualquier caso, tampoco encajarían en el equipo.

8. Hay una gran escasez, especialmente si se compara con el béisbol, de libros buenos sobre fútbol americano. Uno de los mejores, sin embargo, *About Three*

Bricks Shy of a Load, de Roy Blount Jr., trata sobre los Steelers.

9. Mike Tomlin, el entrenador principal actual, es un impresionante joven que desborda inteligencia, equilibrio, dignidad y sorpresas (en la rueda de prensa siguiente a la victoria de los Steelers sobre los Ravens de Baltimore, con la que ganaron la Super Bowl, citó a Robert Frost). Tomlin fue contratado hace dos años. Los dos entrenadores anteriores de los Steelers, Chuck Noll y Bill Cowher, duraron entre los dos treinta y siete años. En estos tiempos, a los entrenadores de la NFL los mastican y los escupen con desparpajo en dos o tres años como mucho, pero tengo la sensación de que Tomlin puede acabar disputando a Cowher y Noll el premio a la longevidad.

10. Los Steelers son uno de los pocos equipos profesionales cuyo nombre es un homenaje a lo que hace o hacía su ciudad. Pittsburgh produce acero (*steel*) como Green Bay produce carne enlatada; el cardenal es un ave encantadora, pero no hace nada por Arizona (ni hacía nada anteriormente por San Luis). Así que el logo de los Steelers no es un pájaro de dibujos animados ni, por paternalismo, un «noble» piel roja (por los Redskins); es un sello auténtico de fabricación de acero: tres hipocicloides (rojo, azul y amarillo) en un círculo negro. Además, los Steelers lo llevan solo a un lado del casco. Según la leyenda, se debe a que el equipo es tan austero que no quiere gastar dos calcomanías por casco.

Por supuesto, cualquiera es libre de hacer caso omiso de lo anterior y seguir a los Cardinals (un equipo compuesto por un puñado de entrenadores, jugadores e incluso, en cierta ocasión, un recogepelotas de los Steelers). Pero si decide animar a los Steelers, que sepa que tiene unos cuantos buenos motivos.

Todos estos ánimos han debido de servir para algo: los Steelers ganaron a los Cardinals por 27 a 23.

La creación de un sabueso de datos de primera categoría
(SJD)

La profesora de primer curso de mi hijo convocó hace poco una reunión de padres para decirnos qué aprenderían los niños este año. Debo decir que fue impresionante. Mi parte favorita era la que hablaba de convertir a los niños en empiristas de primera clase (o incluso de primera categoría).

La profesora, una maravillosa veterana de Texas llamada Barbara Lancaster, describió un proyecto en ciernes: reunir datos sobre algunos parques de juegos de Central Park o todos ellos.

En primer lugar, los niños votarían los parques de juegos que les gustan más y menos. Después recabarían datos sobre una serie de detalles: número de columpios, cantidad de espacio abierto, zonas con sombra en comparación con zonas soleadas, etc. Tras ello intentarían descubrir los factores que hacían que un buen parque fuera bueno, y un mal parque, malo. También tendrían en cuenta la seguridad en cada parque de juegos y otros factores.

Cuando yo estaba en primero no hacíamos estas cosas; francamente, sentí envidia.

Hace poco jugué con mis hijos en Central Park a un juego que andaba en esa línea. Nos sentábamos en una de nuestras rocas favoritas con vistas al Loop, una pista de nueve kilómetros que cruza el parque, y les pregunté si creían que pasaban por delante más ciclistas o más corredores. Los dos niños estaban seguros de que había más ciclistas, quizá porque estos, al ser mucho más rápidos que los corredores, impresionaban más. Así que hicimos una pequeña apuesta (yo elegí corredores; ellos, ciclistas) y empezamos a contar para ver qué pasaba antes por delante de nosotros: cien ciclistas o cien corredores. Gané, pero no por mucho: 100 a 87.

Fue en un día laborable, temprano. Pero unos días después repetimos el juego en una mañana de fin de semana. Los críos se mantuvieron firmes y eligieron a los ciclistas, y aquella vez tuvieron razón: aplastaron a los corredores. Supongo que hay mucha gente que no está dispuesta a descolgar la bicicleta entre semana, y menos ahora que los días se van haciendo más cortos, pero sí les aprovecha realizar el esfuerzo en un fin de semana.

Fue una buena lección para todos, y nos hizo estar alertas en busca de otras cosas divertidas que medir. Una lección aún mejor es que probablemente sea buena idea combinar la enseñanza —ya sea para uno mismo o para los hijos— con un juego.

Predicciones sobre el derbi anual de Kentucky
(SDL)

No estoy seguro de por qué, ya que no creo que a nadie le interese ni deba interesarle, pero todos los años me permito el capricho de hacer algunas predicciones sobre el derbi de Kentucky.

A diferencia de los dos últimos años, mi modelo informático ha realizado predicciones serias para el derbi. Los dos caballos que me gustan más desde la perspectiva de las apuestas (aquellos de los que creo que se puede esperar un valor positivo si se apuesta por ellos a caballo ganador) son *General Quarters* y *Papa Clem*. Ambos tienen posibilidades muy remotas (la probabilidad inicial previa a apuestas es de 20 a 1 en ambos), pero mi modelo predice que la proporción real será inferior.

Hay otros caballos que también tienen buen aspecto, aunque no son tan fuertes para esperar un valor positivo en una apuesta: *Friesan Fire*, *Musket Man* y *Flying Pirate*.

El favorito, *I Want Revenge*, también está bien, pero no lo suficiente para apostar por él.

Si tuviera que predecir cuál terminará en último lugar (una apuesta que jamás ofrecerán las pistas porque la gente relacionada con las carreras de caballos sabe mejor que nadie que la gente responde a los incentivos), elegiría a *Mine That Bird*.

UNOS DÍAS DESPUÉS...

Por suerte, nadie presta atención
(SDL)

Afortunadamente, nadie presta atención a mi selección anual para el derbi de Kentucky; de lo contrario habrían leído esta predicción que hice el viernes:

«Si tuviera que predecir cuál terminará en último lugar (una apuesta que jamás ofrecerán las pistas porque la gente relacionada con las carreras de caballos sabe mejor que nadie que la gente responde a los incentivos), elegiría a *Mine That Bird*.»

Y entonces leerían este titular en las páginas deportivas del *Boston Globe* del domingo:

APUESTA DE 50 A 1 CONMOCIONA A LOS FAVORITOS DEL DERBI

Mine That Bird se adelanta y gana por tres cuartos

Pero aún empeora antes de mejorar. Mencioné cinco caballos que me gustaban. ¡Uno de ellos acabó el último de dieciocho, y otro, el penúltimo!

Los otros tres acabaron en posiciones decentes: tercero, cuarto y décimo.

A la luz de estos resultados, ¿a alguien le interesarán mis elecciones para la carrera de Preakness? Creo que sí. En lo tocante a las predicciones, alguien tan desastroso como yo es tan apreciado como alguien que acierta en general: basta con tomar la elección del mal adivino y hacer lo contrario.

9

Cuándo robar un banco

Siempre nos ha atraído el delito. No necesaria- mente cometerlo; más bien explorarlo. Uno de los asuntos que más dieron que hablar de Freakono- mics fue nuestra afirmación de que la legalización del aborto había reducido la criminalidad veinte años después. Gracias a nuestro amor por el delito estuvimos a punto de con- seguir un programa de televisión, y casi mandan a Guantá- namo a uno de nosotros. También nos inspiró el título de este libro.

Cuándo robar un banco
(SJD)

Hace poco leí sobre un hombre que había atracado seis bancos en Nueva Jersey, pero siempre en jueves. «No se han dado explicaciones sobre la elección de ese día en concreto», decía la noticia. Quizá supiera algo sobre el funcionamiento de los bancos; quizá sus astrólogos le hubieran dicho que el jueves era su día de suerte; quizá simplemente le cuadrara mejor.

En cualquier caso, me recordó algo que me contaron hace poco, cuando estuve en Iowa, sobre una empleada de banca de la zona llamada Bernice Geiger. La detuvieron en 1961 por un desfalco de más de dos millones de dólares a lo largo de varios años. Casualmente, el banco pertenecía a su padre. Según los informes, Bernice era muy generosa y regalaba gran parte del dinero robado. El banco quebró a raíz de su detención. Fue a la cárcel, obtuvo la libertad provisional al cabo de cinco años y se fue a vivir con sus padres, que al parecer no eran rencorosos.

Cuentan que, en el momento de su detención, Geiger estaba agotada. ¿Por qué? Porque nunca se tomaba vacaciones. Esto resultó ser un componente clave de su delito. Se dice —esto me lo contó un policía retirado de Sioux City, aunque no he podido confirmarlo— que nunca cogía vacaciones porque llevaba dos libros de cuentas y no podía arriesgarse a que su sustituto descubriera el pufo.

Lo más interesante, según el policía, es que al salir de la cárcel Geiger encontró trabajo en una agencia de supervisión bancaria, para ayudar a evitar los desfalcos. Su mayor contribución: buscar empleados que no se tomaran vacaciones. Esta regla tan simple resultó tener un gran poder predictivo en la lucha contra el desfalco. Como los profesores que hacen trampas y los luchadores de sumo que colisionan, la gente que roba dinero de un banco puede tener pautas delatoras —sea la falta de vacaciones, sea la preferencia por los jueves— que la coloca bajo el foco.

Todo esto despertó mi curiosidad sobre las estadísticas de atracos. ¿Será que el jueves es el mejor día para atracar un banco?

Según el FBI, en los Estados Unidos se producen unos 5.000 atracos a bancos cada año. El viernes es el día más concurrido (se producen relativamente pocos robos durante el fin de semana), con 1.042 atracos anuales en viernes; lo siguen el martes (922), el jueves (885), el lunes (858) y el miércoles

(842). Pero no hay nada que apunte a que en un día haya más probabilidades de éxito que en otro.

También parece que a los atracadores no se les da muy bien obtener el máximo beneficio. En los atracos matinales se saca mucho más dinero que en los vespertinos (5.180 dólares, en comparación con 3.705), pero los ladrones de bancos son mucho más propensos a actuar por la tarde. (¿Les gustará dormir hasta las tantas? ¿Será que, si fueran capaces de madrugar para ir al trabajo, no tendrían que atracar bancos?) En total, los atracadores de bancos estadounidenses ganan una media de 4.120 dólares cuando tienen éxito, pero no lo tienen con tanta frecuencia como yo creía: ¡Los detienen el 35 % de las veces! Por tanto, el atracador de Jersey que llegó a su sexto jueves corría por delante de la manada.

El índice de éxitos de los atracadores de bancos británicos se parece mucho al de los estadounidenses, pero los primeros suelen llevarse mucho más dinero. Los economistas Barry Reilly, Neil Rickman y Robert Witt se hicieron con un montón de datos sobre atracos de la British Banker's Association y los analizaron para un trabajo académico que salió en *Significance*, una publicación de la Royal Statistical Society. Calculan que los beneficios medios por atraco, incluidos los fallidos, ascienden a 20.331 libras. También señalan que los robos con varios atracadores tienden a proporcionar botines considerablemente más jugosos. En conjunto, en un atraco medio se sacan unas 12.706 libras por atracador; es mucho más de lo que obtienen sus homólogos estadounidenses. Claro que, de nuevo, las probabilidades de detención son altas, lo que lleva a los autores a concluir que «los beneficios de un atraco promedio, francamente, son basura», y que «como ocupación rentable, la de atracador de bancos deja mucho que desear».

Así que si queremos saber cuál es el mejor momento de atracar un banco, parece que la respuesta es... nunca. A no ser, por supuesto, que se trabaje en uno. Pero incluso en ese caso se paga un precio alto: el de renunciar a las vacaciones para siempre.

¿Qué criminalidad hay realmente en China?
(SDL)

Sin duda, según las estadísticas oficiales la criminalidad en China es extremadamente baja. Se produce una quinta parte de asesinatos que en los Estados Unidos; según las estadísticas oficiales, todos los delitos son infrecuentes. Desde luego, China transmite sensación de seguridad. Recorrimos las calles de zonas ricas y pobres y en ningún momento me sentí amenazado. No existen las pintadas. Cuando al fin me pareció haber visto una, cerca de una estación ferroviaria de la ciudad de Shangrao, el mensaje escrito con aerosol en un puente resultó ser una advertencia gubernamental: quien fuera sorprendido defecando bajo el puente sería castigado severamente.

Sin embargo, se observan todo tipo de comportamientos extraños que transmiten la impresión de que ciertos delitos constituyen un verdadero problema.

En primer lugar, parece haber una obsesión con el riesgo del dinero falso. Nuestros guías sentían la necesidad de enseñarnos a identificarlo. Siempre que compraba algo en metálico, el tendero realizaba una serie de trucos para comprobar la legitimidad de los billetes.

En segundo lugar, al marcharnos de determinados hoteles había una espera de quince minutos durante los cuales un empleado inspeccionaba la habitación, supongo que en busca de relojes, toallas y artículos del minibar robados. (Puede que malinterpretara el motivo de la inspección, ya que intentaba entender por qué cargaban 15 dólares por perder una tarjeta llave que no podía haber costado al hotel más que unos pocos centavos.)

En tercer lugar, sitios en los que nadie en su sano juicio intentaría entrar (por ejemplo, los orfanatos) estaban protegidos con garitas y puertas metálicas que había que retirar para que pasaran los vehículos. No creo que estuvieran destinadas a evitar que se escaparan los huérfanos, pero es posible.

En cuarto lugar, cuando cogíamos un tren nos examinaban los billetes antes de entrar, durante el trayecto y a la salida de la estación.

Por último, lo más notable: en los servicios públicos nunca había papel higiénico, ni siquiera en restaurantes razonablemente buenos. De nuevo, puede que se me escape algo, pero me quedó la impresión de que *a*) el papel higiénico es un bien muy cotizado, y *b*) si lo dejaran en los servicios públicos, lo robarían.

No recuerden a los delincuentes que lo son
(SDL)

Los psicólogos llevan mucho tiempo debatiendo sobre el poder de la impronta, esto es, de la influencia de pistas y recordatorios sutiles sobre la conducta. Por ejemplo, existen varios estudios académicos que demuestran que si se obliga a una mujer a escribir su nombre y marcar la casilla de su sexo antes de un examen de matemáticas tendrá un resultado considerablemente inferior al que obtendría si solo escribe el nombre. La idea es que las mujeres tienen la impresión de que se les dan mal las matemáticas, y marcar la casilla del sexo les recuerda que son mujeres y, por tanto, se les deben dar mal las matemáticas. Siempre he mirado estos resultados con escepticismo (y, de hecho, no conseguí reproducirlos en un estudio que realicé con Roland Fryer y John List), porque el sexo es una parte integrante de nuestra identidad, hasta tal punto que me cuesta creer que haya que recordar a las mujeres que lo son.

En un interesante estudio nuevo llamado *Bad Boys: The Effect of Criminal Identity on Dishonesty* («Chicos malos: Efecto de la identidad delictiva en la falta de honradez»), Alain Cohn, Michel André Maréchal y Thomas Noll encontraron unos efectos de impronta fascinantes. Fueron a una cárcel de máxima seguridad y pidieron a los presos que lanzaran una moneda a solas e informaran de cuántas veces salía cara. Cuantas más caras sacaban, más dinero recibían. Aunque los autores no pueden saber si un presidiario es honrado o no, saben que de promedio sale cara la mitad de las veces, así que pueden calcular el total de mentiras. Antes del estudio preguntaron a la mitad de los reclusos por qué los habían condenado, y a la otra mitad, cuántas horas semanales dedicaban a ver la televisión. Resultado: un 66 % de caras entre aquellos a los que preguntaron por el motivo de la condena y «solo» el 60 % entre los de la televisión.

¿Cómo son de honrados los presos en comparación con la gente normal? Cuando jugaron al mismo juego con ciudadanos estándar, salió cara el 56 % de las veces.

Así pues, ¿cuánta fuerza tiene la pregunta sobre la condena? El comportamiento de los presos a los que se preguntó sobre la televisión se acerca más al de la gente de la calle que al de los presos que recibieron la impronta.

Como economista, odio la idea de que la impronta pueda funcionar. Como empirista, supongo que será mejor que me vaya acostumbrando.

¿Qué opinan de *The Wire* los verdaderos delincuentes?
(SUDHIR VENKATESH)

Sudhir Venkatesh se ha convertido en una figura familiar para los lectores de Freakonomics. *Mientras hacía el posgrado en Chicago se infiltró durante varios años en una banda de traficantes de crack; esta investigación fue la base del capítulo «¿Por qué los camellos siguen viviendo con mamá?» de nuestro libro. Siguió realizando investigaciones fascinantes en los extremos inferior y superior del espectro económico y escribió sobre ello varias veces en el blog* Freakonomics.

Desde que empecé a ver *The Wire*, de la HBO, tuve la impresión de que la serie era bastante auténtica en su retrato de la vida urbana moderna; no solo el mundo de las bandas y las drogas, sino la relación entre los gánsters y el Ayuntamiento, la policía, los sindicatos y prácticamente todo lo demás. Y mostraba mucho mejor que la mayoría de los reportajes académicos cómo se entrelazan los bajos fondos en el tejido social de una ciudad.

Hace unas semanas llamé a unas cuantas figuras respetadas de la zona metropolitana de Nueva York para invitarlas a ver la nueva temporada de la serie. No se me ocurría mejor forma de realizar un control de calidad.

Vimos el primer episodio reunidos en el piso de Harlem de Shine, de 43 años, medio dominicano medio afroamericano, que dirigió una banda durante quince años antes de pasar diez en la cárcel por tráfico de drogas. Invité a tipos mayores, como Shine, casi todos los cuales se habían retirado del negocio de la droga, porque tendrían más experiencia con policías poco ortodoxos, matones políticos y todo eso que hace tan atractiva *The Wire*. Denominaron afectuosamente a nuestra reunión *Thugs and Cuz* («Pandilleros y Primo», donde este último era yo).

Había un montón de palomitas, costillas, mala cerveza nacional y cortezas de cerdo con salsa picante. Las cortezas de cerdo, al parecer el plato favorito de los pandilleros estadounidenses, se terminaron tan pronto que enviaron a uno de los presentes de menor graduación a comprar varias bolsas más.

He aquí un resumen rápido y sucio de los momentos estelares de la velada:

1. Bunk recibe sobornos. Para mi decepción, ya que es mi personaje favorito, el consenso en la habitación es que es culpable. En palabras de Shine, «Es demasiado bueno para no sacar provecho. No tengo nada contra él, pero sin duda se mete en la cama con esos pandilleros».

Muchos conocían la habilidad detectivesca de Bunk por episodios anteriores. La escena inicial, en la que obtiene sibilinamente una confesión, refuerza la impresión de que Bunk es demasiado bueno para no esconder nada.

2. Primera predicción: McNulty y Bunk van a separarse. La observación sobre el trabajo detectivesco de Bunk condujo a un segundo consenso, a saber, que caería McNulty o Bunk (le pegarían un tiro, lo detendrían o lo matarían). Esto estaba estrechamente ligado a la opinión de que surgiría un conflicto entre McNulty y Bunk. ¿La explicación? Todos tenían la impresión de que Marlo, Proposition Joe o algún otro jerifalte de una banda tendría fuertes (todavía inexplicados) lazos con uno de estos dos inspectores. «Si no —dijo Kool-J, antiguo proveedor de drogas del norte de Nueva Jersey—, es imposible que se reúnan en un Holiday Inn.» Orlando, antiguo jefe de una banda de Brooklin, opinaba que la ambición de Bunk colisionaría con la de McNulty: «Van a cargarse a uno de los dos. O el blanquito se emborracha y le pega un tiro a alguien porque está hasta los huevos, o Bunk lo sacrifica para resolver un caso.»

3. El mayor bullicio se produjo cuando el novato Marlo reta al veterano Prop Joe en la reunión de la cooperativa. «Si Prop Joe tuviera huevos, estaría muerto en veinticuatro horas —gritó Orlando—. Pero a los blancos [los guionistas] les encanta mantener con vida a esos [personajes] insolentes. ¡No habría durado ni un minuto en East New York!» Tuvo lugar una serie de apuestas. En total circulaban unos 8.000 dólares sobre el momento de la muerte de Marlo. Me pidieron que, como parte neutral, guardara el dinero; respondí delicadamente que tenía lleno el cerdito hucha.

4. Carcetti es idiota. Numerosos observadores comenta-

ron la falta de «chispa» y experiencia del alcalde de Baltimore a la hora de trabajar con los federales. A estos, en su opinión, les encanta presentarse para obstaculizar las investigaciones de la policía local apelando a la ley RICO federal (contra el crimen organizado) con el fin de desmantelar círculos de tráfico de drogas. «Cuando los federales tiran de la RICO, los locales se sienten impotentes —explicó Tony-T, ofreciendo algo de empatía a los policías locales castrados por las actuaciones federales—. El blanquito [Carcetti], si supiera lo que se hace, azuzaría a los policías contra Marlo el tiempo necesario para construir un caso, y después negociaría con los federales para conseguir a cambio lo que quiera.» Otros intervinieron alegando que los guionistas no entendían algo tan básico o querían pintar a Carcetti de ignorante.

La velada terminó con una serie de apuestas adicionales: Tony-T aceptó las pujas contra su afirmación de que Bunk muere al final de la temporada; Shine aventuró que Marlo mataría a Prop Joe; el miembro más joven, Flavor, de veintinueve años, se jugó 2.500 dólares a que Clay Davis se saldría de rositas de los cargos y revelaría sus estrechos vínculos con Marlo.

Me sentí obligado a participar: aposté cinco dólares a que la tirada de *The Baltimore Sun* se doblaría, con lo que atraería una adquisición por parte de Warren Buffet antes del episodio 4. A nadie le interesó lo suficiente como para aceptar mi apuesta.

Venkatesh escribió nueve columnas sobre su visionado de The Wire *con sus amigos de tendencias delictivas. Todas se pueden encontrar en freakonomics.com.*

El impuesto por pertenencia a bandas
(SUDHIR VENKATESH)

Hace poco, el senado del estado de Nueva York aprobó un proyecto de ley por el que se declara ilegal reclutar para una banda callejera.

En la eterna lucha de los gerentes municipales y los legisladores contra las bandas, este es uno de los últimos esfuerzos por ganarles la partida. Otras iniciativas han sido las normativas municipales que impiden la reunión de dos o más miembros de bandas en lugares públicos, la prohibición del uso de gorras en centros de enseñanza y el desahucio de los inquilinos de viviendas públicas en las que permitan residir a pandilleros (o a cualquier otro «delincuente»).

Es raro que estas leyes provoquen una reducción de la pertenencia a bandas, o de la violencia y la criminalidad derivadas de estas. De hecho, conozco a agentes de policía que consideran estas leyes y normativas una pérdida de tiempo. Los policías prefieren «controlar y contener» la actividad de las bandas. La mayoría de los agentes que trabajan en los barrios bajos entienden que las bandas no se pueden eliminar por completo; si detienen a dos miembros de una banda, se encontrarán con una docena que hace cola para ocupar sus puestos. La policía sabe que los pandilleros están bien informados sobre los delitos locales, de modo que recurren a un toma y daca: mantener las bandas aisladas en zonas concretas, no permitir que sus actividades delictivas afecten a otros barrios y usar a miembros de alto rango como informantes.

Esta estrategia sí que impide que se amplíe la afiliación, al menos en las grandes ciudades, donde las bandas tienen objetivos económicos. Los policías que patrullan las calles se aseguran de que los cabecillas no recluten a demasiados chavales. De hecho, este tipo de actuación policial limita el alcance de las bandas. No será lo deseable socialmente, pero funciona si se mide la eficacia en términos de reducción de la pertenencia a bandas.

Llamé a unos cuantos jefes de bandas de Chicago y les pregunté sobre los principales obstáculos a la hora de reclutar miembros y retenerlos. He aquí unas cuantas respuestas:

Michael (treinta años, afroamericano) insistía en que las bandas actuales son sobre todo «pandas de drogas», es decir, negocios:

Siempre perdemos gente por el trabajo. Si un tipo de mi banda consigue un buen trabajo, se larga, así que mientras un hermano no encuentre trabajo no hay ningún problema. Casi todos tenemos familia; no somos colegiales que se pegan entre ellos y hacen estupideces. Estamos en las calles intentando ganar dinero. Toda esa gente que nos dice que estudiemos... Gano miles de dólares al año, ¿para qué necesito estudiar?

Darnell (treinta y dos años, afroamericano) dijo que la policía debería ser más creativa:

Supongamos que pillan a uno de nosotros: obligan al chico a maquillarse y ponerse un vestido, quizá durante dos semanas. Que vaya a clase disfrazado de chica. Que vaya por las calles con pinta de gay. Te garantizo que si hicieran mierdas de esas nos costaría mucho más retener a los chavales.

Jo-Jo (cuarenta y nueve años, mitad puertorriqueño, mitad negro) dice que los policías deberían...

... hacer como yo cuando era joven: soltar a un miembro de los Disciples en el territorio de los Vicelords en plena noche. Que le den una paliza. Y seguir haciéndolo. Recuerdo que eso pasaba mucho mientras crecía. ¿Sabes qué? Eso me vendría hasta bien, porque me desharía de un montón de tipos que no hacen nada salvo causar problemas. De hecho, estaría dispuesto a colaborar con la policía si me llamara. Igual podríamos ayudarnos mutuamente.

Mi buena amiga Dorothy no ha dirigido nunca una banda, pero es asistente social y se dedica a ayudar a los jóvenes del gueto a dar la vuelta a su vida, y tiene una buena perspectiva. Recordando algunos de sus esfuerzos de intervención en bandas durante la década de 1990 llegó a la siguiente sugerencia:

Gravar con impuestos a los pandilleros. Eso haría yo si fuera alcaldesa. No los metería en la cárcel; me quedaría con el 50 % de su dinero, ¿ves por dónde voy? Si hacen algo indebido en las calles, coge la mitad del dinero que lleven y métalo en un fondo comunitario. Que se lo queden las asociaciones vecinales, las iglesias. Te garantizo que un montón de hermanos se lo pensarían dos veces si les tocaran el bolsillo.

Una idea interesante, aunque me pregunto si las leyes del mercado ejercerían la disciplina necesaria para limitar la participación de los jóvenes en la economía de la droga controlada por bandas. Si, como nos recuerda Paulson, el ministro de Economía, la «disciplina del mercado» basta para regular los mercados financieros, quizá sea eficaz también en los bajos fondos.

Ah, sí, se me había olvidado lo del banco Bear Stearns. (Lo siento; no he podido resistirme.)

No quemen la comida
(SDL)

En una encuesta que se realizó en trece países africanos entre 1999 y 2004, el 50 % de las mujeres entrevistadas contestaron que consideran que está justificado pegar a la esposa si esta descuida a los hijos; alrededor del 45 % opina que está justificado si sale sin decírselo al marido o discute con él; el 36 %, si deniega las relaciones sexuales, y el 30 %, si quema la comida.

Y esto es lo que piensan las mujeres.

Vivimos en un extraño mundo.

¿Cuándo fue la última vez que alguien contestó «Sí» a una de estas preguntas?
(SDL)

Para obtener la ciudadanía estadounidense es necesario cumplimentar el formulario N-400 del Servicio de Inmigración y Naturalización.

¿Cuánto tiempo creen que ha pasado desde que alguien dio una respuesta positiva a la pregunta 12(c) de la sección 10(b)?

Entre el 23 de marzo de 1933 y el 8 de mayo de 1945, ¿tuvo alguna asociación laboral, o directa o indirecta de cualquier tipo, con alguna unidad militar, paramilitar, de autodefensa, de justicieros, de ciudadanos o policial, o con alguna agencia o institución, campo de exterminio, campo de concentración, campo de prisioneros de guerra, cárcel, campo de trabajo o campo de tránsito alemán, nazi o de las SS?

También me pregunto qué clase de persona podría responder que sí a esta pregunta:

¿Alguna vez ha sido miembro de una organización terrorista o ha tenido alguna asociación directa o indirecta de cualquier tipo?

Me sorprende que aún nos molestemos en preguntar esto:

¿Alguna vez ha sido miembro del Partido Comunista o ha tenido alguna asociación directa o indirecta de cualquier tipo?

Pero también hay preguntas más peliagudas, como esta:

¿Alguna vez ha cometido un delito o una falta por la que no haya sido detenido?

No hay muchas personas que puedan responder sinceramente que no a la última pregunta, pero supongo que, aun así, todos lo contestan.

¿Sirve de algo plantear ciertas preguntas cuando se sabe que nadie va a responder nunca que sí?

Resulta que estas preguntas tienen una finalidad: las autoridades estadounidenses pueden aducir la falsedad demostrable de una respuesta para procesar o deportar a alguien. De hecho, el otro día estuve hablando con unos agentes que comentaron que les gustaría que el N-400 contuviera más preguntas sobre las actividades terroristas.

¿Plaxico Burress, es una anomalía?
(SJD)

Hace unos años escribí para *Times Magazine* un artículo sobre el «simposio de novatos» de la NFL (liga de fútbol americano), un congreso de cuatro días durante los cuales la liga intenta prevenir a los nuevos jugadores sobre los reveses que pueden llevarse: amenazas personales, malas influencias, cazadores de fortunas, administradores sin escrúpulos, etc.

La NFL llevó incluso a un puñado de veteranos y jugadores retirados para que enseñaran unas cuantas lecciones a los jóvenes. Uno era el antiguo *wide receiver* Irving Fryar. Tal como escribí:

«De esta habitación van a salir unos cuantos idiotas —comienza—. Aquellos de vosotros que os sintáis bien, ¡basta! Aún no habéis hecho nada.» Fryar recita las cifras de su trayectoria profesional: 17 temporadas en la NFL, adicción a las drogas desde los 13 años y cuatro estancias en la cárcel. «La primera vez me pararon en Nueva Jersey —dice—. Iba de camino a pegarle un tiro a alguien, conduciendo mi BMW. Tenía armas en el maletero y me metieron en la cárcel. La segunda vez también fue por armas. La tercera fue por violencia doméstica. La cuarta, armas otra vez. No. Sí, sí, fue otra vez por armas. Las cosas se me pusieron tan feas que me llevé una Magnum del 44 a la cabeza y apreté el gatillo.» Ahora Fryar es pastor protestante. «Cuando yo era novato —dice— no teníamos nada como esto [el simposio]. Tuve que aprender por las malas. No me uséis de ejemplo de lo que podéis hacer, hermanos. Usadme como ejemplo de lo que no debéis hacer.»

Parece que Plaxico Burress no prestó atención. Lo conocí brevemente en los tiempos en que lo ficharon para los Pittsburgh Steelers, he seguido su carrera por encima desde entonces y he concluido que mi primera impresión fue bastante acertada: es un majadero redomado. Puede que su último paso en falso —dispararse él mismo en la pierna en un local nocturno— haya sido el más grave (en aplicación de la legislación de Nueva York, podría ir a la cárcel), pero su historial dentro y fuera del campo parece la lista de tareas de un idiota.

Pero ¿hasta qué punto es anómalo Burress? Según un reportaje de la ESPN, no mucho. Alguien de dentro calculó que el 20 % de los jugadores de béisbol de primera división llevan armas ocultas. Un antiguo policía que ha trabajado de guardaespaldas para jugadores de la NBA cifra el número en «cerca del 60 %». En cuanto a la NFL, dice la ESPN: «Jabar Gaffney, *wide receiver* de los New England Patriots y propietario de armas, calcula que el 90 % de los jugadores de la NFL tendrán armas de fuego.»

El problema de Burress, aparte del hecho de que se pegó un tiro, es que no tenía permiso para llevar el arma encima y, aunque vive en Nueva Jersey, el disparo se produjo en Nueva York, cuyo alcalde, Michael Bloomberg, es un ferviente detractor de las armas de fuego.

Si los datos de la ESPN son ciertos siquiera a medias, surge la pregunta: el jugador promedio de la NFL, ¿corre menos riesgo si lleva encima una pistola ilegal que si aparece en público sin ella?

Eso parecía pensar Burress.

De todas las anécdotas sobre jugadores que se han metido en líos con armas destaca también el caso de Sean Taylor, que recibió un disparo mortal en su propia casa a pesar de que estaba armado y dispuesto a defenderse.

¿Su arma? Un machete.

Olvídense de invitar a comer a los amigos; en Misuri es a los enemigos a quienes hay que invitar
(SDL)

Durante años he fantaseado con comprar una pistola. Solo la quiero porque, si un intruso entra en mi casa e intenta aterrorizar a mi familia, me gustaría que fuéramos capaces de defendernos. El bate de béisbol de debajo de la cama no parece suficiente. Da igual que sea un cobarde absoluto; al menos sería capaz de imaginar que las cosas saldrían de otra forma.

Dadas mis propias fantasías de heroísmo, apoyo de todo corazón una nueva ley aprobada en Misuri según la cual uno puede emplear la fuerza letal contra alguien que entre ilegalmente en su casa, e incluso en su coche, aunque no corra peligro inminente. En la mayoría de los lugares es necesario demostrar que se corre un peligro real de resultar herido o muerto para justificar el uso de la fuerza letal.

Desde el punto de vista teórico de la lucha contra el crimen, esta ley tiene sentido. Un ladrón no tiene ningún motivo legítimo para estar en casa de uno. Los robos domésticos son un delito con un elevado coste social (las víctimas experimentan un terrible sentido de violación cuando su casa es saqueada, aunque el ladrón no se lleve gran cosa), pero con pocas perspectivas de castigo para el delincuente, ya que la tasa de detenciones es reducida. La mayoría de las víctimas no llega a ver a los ladrones, así que son difíciles de cazar, en contraposición a los atracadores callejeros. Hace muchos años hice el cálculo por encima y, si mal no recuerdo, el riesgo de pérdida de años de vida de los ladrones a los que sus víctimas sorprenden y matan ronda el 15 % del tiempo total que pasarían en la cárcel por sus delitos. Dicho de otra forma, si usted es ladrón, la perspectiva de que lo mate el residente de la casa debería ser una preocupación seria. Si esta ley animara a más residentes a matar intrusos, es probable que hubiera menos robos.

Por otro lado, es improbable que esta ley tenga gran repercusión en la criminalidad. Puede que el tipo de gente que dispara contra los ladrones cuando los sorprende en su casa sea propensa a pegarles un tiro tanto si los protege una ley de esas características como si no. (Esta es, más o menos, mi interpretación de las pruebas sobre las leyes de armas ocultas.) Creo que, en la práctica, no se afrontan graves consecuencias jurídicas por disparar contra un intruso. Si el comportamiento de las víctimas no cambia realmente, no hay muchos motivos para que cambie el de los ladrones. Peor aún: tendremos un montón de patosos como yo que intentarán combatir a los ladrones al amparo de la nueva ley y acabarán recibiendo un tiro.

Sin embargo, esta ley despierta posibilidades interesantes.

Si alguien le cae tan mal que desea su muerte, lo único que tiene que hacer es dar con la forma de conseguir que entre en su casa e intentar que parezca probable que era un intruso. Podría decirle que van a estar jugando al póquer hasta muy tarde; que entre directamente y suba para unirse a la partida. O quizá que preparan una fiesta sorpresa para un conocido común, así que todas las luces estarán apagadas, y que debe presentarse en el dormitorio a las dos de la madrugada.

Nunca se debe subestimar la creatividad ni la artería de los humanos, ni la velocidad con que en *Ley y orden* convertirán el primer ejemplo en un episodio.

¿Ya se pueden llevar armas en Washington DC? No es para tanto
(SDL)

Hace poco, el Tribunal Supremo retiró la prohibición de ir armado en Washington DC. Una prohibición similar en Chicago puede ser la próxima en caer.

El objetivo principal de estas prohibiciones es reducir la criminalidad. ¿Funcionan realmente? Llama la atención la escasez de investigaciones académicas que respondan directamente a esta pregunta, pero existen pruebas indirectas,

Empecemos por las pruebas directas. Se han escrito unos cuantos trabajos académicos que analizan directamente la prohibición de Washington, y llegan a conclusiones opuestas.

La dificultad fundamental de las investigaciones de este tipo es que existe un cambio en la legislación, así que se puede comparar el Washington de antes con el de después. O se puede buscar un grupo de control, y compararlo antes y después con Washington antes y después (lo que los economistas denominan «análisis de diferencias en diferencias»).

Aquí el problema es que las tasas de criminalidad son volátiles y el grupo de control elegido influye en gran medida.

Cabría aducir que los grupos de control más adecuados son los de otras grandes ciudades en las que impera el crimen, como Baltimore o San Luis. Si se emplean esas ciudades como control, la prohibición de portar armas no parece que funcione.

¿Qué hay de las pruebas indirectas? En Chicago está prohibido llevar armas de fuego y el 80 % de los homicidios se comete con ellas. Lo mejor que he podido encontrar sobre la cuota de homicidios cometidos con armas de fuego en Washington es de un blog que asegura que también ahí es del 80 %. A nivel nacional, según el FBI, la cifra es del 67,9 %.

Si nos basamos en estos números resulta difícil afirmar sin despeinarse que la prohibición cumple su cometido. (Y tampoco es que Washington y Chicago tengan un índice de homicidios inusitadamente bajo.)

Me parece que estas prohibiciones a nivel municipal son tan ineficaces como otras iniciativas encaminadas a reducir los crímenes con armas de fuego. Resulta extremadamente difícil legislar sobre su posesión o regularla cuando hay un mercado negro activo y existe una cantidad de armas considerable. Puesto que nadie valora más las armas que aquellos que las usan para el tráfico de drogas, poco se puede hacer para impedir que lleguen a sus manos.

Mi opinión es que no deberíamos instaurar normativas sobre la posesión de armas, simplemente porque no funcionan. Lo que parece funcionar es castigar severamente a aquellos que usan armas ilegalmente.

Por ejemplo, si alguien comete un delito con un arma de fuego, su condena se incrementa obligatoriamente en cinco años. En los lugares donde se ha hecho existen ciertos indicios de reducción de la violencia con pistolas (aunque en parte se ha visto sustituida por los delitos cometidos con otras armas).

Las leyes de este tipo son atractivas por muchos motivos. En primer lugar, a diferencia de otras normativas sobre armas de fuego, funcionan. En segundo lugar, no afectan a los ciudadanos respetuosos de la ley que desean tener pistola.

¿Cuál es la mejor forma de reducir las muertes por arma de fuego?
(SJD)

¿Qué abunda más en los Estados Unidos? ¿Las armas de fuego o las opiniones sobre ellas?

Es difícil de saber. A lo largo de los años hemos escrito largo y tendido sobre las pistolas. Aquí presentamos una pregunta con un objetivo más reducido: ¿Qué ideas pueden resultar eficaces para reducir las muertes por arma de fuego? De momento, dejemos de lado la discusión estándar sobre el derecho de llevar armas y centrémonos en la realidad práctica: en este país se producen muchas muertes por arma de fuego; ¿cómo se podrían reducir?

Hemos planteado a unas cuantas personas que piensan sobre este problema una pregunta muy sencilla: ¿Qué propondría para reducir los homicidios por arma de fuego en los Estados Unidos? Puede que personalmente no les gusten las respuestas, pero tengo la impresión de que casi todas son más razonables que lo que se suele escuchar actualmente en el debate sobre las armas de fuego.

Jens Ludwig es el catedrático de la Fundación McCormick de administración, jurisprudencia y normativa pública de los servicios sociales de la Harris School, de la Universidad de Chicago.

Deberíamos conceder recompensas —y hablo de recompensas serias y jugosas— por las pistas que ayuden a la policía a confiscar armas ilegales.

En los Estados Unidos las armas de fuego se emplean

más en suicidios que en homicidios, pero la criminalidad con armas de fuego es responsable de la mayor parte de los 100.000 millones de dólares que, según cálculos de Phil Cook y míos, acarrea anualmente la violencia con pistolas. La mayoría de los asesinatos se comete con armas de fuego (alrededor del 75 % en 2005 en Chicago). También sabemos que los jóvenes, sobre todo los hombres, tienen una representación mucho mayor entre quienes los cometen; que la mayoría de los asesinatos tiene lugar al aire libre, y que gran parte de los homicidios tiene su origen en discusiones y otros asuntos relacionados con las bandas. El problema de los Estados Unidos con la violencia con armas de fuego deriva en gran medida de los jóvenes que pasean o conducen con armas de fuego y hacen estupideces con ellas.

Los jóvenes van armados, en parte, porque eso contribuye a su reputación en las calles. En un proyecto que realizamos Phil Cook, Anthony Braga y yo con el sociólogo Sudhir Venkatesh, que se publicó en *Economic Journal*, Venkatesh preguntó a la gente de South Side, en Chicago, por qué iba armada. Como dijo un pandillero, si no se va armado:

«¿Quién va a tenerme miedo? ¿Quién va a tomarme en serio? Nadie. Si no tengo mi pipa soy una nenaza.»

Las pistolas son algo que muchos tipos, al parecer, tienen sobre todo para llevárselo a partidos de fútbol americano o béisbol, o a fiestas, para presumir ante sus amigos o sus novias. A la vez, el precio de ir armado puede ser reducido. En un artículo anterior de *Freakonomics*, Venkatesh señala que los policías son menos propensos a pasar por alto ciertas ofensas cuando quien las comete lleva un arma. Pero seguramente las probabilidades de ser detenido llevando un arma de fuego son reducidas, ya que la tasa de detenciones es sorprendentemente baja, incluso en delitos violentos y graves y en delitos contra la propiedad.

Si se ofrecieran recompensas serias por chivatazos anónimos sobre armas ilegales aumentaría el precio de ir armado y reduciría los beneficios; igual se consiguen puntos por enseñar una pistola en una fiesta, pero ahora aumentaría tremendamente el riesgo de detención.

Estas recompensas podrían contribuir a minar la confianza entre los miembros de las bandas y resultarían particularmente útiles para mantenerlas lejos de los centros de enseñanza. Habría que dirimir un montón de asuntos logísticos, incluidas la cuantía de las recompensas (creo que 1.000 dólares o más sería una locura) y la forma en que la policía debería responder a los soplos y confiscar las armas sin dejar de respetar las libertades civiles.

Pero esta idea tiene la gran ventaja de sacarnos del rancio debate público sobre el control de las armas, y nos permite realizar progresos inmediatos en esta lacra social.

Jesús Castro Jr., Manny, *se hizo miembro activo de una banda a los doce años. Tras un breve período en prisión se unió a la Cornerstone Church de San Diego y ahora dirige el programa GAME (Gang Awareness Through Mentoring and Education, Percepción de las bandas por medio del tutelaje y la formación) en el centro Turning the Hearts de Chula Vista (California).*

Puesto que crecí en un ambiente de bandas y viví su estilo de vida, tengo conocimientos de primera mano tras haber visto morir a tanta gente por las bandas y las armas de fuego. Una buena idea que podría contribuir a reducir las muertes por arma de fuego en los Estados Unidos sería hacer responsable económicamente a la familia del homicida de todos los daños emocionales, mentales y físicos resultantes de la pérdida sufrida por la familia de la víctima.

Esto incluiría, sin limitarse a ello, abonar los ingresos que habría tenido el difunto, así como todos los gastos funerarios y las deudas sin saldar. Si cometiera el homicidio un menor de 18 años, no solo tendría que ir a la cárcel, sino que sus padres deberían sufrir una condena de al menos la mitad del tiempo. ¡Todo empieza y termina en casa!

La mejor forma de conseguirlo consiste en promulgarlo como ley e instituir organizaciones que formen a los padres sobre cómo poner fin a la violencia con armas de fuego y enseñarles claramente [a sus hijos] las consecuencias. En Turning the Hearts, mediante el programa GAME, hemos constatado que los jóvenes con los que trabajamos quieren a sus padres y se preocupan por lo que piensen.

Pido información a los padres sobre lo que pasa en casa para poder incluir y abordar estos problemas en el temario de GAME. Los chavales respetan a sus padres, y si los padres supieran que podrían cumplir condena por la conducta de sus hijos, quizá se involucrarían más en su vida.

Si la gente de las comunidades estadounidenses pudiera imitar lo que hacemos en el centro Turning the Hearts, podríamos marcar una diferencia en el mundo. Los problemas tremendos, como las muertes por arma de fuego, exigen consecuencias tremendas.

David Hemenway es catedrático de Normativa Sanitaria y director del Harvard Injury Control Research Center (Centro de investigación del control de lesiones) de la Harvard School of Public Health (Escuela de salud pública de Harvard), y autor de Private Guns, Public Health *(Armas privadas, salud pública).*

Crear la Administración Nacional de Seguridad de las Armas de Fuego.

Un hito en la historia de la seguridad en los vehículos

a motor en los Estados Unidos y en el mundo fue el establecimiento, hace cuarenta años, de lo que actualmente se conoce como Highway Traffic Safety Administration (NHTSA). La NHTSA instauró una serie de sistemas de recopilación de datos sobre accidentes de vehículos motorizados y financió el análisis de estos datos. Esto nos permitió saber qué normativas eran eficaces para reducir las lesiones de tráfico y cuáles no lo eran.

La NHTSA impuso muchos criterios de seguridad para los coches, incluidos los que condujeron a las columnas de dirección retráctiles, los cinturones de seguridad y los *airbags*. Se convirtió en adalid de la mejora de las carreteras, contribuyendo a cambiar la filosofía de diseño de autopistas de «loco al volante» a «amplio arcén». Los centros de control y prevención de enfermedades mencionaron estas mejoras en la seguridad de los vehículos motorizados como el éxito del siglo XX.

Hace falta una institución estatal parecida que ayude a reducir los problemas de salud pública relacionados con las armas de fuego. Las muertes por arma de fuego son actualmente la segunda causa de lesiones mortales en los Estados Unidos; en 2005, más de 270 civiles diarios recibieron un disparo, y 84 de ellos murieron. En respuesta, el Congreso debería crear una institución nacional (como hizo con los vehículos motorizados) con la misión de reducir los daños ocasionados por las armas de fuego.

Esta institución debería recabar y mantener datos completos y detallados a escala nacional sobre lesiones y muertes provocadas por armas de fuego, y financiar las investigaciones. (Actualmente, el sistema nacional de información sobre muertes violentas financia los sistemas de datos de solo diecisiete estados y no destina fondos a la investigación.)

La nueva agencia debería requerir las características de seguridad y lucha contra el crimen de todas las armas de fuego fabricadas y comercializadas en los Estados Unidos. Debería vetar los productos de uso civil que no están destinados a la caza ni a la protección y que solo pongan en peligro al público. Debería tener potestad para garantizar que se verificaran los antecedentes en todas las transferencias de armas de fuego, con el fin de evitar que se vendiesen a delincuentes y terroristas.

La agencia necesitaría los recursos y el poder (incluido el establecimiento de criterios, la retirada y la capacidad de investigación) necesarios para tomar decisiones fundadas en relación con las armas de fuego. Existe una agencia normativa con poder para determinar los criterios de rendimiento relacionados con el impacto lateral en automóviles, o para decidir si se prohíben los todoterrenos de tres ruedas y se permiten los de cuatro, más seguros.

De igual manera, cada norma específica relacionada con la fabricación y la venta de armas de fuego debería pasar por un proceso más científico y administrativo que político y legislativo. Ya va siendo hora de separar la política de la seguridad de las armas de fuego.

Casi me mandan a Guantánamo
(SDL)

Ayer llegué al aeropuerto de West Palm Beach, con intención de volver a Chicago, solo para encontrarme con que mi hora de vuelo figuraba en el panel de salidas simplemente como «Retraso». Ni siquiera fingían que fuera a despegar en un futuro previsible.

Con cierto trabajo detectivesco encontré otro vuelo que podría llevarme a casa con una aerolínea distinta. Me compré un billete de ida y me dirigí al control del aeropuerto.

Por supuesto, la adquisición de un billete de ida en el último momento desata las alarmas de la TSA (Administración de Seguridad en el Transporte), así que me sacaron de la cola y me registraron, primero todo el cuerpo y después las maletas.

No se me ocurrió que mi última investigación fuera a acarrearme problemas. Últimamente he estado pensando mucho en el terrorismo, y entre las cosas que llevaba en el equipaje de mano había una descripción detallada de las actividades terroristas del 11-S, llena de fotos de los terroristas e información sobre sus antecedentes, así como páginas garabateadas con los incentivos del terrorismo, los posibles objetivos, etc. También fue lo primero que sacaron de la maleta. Mi buen humor se tornó sombrío. De pronto, cuatro empleados de la TSA me rodearon. No parecían muy impresionados con mi explicación. Cuando llegó el jefe, uno de ellos soltó: «Dice que es catedrático de economía y estudia el terrorismo.»

Sacaron hasta el último objeto de mis dos maletas. Llevaba mucho tiempo sin limpiar la de los libros, que tiene doce compartimentos independientes, todos ellos llenos de basura.

—¿Qué es esto? —pregunta el inspector.

—Un brillo de labios y un llavero de *Monstruos, S.A.* —respondo.

Y así seguimos durante treinta minutos. Aparte del brillo de labios, les interesaban especialmente mi pasaporte (por fortuna era el mío de verdad), mi presentación en PowerPoint, las pastillas perdidas que flotaban por los recovecos de la bolsa (cubierta de pelusa y manchas de lápiz de años de purgatorio) y un libro traqueteado (*When Bad Things Happen to Good People*, «Cuando a las buenas personas les pasan cosas malas»).

Cuando por fin se convenció de que jugaba en su equipo me permitió subirme al avión con destino a Chicago. Gracias a Dios, había dejado en casa el manual del terrorista sobre el que hablé recientemente en el blog; de lo contrario me habrían mandado directo a Cuba.

Extraño pero cierto: la NBC compra una serie policiaca con sabor a *Freakonomics*

(SJD)

Hace unos meses nos pidieron a Levitt y a mí que estructurásemos una serie policial basada en los conceptos de *Freakonomics*. En líneas generales: una fuerza policial en crisis de una gran ciudad contrata a un académico poco convencional para que ayude a mantener a raya la criminalidad.

Nos pareció una idea completamente descabellada pero también extrañamente atractiva. El concepto lo había ideado Brian Taylor, un joven ejecutivo de Grammnet, la productora de Kelsey Grammer, en asociación con Lionsgate y con la colaboración del afamado guionista Kevin Fox. La serie se llamaría *Pariah*.

Hace un par de semanas, Levitt y yo fuimos a Los Ángeles para ayudarlos a presentar la serie a las cadenas de televisión. Como no tenemos ni idea del tema, intentamos no hablar demasiado y dejar que se encargaran Kevin, Brian y Kelsey. ¡Y lo consiguieron! Aquí está la noticia de deadline.com:

> La NBC ha adquirido *Pariah* [...]. Esta serie policiaca presenta personajes inspirados en la teoría económica «freakonomics», popularizada por los escritores y economistas Steven Levitt y Stephen Dubner. En *Pariah*, el alcalde de San Diego contrata a un académico poco convencional sin experiencia en la aplicación de la ley para dirigir una fuerza policial empleando métodos alternativos inspirados en *Freakonomics*.

Nadie sabe hasta dónde llegará, pero de momento ha sido divertido. Resultó especialmente interesante hablar con Grammer de la labor de los actores (actualmente protagoniza *Boss*, un drama de alto presupuesto en el que interpreta a un alcalde de Chicago que recuerda a Daley). Durante la charla le pregunté por qué hay algunas personas cuyo rostro resulta tan llamativo en pantalla mientras que otras, que pueden ser más agraciadas o atractivas de algún modo, pasan más desapercibidas.

Contestó de inmediato: «El tamaño de la cabeza. Casi todos los actores de éxito son verdaderamente cabezones.»

Fisiológicamente, quería decir. Al menos es lo que creo.

Actualización: Este proyecto se fue a la papelera con una rapidez inusitada incluso en Hollywood. Tras unas pocas conferencias telefónicas, la NBC informó a los productores de que había cambiado de dirección, o de que había cambiado de idea, o de que estaba cambiando el aceite, o algo así. Seguimos esperando nuestro momento de gloria.

10

Más sexo, por favor, somos economistas

 *Claro que hemos hablado de sexo en el blog, pero curiosamente, solo del ajeno: ninguna de las más de ocho mil entradas menciona nuestras propias experiencias sexuales. Dicho esto, sí que teníamos unas cuantas cosas que decir de la prostitución, las ETS y las citas en línea.*

Notición: Los aficionados al fútbol no están tan salidos como se creía
(SJD)

Hace unos años se legalizó la prostitución en Alemania. No era difícil deducir que con esto se pretendía hacer el país más hospitalario para los fans de la Copa del Mundo. Los burdeles de todo el país contrataron personal y se prepararon para la avalancha... que, al parecer, no se ha producido. Es posible que haya suficientes aficionados que consideren que los árbitros ya los han jodido bastante como para molestarse en salir por la noche y pagar por ello.

Una proposición indecente: ¿es el momento de un impuesto sexual?

(SJD)

Considerando que:

- se ha observado que, en general, los demócratas están a favor de los impuestos y los republicanos suelen oponerse a la actividad sexual innecesaria, y considerando que:
- el precio no deseado de la actividad sexual es inaceptablemente elevado, sobre todo en el ámbito político (véase a Clinton, Foley, Craig y Edwards, por mencionar una mínima parte de los ejemplos disponibles), y considerando que:
- el Gobierno federal, como siempre, necesita más dinero,

por la presente se propone la instauración de un nuevo «impuesto sexual» para los ciudadanos estadounidenses.

Hay que especificar que la finalidad de dicho impuesto no es coartar la actividad sexual por sí misma, sino obtener una parte de los gastos que imponen determinadas actividades sexuales superfluas que, sobre todo cuando salen a la luz, tienden a desviar preciosos recursos de actividades más dignas; con este fin:

- los matrimonios recibirán una desgravación considerable por la actividad sexual legítima realizada en casa y, por el contrario:
- las tasas más altas se aplicarán al sexo prematrimonial, extramarital y raro o indeseable por cualquier otro motivo, y:
- la actividad sexual entre miembros del mismo sexo, con más de dos participantes o realizada en un avión, una

playa u otro entorno «no tradicional» deberá sin duda estar sometida a una tasa mayor, aunque aún por determinar.

También queda por determinar una escala de actividades no coitales. Se otorgará al IRS (Servicio de Impuestos Internos) autoridad plena y completa para la recaudación de dicho impuesto. Otrosí:

- el pago de dicho impuesto, aunque voluntario, no es más voluntario que el gravamen o la desgravación de otras actividades relacionadas con los impuestos, tales como: contribuciones a ONG, deducciones comerciales y remuneraciones recibidas por bienes y servicios, y por tanto se espera que estimule un porcentaje aceptable de cumplimiento; adicionalmente:
- los contribuyentes crearán un historial burocrático sexual que más adelante puede resultar ventajoso en innumerables situaciones, incluidas, sin limitarse a ello: búsqueda de empleo, cortejo y participación en el proceso político, y:
- las típicas inspecciones de Hacienda resultarían considerablemente más interesantes para el auditor, y el trabajo interesante es un incentivo muy necesario para atraer trabajadores cualificados al IRS y retenerlos.

Hay que reconocer que puede resultar políticamente difícil dar con un nombre aceptable para dicho impuesto, del mismo modo que *impuesto de sucesión* e *impuesto de fallecimiento* son, de hecho, dos formas de denominar el mismo impuesto empleadas por partidos contrarios. Algunas opciones que se pueden considerar: impuesto de creación de familia; impuesto de relaciones extracurriculares y sexo de menor grado; impuesto de fornicio.
Además:

- esta no es la primera vez que se sugiere este impuesto en los Estados Unidos: en 1971, un legislador demócrata de Providence (Rhode Island) llamado Bernard Gladstone propuso la adopción de esta medida en su estado; la llamó «el único impuesto en el que probablemente se pagaría más de lo debido», pero, por desgracia, se rechazó de inmediato por ser de «mal gusto», algo con lo que estamos en absoluto desacuerdo, y considerando que:
- existe un precedente histórico (aunque ficticio) de un impuesto de estas características en la obra de Jonathan Swift: en *Los viajes de Gulliver* escribió sobre un lugar llamado Laputa (traducido en ocasiones por Lupata, Lapuda, etc.) donde: «El impuesto más alto recaería sobre los hombres que se ven particularmente favorecidos por el sexo opuesto, y la tasa estaría en relación con el número y la naturaleza de los favores que hubiesen recibido, lo que los interesados mismos serían llamados a atestiguar.» Y por último:
- no queda claro por qué Swift y Gladstone propusieron que el impuesto se aplicara únicamente a los hombres, pero a la luz de lo que ha aparecido en las noticias recientemente y no tan recientemente, probablemente acertaban de pleno.

Más sexo, por favor, somos economistas
(SJD)

Steven Landsburg no tiene fama de opinador moderado. Landsburg, catedrático de Economía en la Universidad de Rochester y escritor prolífico, plantea frecuentemente teorías provocativas, tales como que las mujeres no soportan la presión o que la tacañería es una forma de generosidad. Es autor de los libros *The Armchair Economist* («El economista de sofá») y *Fair Play* («Juego limpio»), que en cierto modo son precedentes directos de *Freakonomics*. El último se llama *Cuanto más sexo, más seguro: Una mirada irreverente de la economía*. Le preguntamos por la idea general:

P: Muchas de las tramas de su libro parten de la idea de que se debería modificar el bienestar personal por el bien común; por ejemplo, los hombres sin ETS deberían ser más activos sexualmente para proporcionar parejas sin enfermedades a las mujeres sanas. ¿Es posible poner en práctica estas ideas en nuestra sociedad?

R: Desde luego. Las ponemos en práctica continuamente. Consideramos que los dueños de las fábricas contaminantes deben renunciar a parte de su bienestar personal (esto es, los beneficios) por el bien común, y los convencemos mediante permisos de emisiones negociables (cuando somos listos) o normativas torpes (cuando somos tontos). Consideramos que los ladrones profesionales deben renunciar a determinados aspectos de su bienestar personal (esto es, el latrocinio) por el bien común, y los convencemos mediante la perspectiva de condenas de cárcel.

Nuestro bienestar personal suele entrar en conflicto con el bien común. Cuando ocurre algo emocionante en un estadio todo el mundo se levanta para ver mejor, por lo que nadie lo consigue. En las fiestas todo el mundo habla a gritos para hacerse oír por encima de los demás, por lo que todos se van a casa con dolor de garganta. La única excepción considerable es la interacción entre compradores y vendedores en un mercado competitivo, donde —por motivos bastante sutiles— el sistema tarifario aúna a la perfección los intereses privados y los públicos. Se trata de una excepción milagrosa, pero una excepción al cabo. En casi todos los demás ámbitos hay espacio para mejorar los incentivos.

Un asunto que se trata en *Cuanto más sexo, más seguro* es que algunas de esas divergencias entre los intereses privados y los públicos son sorprendentes y antiintuitivas. El sexo esporádico es uno de estos ejemplos. Un promiscuo impenitente, con altas probabilidades de infección por VIH, contamina el entorno sexual siempre que se lanza a él, por lo que, como a cualquier otro contaminador, debemos disuadirlo. El aspecto positivo es que una persona muy cuidadosa con probabilidades de infección reducida —y con poca propensión a transmitir cualquier infección que pueda tener— mejora la calidad del entorno sexual siempre que se lanza a él. Esto es lo contrario de la contaminación y se debe fomentar exactamente por los mismos motivos por los que se debe obstaculizar la contaminación.

Soy prostituta de lujo; pregúntame lo que quieras

En *SuperFreakonomics* hablamos de una prostituta de lujo cuya capacidad comercial y comprensión de la economía la convertía en un éxito financiero. La llamamos Allie, que no es su nombre real ni profesional. Después de que saliera el libro, Allie suscitó tanto interés que accedió a responder en el blog a las preguntas de los lectores. Las parafraseamos a continuación, así como las respuestas de Allie.

P: ¿Puede decirnos cómo se hizo prostituta y qué piensa —o sabe— su familia de su ocupación?

R: Mis padres no saben nada de mi trabajo, ni de ningún otro aspecto de mi vida sexual. Era programadora cuando decidí dejarlo para dedicarme a la prostitución. Era soltera y conocía gente a través de una popular web de citas. Encontrar a alguien «especial» resultó muy difícil, pero sí que conocí a muchos hombres agradables. Me había criado en una localidad pequeña, muy represiva, y en aquella época intentaba entender mi propia sexualidad. Nunca había ligado la autoestima a una idea de virginidad o monogamia, pero aun así no había explorado realmente muchos de mis deseos. Establecía contacto con gente con estilos de vida alternativos, y a medida que la conocía se empezaban a desmoronar mis estereotipos. Rondaba la mitad de la veintena y llevaba una vida sexual activa. Un día decidí poner la ocupación «Prostituta» en mi perfil, en un sitio de mensajes instantáneos en línea. En cuestión de segundos tenía muchas respuestas, y tras pasar aproximadamente una semana charlando con unos cuantos usuarios decidí quedar con un dentista en un hotel. La experiencia no fue tan glamurosa ni sexi como yo esperaba; sin embargo, salí pensando: «No ha estado mal.» Empecé a pensar que con una sola cita mensual podía pagar el *leasing* del coche y aún me sobraría. Al final decidí trabajar exclusivamente de prostituta. En aquel momento, el motivo por el que abandoné la programación fue el tiempo libre. Cuidaba de un familiar con una enfermedad grave, y el tiempo libre y el dinero eran una enorme ventaja.

P: ¿Lo que hace le supone algún problema moral?

R: No tengo nada en contra de cobrar por el sexo, siempre que sea seguro, consensuado y entre adultos. Sin embargo, siempre me ha preocupado la posible influencia de los problemas sociales y jurídicos en mi futuro y el de mis seres queridos.

P: ¿Qué tipo de clientes tiene?

R: Mis clientes suelen ser hombres blancos, casados y profesionales, entre cuarenta y cincuenta años de edad, con ingresos superiores a los 100.000 dólares anuales. Tienden a ser médicos, abogados y hombres de negocios que intentan evadirse durante unas horas en pleno día.

P: ¿Cuántos de sus clientes están casados?

R: Casi todos mis clientes están casados. Diría que fácilmente el 90 %. No intento justificar este negocio, pero son hombres que buscan compañía. No suelen ser hombres que no puedan tener una aventura [si quisieran tenerla], sino hombres que quieren encuentros sin ataduras. Son hombres que quieren mantener intacta su vida doméstica.

P: ¿Qué saben o qué piensan las mujeres de sus clientes de que estos recurran a usted?

R: Raras veces tengo oportunidad de averiguar si a sus mujeres les parece bien, pero he visto a varias parejas, así que supongo que les parece bien.

P: ¿Conoce el nombre real de sus clientes?

R: Sí. Siempre. Insisto en que me faciliten su nombre completo y su lugar de trabajo, para ponerme en contacto con ellos antes de la cita. También examino su identificación cuando nos reunimos, y recurro a empresas que ayudan a las prostitutas a verificar a sus clientes. Estas empresas verifican al cliente y lo incluyen en una base de datos, de forma que cuando quiere quedar con una chica por primera vez no tiene que volver a pasar por todo el proceso. Pagando por ello puedo llamar en cualquier momento y me dicen si el cliente tiene historial de dar problemas a las chicas, dónde trabaja y cuál es su nombre completo.

P: ¿Qué gastos debe pagar de su bolsillo?

R: De 300 a 500 dólares mensuales por los anuncios básicos en línea;
100 dólares anuales por la página web;
100 dólares mensuales de teléfono;
1.500 dólares anuales en fotografías.
Si fuera itinerante habría gastos extras, como los viajes, los hoteles y más publicidad.

P: ¿Se arrepiente de haber elegido esta profesión?

R: La prostitución me ha facilitado muchas oportunidades que no estoy segura de haber tenido si me dedicara a otra cosa. Dicho esto, mi decisión de hacerme prostituta tiene asociado un gasto más allá de los anuncios, las fotos y los sitios web. Creo que es prácticamente imposible mantener una relación sana mientras se trabaja, así que puede ser una vida solitaria. Además, ocultar mi trabajo a amigos y familiares ha demostrado resultar difícil por muchos motivos.

P: ¿Cómo cree que cambiaría la prostitución si se legalizara? ¿Le gustaría que sus hijos se dedicaran a esto?

R: Si desaparecieran las ramificaciones sociales y jurídicas, creo que el trabajo de prostituta se parecería al de psicólogo (nunca he sido psicóloga, así que mi conocimiento, obviamente, es limitado). Como la mayoría de las prostitutas, los psicólogos venden su habilidad por horas. Un psicólogo tiene que quedar con sus nuevos pacientes sin saber quién va a entrar por la puerta. Muchos tienen sus propias consultas y trabajan solos. Además, las sesiones suelen ser privadas y requieren discreción. Supongo que es habitual que los psicólogos tengan pacientes que les caen bien o mal. Es probable que los ingresos de un psicólogo, como en casi cualquier otra ocupación, aumenten si el paciente tiene la impresión de que le cae bien. No pretendo afirmar que tengo las habilidades de un psicólogo con formación, ni restar importancia de ningún modo a su trabajo; solo observo ciertas similitudes obvias. Si tuviera hijos me gustaría que se sintieran seguros, que tuvieran oportunidad de hacer cualquier cosa que desearan y que fueran dueños de su propia sexualidad. Pero este trabajo tiene sus inconvenientes y puede ser muy duro. Sé que ha hecho más difíciles muchos aspectos de mi vida y mis relaciones, así que, como todos los padres, siempre querría que a mis hijos les fuera mejor que a mí.

P: Entonces, ¿está a favor de la legalización?

R: Creo que la prostitución debería ser legal. Si una pareja queda para cenar y tomar una botella de vino y acaba teniendo relaciones sexuales, es una cita; si queda para cenar y tomar una botella de vino, acaba teniendo relaciones sexuales y alguien deja un sobre con dinero en la cómoda, es ilegal. Soy consciente de que hay mujeres que se dedican a la prostitución porque se sienten obligadas. Esas mujeres no trabajan en el mismo sector industrial que yo. Muchas tienen problemas de drogas o maltrato, entre otros. Creo que en vez de gastar tiempo y recursos limitados en detener y criminalizar a estas mujeres deberíamos destinar esos recursos a procurar que tengan otras oportunidades y un lugar al que acudir en busca de ayuda. Las mujeres que no quieran ser prostitutas no deberían tener que serlo, y deberían tener acceso a toda la ayuda que necesiten. Las mujeres que quieran ser prostitutas deberían poder serlo. No creo que nadie, para vivir, tenga que aceptar un trabajo incompatible con su propia escala de valores morales.

P: ¿Cómo afectaría la legalización a su modelo de negocio?

R: Estoy segura de que tendría que bajar la tarifa. Estoy segura de que mucha más gente elegiría la prostitución como salida profesional, y estoy segura de que participarían más hombres. Dicho esto, la legalización no elimina todas las barreras. El trabajo seguiría conllevando un gran estigma social, tanto para las prostitutas como para los clientes. En países como Canadá, donde las leyes sobre prostitución son extremadamente permisivas, las tarifas son inferiores, pero no hay gran diferencia. Así que seguiría habiendo hombres con miedo de que sus mujeres se enterasen, y yo seguiría sin querer hablar de mi ocupación a mi familia.

P: Dubner y Levitt escribieron que cuenta con cierta formación económica. ¿Esto ha influido en su forma de abordar su ocupación?

R: Desde luego; he aquí varios ejemplos:
coste de oportunidad = cena con amigos;
información perfecta = revisar sitios web;
coste de transacción = establecer una cita;
juego repetido = reputación;
diferenciación del producto = no soy rubia.
En serio, me habría gustado saber entonces lo que sé ahora.

Radio Freakonomics obtiene resultados
(SJD)

Tener un *podcast* popular está muy bien, pero tener un *podcast* que realmente cambia el mundo es muy distinto. ¿Adivinan cuál de nuestras emisiones recientes cambió el mundo? ¿Quizás aquella sobre cómo los conductores tienen derecho legal a matar peatones? ¿La llamada «Luchar contra la pobreza con datos reales»? ¿O tal vez la de cómo los aguacates que compramos en los Estados Unidos contribuyen a la financiación de los cárteles delictivos mexicanos?

No.

He aquí un mensaje de correo electrónico de una oyente de Cincinnati llamada Mandi Grzelak:

Anécdota verídica: mientras escuchaba su *podcast* del 6 de febrero, titulado «Lo que no saben de las citas en línea», pensé para mis adentros: «¡Debería probar las citas en línea!» A fin de cuentas, si hay empleados de la NPR en sitios como OKCupid, igual tenía una oportunidad con uno. ¿No sería verdaderamente increíble?

En resumidas cuentas, me inscribí esa tarde, empecé con unos cuantos mensajes de correo electrónico y concerté mi primera cita (a través del sitio, no en general) el 10 de febrero. Tim y yo somos inseparables desde entonces, nos aportamos una gran felicidad mutua y anoche me pidió en matrimonio. Naturalmente, dije que sí. Tenemos intención de fugarnos a Nueva York el próximo agosto, para evitar la parafernalia de una boda por todo lo alto. Pero ustedes y sus familiares están invitados.

¡¡¡Todo esto ha ocurrido gracias a ustedes!!!

Ya podemos morir felices. Quizá nunca influyamos en asuntos sociales o políticos relevantes, pero mientras Mandi y Tim sigan juntos, sentiremos cierta satisfacción.

11

Caleidoscopio

*Los diez capítulos anteriores se han organiza-
do por temas, lo que hace que este libro de
entradas de blog sea diferente del blog en sí;
este último no tiene ninguna organización. Uno de nosotros
decide escribir algo un día cualquiera y entonces, ¡clic!, se publica. Una entrada no tiene relación con las anteriores o las
posteriores. Esto tiende a dar a la lectura del blog un matiz
caleidoscópico, cosa que hemos intentado capturar en este capítulo, que no presenta ningún tema determinado. Un punto
de vista menos amable (¿o más certero?) podría ser que al llegar al final del libro nos hemos encontrado con un puñado de
entradas sin relación alguna —una pila de «Varios»— y hemos decidido meterlas con calzador en un capítulo que podría
haberse titulado más honrosamente «Varios». Eso también sería verdad.*

Algo en que pensar mientras se hace cola
en el KFC
(SDL)

Desde pequeño adoro el pollo del Kentucky Fried Chicken. Mis padres eran tacaños, así que, mientras crecía, consideraban todo un derroche ir al KFC. Un par de veces al año, mis ruegos, quizá combinados con un oportuno anuncio televisivo, acababan convenciéndolos para ir al KFC en familia.

Y durante todo el tiempo que he ido a comer al KFC, el servicio ha sido siempre horrible.

Ayer fue un buen ejemplo. Fui con mi hija Amanda. Desde que entramos en el local hasta que salimos con la comida pasaron veintiséis minutos. Dentro del restaurante, la cola era tan lenta que al final nos rendimos, salimos y pedimos desde el coche. Al final conseguimos la comida, pero nada de servilletas, pajitas ni cubiertos de plástico. Y aun así nos fue mejor que la vez que fui a un KFC y me dijeron que no les quedaba pollo.

Lo irónico del mal servicio del KFC es que a nivel corporativo parecen intentar con todas sus fuerzas ofrecer un buen servicio. En la tarjeta de identificación del tipo que nos atendió ayer ponía que era un «maniaco de los clientes», o algo por el estilo, como parte de la «clientemanía» de KFC. Si no recuerdo mal, hace unos años estaban centrados en la mejora total de la calidad. En otra ocasión creo que habían colgado carteles con una lista de diez mantras sobre el servicio orientado al cliente a los que todos los trabajadores debían aspirar.

Entonces, ¿por qué el servicio sigue siendo tan malo en el KFC? Tengo dos hipótesis mutuamente coherentes.

1. KFC no tiene bastantes empleados. La próxima vez que visiten un McDonald's, cuenten los trabajadores. Siempre me sorprende la cantidad de personal de servicio en cualquier momento. No es raro ver a quince o

veinte personas trabajando a la vez en un McDonald's en una hora concurrida. En un KFC siempre parece haber mucho menos personal. Creo que ayer, cuando fuimos, solo había cuatro o cinco empleados.

2. La clientela del KFC es más pobre que la de otros negocios de comida rápida, y los pobres están menos dispuestos a pagar por un buen servicio. No me cabe duda de que el servicio es malísimo en general en los lugares frecuentados por los pobres. No sé si es porque no les importa tanto. Sé que prácticamente nunca encontré un mal servicio en todo el año que pasé en Stanford, lo que siempre he atribuido al hecho de que en la zona hay mucha gente adinerada.

Recapitulación sobre *The Daily Show*
(SDL)

Bien, sobreviví a mi aparición en *The Daily Show*. Algunos comentarios aleatorios sobre la experiencia:

Primero: Jon Stewart parece un tipo fantástico, desde luego. Inteligente, amistoso, realista y simpático todo el tiempo, ante la cámara y entre bambalinas. Quizá debería presentarse a presidente; yo votaría por él. Su único problema es que no es muy alto, y a los estadounidenses les gusta que sus presidentes lo sean.

Segundo: cuando uno está sentado en el estudio le resulta imposible, por mucho que lo intente, imaginar que dos millones de personas están viendo lo que hace (en mi caso, 2.000.002, porque mis padres no suelen ver el programa pero anoche hicieron una excepción). Eso es bueno para alguien como yo, que soy inherentemente antisocial y me dan miedo las multitudes. Desde luego, me habría puesto mucho más nervioso si me hubieran entrevistado ante un público en vivo de dos millones de personas reunidas en el Mall de Washington.

Tercero: la televisión, excepto quizás en *Charlie Rose*, es un medio horrible para intentar hablar de libros. Fue una entrevista larga —más de seis minutos—, pero Stewart hacía preguntas difíciles a las que no podía dar una respuesta auténtica (esencialmente, quería que explicase qué es el análisis regresivo, pero en quince segundos). Un elemento clave de *Freakonomics* es que intentamos mostrar al lector cómo obtenemos las respuestas en vez de limitarnos a afirmar que tenemos razón. En televisión no hay tiempo para eso.

Cuarto: es realmente agradable estar ante un público ansioso por reír y mostrarse receptivo a cualquier cosa que se diga. (Por ejemplo, no sé por qué exactamente, pero rompió en carcajadas cuando mencioné el *crack*.) Ya me gustaría que, en la universidad, los alumnos de mi clase de las nueve de la mañana fuesen tan receptivos. Por supuesto, si mis clases fuesen la décima parte de entretenidas que *The Daily Show*, supongo que los estudiantes responderían estupendamente.

Cultura dental
(SJD)

Me cae muy bien mi dentista, el doctor Reiss. Es un hombre bien entrado en los sesenta; quizá pase de los setenta. Huelga decir que sabe desenvolverse con una boca, pero ese no es el único motivo por el que me gusta. Hace poco me contó cómo había resuelto un problema concreto. Como ya es bastante mayor, muchos pacientes le preguntan si se jubilará pronto. La pregunta no le hace gracia; es un tipo que juega al tenis dos veces a la semana, lee un millón de libros y está muy al tanto de la situación política y cultural de Nueva York. Así que en vez de esquivar una por una las molestas preguntas sobre su jubilación, dio con una forma relativamente barata de mostrar sus intenciones a cualquiera a quien le importen: renovar el instrumental y los muebles de su consulta. De repente, las preguntas cesaron.

Por mucho que tema el sillón del dentista, siempre acabo aprendiendo algo. Ayer no fue una excepción. Le estaba preguntando al doctor Reiss por las causas de la caries —genética, dieta, etc., etc.— cuando empezó a explicarme por qué la pasta de dientes es un producto falaz. Me dijo que cualquier afirmación de que la pasta de dientes sirve para frenar la caries, blanquear los dientes, etc., es totalmente engañosa, ya que la FDA no puede ni quiere permitir el uso de los ingredientes necesarios para realizar esas funciones en un producto que se vende sin receta y al que pueden acceder los niños. (Por eso mi dentista recomienda algún antibacteriano como el Gly-óxido, que sabe a rayos pero aparentemente es eficaz para matar las bacterias que provocan la caries.)

Lo segundo que aprendí ayer fue bastante más interesante y de repercusiones más profundas. Me dijo que la aparición de caries en general, incluso entre pacientes pudientes, aumenta cada vez más, sobre todo a partir de la edad madura. ¿El motivo? El aumento del uso de medicamentos para las enfermedades coronarias, el colesterol alto, la depresión, etc. Muchos de esos medicamentos, me explicó el doctor Reiss, causan sequedad bucal, pues reducen el flujo de saliva; como la saliva es antibacteriana, su ausencia conlleva un aumento de las bacterias y, por ende, de la caries. Ante la alternativa entre tomar esos medicamentos y tener alguna caries que otra, estoy seguro de que la mayoría optará por las medicinas. Pero no creo que mucha gente haya pensado que hay una relación entre ambas cosas.

Por desgracia, hoy también tendré que ir a la consulta del doctor Reiss. Al menos es casi seguro que aprenderé algo nuevo.

¿A qué vienen tantas gilipolleces?
(SDL)

El año pasado, el libro *On Bullshit* (Sobre las gilipolleces), del catedrático de filosofía Harry Frankfurt, fue un superventas sorpresa e incluso llegó a colocarse en primera posición en la lista de superventas de *The New York Times* durante una semana. Fue un éxito comercial asombroso para mis amigos de Princeton University Press.

Aparentemente, el éxito que ha tenido este libro inspiró a algunos autores:

El jugador de golf John Daly saca esta semana una autobiografía titulada *My Life in and out of the Rough: The Truth About all the Bullshit You Think You Know About Me* (Mi vida dentro y fuera del *rough*: La verdad sobre todas las gilipolleces que creen saber sobre mí), publicado por Harper-Collins, la misma editorial que publicó *Freakonomics*. Cuando Linda Jines, mi hermana, propuso el título *Freakonomics*, se aterrorizaron. Supongo que ya se han relajado un poco.

Y luego está *100 Bullshit Jobs... and How to Get Them* (Cien trabajos gilipollescos y cómo conseguirlos), de Stanley Bing. También ha salido esta semana. ¿Adivinan cuál es la editorial? ¡HarperCollins!

Y luego está *The Dictionary of Bullshit* (Diccionario de gilipolleces), publicado hace dos semanas. Al menos este no es de HarperCollins. Pero hay que tener cuidado de no confundirlo con *The Dictionary of Corporate Bullshit* (Diccionario de gilipolleces empresariales), publicado en febrero.

Y luego están *Bullshit Artist: The 9/11 Leadership Myth* (Artista de las gilipolleces: El mito del líder del 9/11), que salió en rústica en marzo; *Bullets, Badges, and Bullshit* (Balas, insignias y paparruchas), también de marzo; y *Another Bullshit Night in Suck City* (Otra noche de gilipolleces en Ciudad de Mierda), del septiembre pasado.

¿Son bastantes gilipolleces? Aparentemente, no.

Tenemos en perspectiva, más adelante este mismo mes, *The Business of Bullshit* (El negocio de las gilipolleces), que no hay que confundir con *The Dictionary of Business Bullshit* (Diccionario de gilipolleces de negocios), aunque el error sería perdonable, y *Your Call Is Important to Us: The Truth About Bullshit* (Su llamada es importante para nosotros: La verdad sobre las gilipolleces).

Al menos tendremos unos meses de descanso antes de *Hello, Lied the Agent: And Other Bullshit You Hear as a Hollywood TV Writer* (Hola, mintió el agente, y otras gilipolleces que oye un guionista de televisión en Hollywood), que no saldrá hasta el próximo septiembre.

Lo único que puedo decir es: ¿qué coj... pasa aquí?

Si Barack Obama es tan buen político como escritor, pronto será presidente
(SDL)

Esta entrada se publicó el 25 de noviembre de 2006, unos cinco meses antes de que Obama anunciase que se presentaría a las elecciones presidenciales. Es una de las pocas predicciones certeras que he hecho en mi vida.

Este no es un blog de política. No me interesa la política. Pero he estado leyendo un libro excelente que da la casualidad de que lo ha escrito un político.

La primera vez que oí hablar de Barack Obama fue cuando vi su nombre en uno de esos carteles políticos que la gente pone en el jardín en años electorales. No sabía nada de él excepto que tenía algo que ver con la Facultad de Derecho de la Universidad de Chicago y que se presentaba para el Senado de los Estados Unidos sin muchas esperanzas. Supuse que el apoyo que estaba consiguiendo en mi ciudad en aquel momento sería probablemente el único que iba a conseguir en todo el estado. La ciudad en la que vivía, Oak Park, es izquierdista hasta extremos a veces cómicos. Por ejemplo, en la entrada hay un cartel que advierte de que se está entrando en una zona libre de nucleares. Pensé que no necesitaría mucho más que un nombre como «Barack Obama» para conquistar a los residentes de Oak Park.

No estaba prestando mucha atención a la competición por el Senado, pero recibí una llamada para participar en una encuesta aleatoria del *Chicago Tribune*. Me preguntaron a quién pensaba votar en las próximas elecciones al Senado, y por simpatía y lealtad a la Universidad de Chicago respondí que a Obama. De ese modo, cuando saliera el resultado de la encuesta tendría el respaldo de una pequeña parte del electorado y no se sentiría muy mal. Me quedé asombrado cuando vi los resultados en portada, pocos días después: ¡Obama encabezaba las candidaturas para las primarias del Partido Demócrata! (Esto, por supuesto, ocurrió bastante antes de que lo eligieran para el discurso inaugural del congreso nacional del Partido Demócrata.)

Como no me interesa mucho la política, no presté mucha atención a la carrera por el Senado (que al final fue una avalancha en la que Obama aplastó nada menos que a Alan Keyes). Le vi pronunciar dos discursos: el del congreso demócrata y el de la aceptación del cargo la noche en que ganó. En ambos casos tuve la impresión de que me había lanzado un hechizo. Cuando hablaba, quería creerlo. No recuerdo que algún otro político me haya causado ese efecto. Un amigo que conoce a Barack y que también conoció a Bobby Kennedy me dijo que nunca había visto a nadie como Kennedy hasta que le presentaron a Barack.

Como sea, todo esto no es más que un largo prólogo al hecho de que leí su libro *La audacia de la esperanza* y me impresionó lo bien escrito que está. Sus historias a veces me hacen reír a carcajadas y otras veces acabo llorando. Me encontré subrayando una frase tras otra para, en el futuro, poder localizar rápidamente los mejores fragmentos. Además, basándome en gente que conozco que lo conoce a él, estoy casi seguro de que lo escribió todo él mismo. Si estas Navidades no piensan regalar *Freakonomics*, el libro de Obama sería una buena alternativa.

Supongo que no debería sorprenderme lo buen escritor que es porque hace dos años leí su primer libro, *Los sueños de mi padre*, y también me encantó. Pero creía que a diferencia de este primer libro, escrito quince o veinte años antes de que tuviera ambiciones políticas, el nuevo iba a ser basura. Es raro que un libro sobrepase tanto mis expectativas. Además, debo recalcar que no estoy de acuerdo con todos sus puntos de vista políticos, pero eso no reduce el placer de disfrutar con la lectura.

Si causa en los demás el mismo efecto que ha causado en mí, están contemplando a un futuro presidente.

La medicina y las estadísticas no se llevan bien
(SDL)

Hace poco, unos amigos míos estaban intentando concebir con ayuda de un tratamiento de fertilidad. Tras unos gastos considerables, por no mencionar el dolor y las molestias, extrajeron seis óvulos y los fertilizaron. A continuación, los seis embriones se sometieron a un proceso de diagnóstico genético previo a la implantación, lo que por sí solo cuesta 5.000 dólares.

El resultado fue desastroso. Cuatro de los embriones eran absolutamente inviables. A los otros dos les faltaban genes o secuencias de ADN críticos, lo que indicaba que su implantación resultaría en un aborto espontáneo o un bebé con taras congénitas.

El único aspecto alentador de este terrible resultado era

que la última prueba presentaba una proporción de falsos positivos del diez por ciento, lo que significa que había una posibilidad entre diez de que uno de los dos embriones pudiera ser viable.

Así que el laboratorio volvió a realizar la prueba. De nuevo, los resultados indicaron que faltaban secuencias críticas de ADN. El laboratorio les dijo a mis amigos que el que la prueba fallase dos veces les dejaba solo una posibilidad entre cien de que cualquiera de los embriones fuese viable.

Mis amigos, ya sea porque son optimistas, porque son idiotas o porque saben mucho más de estadística que los que realizaron las pruebas, decidieron seguir adelante y gastar otro montón de dinero en implantar de todas formas esos dos embriones que, casi seguro, eran inútiles.

Nueve meses más tarde, me alegra decir que tienen una hermosa y perfectamente sana pareja de mellizos.

Las posibilidades de que aquello ocurriese eran, según el laboratorio, de una entre diez mil.

Entonces, ¿qué pasó? ¿Fue un milagro? No creo. Sin saber nada sobre la prueba, mi suposición es que sus resultados se correlacionan positivamente; con certeza cuando se realiza dos veces al mismo embrión, pero probablemente también cuando se realiza una prueba cruzada con otros embriones del mismo lote.

Los médicos interpretaron los resultados como si no tuvieran correlación, lo que los llevó a ser demasiado pesimistas. Las posibilidades correctas pueden ser tan altas como de una entre diez, o quizás algo más cercanas a una entre treinta. (O quizá la prueba es una estupidez y la probabilidad es del 90 %.)

En cualquier caso, este es solo un ejemplo más de por qué nunca confío en las estadísticas que facilitan los profesionales del campo de la medicina. Jamás.

Mi historia favorita trata sobre mi hijo Nicholas.

Cuando el embarazo no estaba muy avanzado hicieron

una ecografía. El técnico dijo que, aunque aún era muy pronto, creía poder predecir el sexo, si lo queríamos saber.

—Queremos saberlo, sin lugar a dudas —le contestamos. Entonces nos dijo que creía que iba a ser niño, aunque no podía estar seguro.

—¿Hasta qué punto lo está? —pregunté.

—Sobre un cincuenta por ciento —contestó.

Si le gustan las bromas pesadas...
(SJD)

... tendrá que reconocer que esta es de las buenas: enviar material de investigación falso a un biógrafo al que se aborrece. En este caso, el biógrafo era A. N. Wilson, que estaba escribiendo un libro sobre el poeta John Betjeman. Wilson utilizó la carta falsa, solo para descubrir demasiado tarde que era una impostura... y que si se unían las primeras letras de cada frase aparecía este encantador mensaje: «A. N. Wilson es un mierda.»

Esto me recuerda mi primer trabajo en el periodismo, como corrector auxiliar en la revista *New York*. Una o dos veces por semana me tocaba quedarme hasta tarde para echar un vistazo a las galeradas y comprobar que no se hubieran escapado erratas a redactores, correctores y maquetadores. Lo más importante era asegurarse de que las capitulares (esto es, las mayúsculas enormes que encabezan cada sección de un artículo de la revista) no formaran casualmente alguna palabra ofensiva. Una noche, mientras revisaba un artículo sobre el cáncer de mama, descubrí que las cuatro primeras capitulares eran T, I, T y S («tetas» en inglés). Sí, lo cambiamos.

De bueno a excelente... a por debajo
de la media
(SDL)

Ya no leo casi nunca libros sobre negocios. Ya me tragué suficientes hace años cuando me dedicaba a la asesoría de gestión, antes de volver a estudiar y sacarme el doctorado.

La semana pasada, sin embargo, leí *Empresas que sobresalen,* de Jim Collins. Este libro es un fenómeno absoluto en el mundo editorial. Desde que salió en 2001 ha vendido millones de ejemplares. Incluso ahora sigue vendiendo unos trescientos mil al año. Ha tenido tanto éxito que, siete años después de su aparición, sigue editándose en tapa dura. Había oído hablar de él durante años y nunca lo había leído. Siempre están preguntándome por él, así que imaginé que ya iba siendo hora de que le echase un vistazo.

El libro se centra en once empresas que eran meramente aceptables y se las arreglaron para convertirse en todo un éxito, donde el éxito consiste en mantener las acciones muy por encima de las de la competencia durante bastante tiempo. Esas empresas no solo dieron el salto de buenas a excelentes, sino que también tenían las características necesarias para convertirse en algo «construido para durar» (que es el título de un libro anterior de Collins).

Irónicamente, empecé a leer el libro el mismo día en que una de las once empresas «de buenas a excelentes», Fannie Mae, apareció en los titulares de las páginas de economía: parece que va a necesitar un rescate del Gobierno federal. Si compró acciones de Fannie Mae en la época en que se publicó *Empresas que sobresalen*, habrá perdido un 80 % de su inversión inicial.

Otra de las empresas «que sobresalen» es Circuit City. Si invirtió en Circuit City, habrá perdido hasta la camisa; también ha caído un 80 % o más.

Nueve de las once empresas siguen más o menos intactas.

De ellas, Nucor es la única que ha tenido un rendimiento sobresaliente en el mercado de valores desde que salió el libro. A Abbott Labs y Wells Fargo les ha ido aceptablemente. En conjunto, una cartera de acciones de las empresas «de buenas a excelentes» habría quedado por debajo de la media en el índice de cotización S&P 500.

Creo recordar que alguien realizó un análisis de las empresas destacadas en *En busca de la excelencia*, el clásico de Peters y Waterman, y descubrió que había ocurrido lo mismo.

¿Qué significa esto? En cierto sentido, no mucho.

Estos libros sobre negocios suelen mirar hacia atrás: ¿qué han hecho las empresas para tener éxito? El futuro siempre es difícil de predecir, y es valioso comprender el pasado. Por otro lado, el mensaje implícito en estos libros es que los principios aplicados por estas empresas no solo las hicieron buenas en el pasado, sino que las han situado en posición de seguir teniendo éxito.

Dado que esto no siempre es cierto en la práctica, cabe cuestionarse la premisa de estos libros, ¿verdad?

Esta entrada se publicó en 2008. En el momento de escribir estas líneas, cada acción de Fannie Mae vale poco más de dos dólares (valían 80 en 2001), y Circuit City quebró. El resto de las «empresas que sobresalen» tienen resultados mixtos desde 2008. Algunas han ascendido bastante (Kroger y Kimberly-Clark) y otras han caído en picado (Pitney Bowes y Nucor), mientras que dos de las once —Gillette y Walgreens— se integraron en grupos empresariales (Procter & Gamble y Boots, respectivamente) y han tenido un éxito considerable.

Dejen a Dios tranquilo un rato
(SDL)

Hace tiempo escribí en el blog sobre el montón de libros que llevan la palabra *bullshit* (paparruchas, gilipolleces) en el título. Por suerte, esa moda ha pasado. En el último año solo han aparecido en Amazon dos obras nuevas en cuyo título se lee *bullshit*.

Al parecer, lo que se lleva ahora es ir a por Dios.

Daniel Dennett encabezó la estampida con *Romper el hechizo*. Richard Dawkins lo siguió con su superventas *El espejismo de Dios*. Después salieron *God, the Failed Hypothesis* (Dios, la hipótesis fallida), de Victor Stenger, y *Dios no es bueno*, de Christopher Hitchens.

¿Lo próximo? *Elogio de la irreligión*, de John Allen Paulos, autor de *El hombre anumérico*. Me encanta el detalle de que el libro vaya a salir a la venta el 26 de diciembre; no puede ser más apropiado.

Y lo que me intriga es esto: ¿quién compra esos libros?

No soy religioso. No pienso mucho en Dios, salvo cuando estoy en un apuro y necesito un favor especial. No tengo ningún motivo para creer que me lo vaya a conceder, pero a veces lo pido de todas formas. Aparte de eso, sencillamente no me interesa Dios.

Desde luego, no me interesa tanto como para ponerme a comprar libros que me expliquen por qué no debo creer en Dios; ni siquiera aunque los escriban personas a las que admiro, como Dennett y Dawkins. Si fuera religioso, creo que sería más que probable que hiciera todo lo posible por evitar los libros que me dijeran que mi fe es un error.

Entonces, ¿qué hace que estos libros contra Dios sean superventas? ¿Acaso la gente que desprecia la noción de Dios tiene un apetito insaciable de libros que le recuerden por qué? ¿Hay tanta gente que aún no se ha decidido y está abierta a dejarse convencer?

Lo plantearé de otro modo: entiendo por qué se venden libros que atacan a los liberales: muchos conservadores los odian. Los libros que atacan a los conservadores se venden por el mismo motivo. Pero nadie escribe libros diciendo que la observación de aves es una pérdida de tiempo, porque los que no son aficionados a observar aves probablemente estarán de acuerdo, pero no querrán gastarse veinte dólares para leer sobre ello. Ya que poca gente (al menos en mi círculo) aborrece activamente a Dios, me sorprende que los libros contra Dios no se reciban con el mismo aburrimiento con que se recibirían los libros contra la observación de aves.

Por qué me gusta escribir sobre los economistas
(SJD)

A lo largo de los años he tenido la oportunidad de escribir sobre muchas personas interesantes. Mi madre contaba una historia extraordinaria (y largo tiempo silenciada) sobre sus creencias religiosas. He entrevistado a Ted Kaczynski, el *Unabomber*; a los novatos de la NFL; a un curioso ladrón de guante blanco que solo robaba plata de ley.

Pero últimamente he estado escribiendo sobre los economistas, y muy fructíferamente con el economista Steve Levitt. Esto es completamente distinto y este es el porqué:

Un escritor de ensayo como yo, con antecedentes tanto en el periodismo como en la literatura, se ve limitado por lo que le cuentan las personas con las que habla. Desde luego, tengo bastante margen de maniobra —si Ted Kaczynski no quiere hablar de su juicio, por ejemplo, hay muchos otros que sí querrán—, pero estoy seriamente limitado por lo que me dice la gente y por cómo me lo dice.

Es evidente que la mayoría de las personas, cuando escriben sobre sí mismas, se presentan de la mejor forma posible.

Cuentan historias en las que demuestran ser buenas, nobles o altruistas, y los más astutos se autorreprueban para transmitir sus excelencias. Esto deja al escritor en una situación desagradable: depende de anécdotas que pueden ser ciertas o falsas, completas o parciales, relatadas con el objetivo de presentar una imagen sesgada.

Es en esto en lo que difieren los economistas. En vez de usar anécdotas para mejorar la realidad, usan datos para sustentar la veracidad, o al menos ese es el objetivo. Algunas de esas verdades pueden ser incómodas. Después de que yo escribiese sobre el economista Roland Fryer, otros eruditos negros lo asediaron por haber minimizado el grado en que el racismo afecta a los estadounidenses negros. El trabajo de Steve Levitt y John Donohue sobre la relación entre *Roe vs. Wade* (Roe contra Wade) y la disminución de los crímenes violentos ha incomodado por igual a gente de todas las tendencias políticas.

Pero para mí, el escritor, esa forma de pensar es un regalo del cielo: una perspectiva del mundo con más amplitud de miras y menos prejuicios de lo que normalmente se permite el periodismo.

A Levitt le gusta afirmar que la moralidad representa la forma en que la gente querría que funcionase el mundo, mientras que la economía representa la forma en que funciona realmente. No tengo la energía mental necesaria para ser un economista del calibre de Levitt y Fryer, pero me considero afortunado por haber encontrado la manera de enganchar mis curiosidades a sus cerebros. En la jerga de los economistas, existe complementariedad entre mis habilidades y las de Levitt. Como ocurre con la mayor parte del lenguaje económico, es una palabra bastante fea; pero al igual que la ciencia económica en gran medida, el concepto es magnífico.

Cuando muere una hija
(MICHAEL LEVITT)

Steve Levitt escribió:

Mi hermana Linda falleció este verano. Nadie podría querer a una hija más de lo que Michael, mi padre, quería a Linda. Mi padre, que es médico, era realista desde el principio sobre lo que podía hacer la medicina moderna para salvar del cáncer a su preciosa hija. Pero incluso a pesar de sus pocas experanzas, lo impactó lo infructuosa —y de hecho, contraproducente— que resultó ser la interacción de Linda con el sistema médico. Aquí está, en sus propias palabras, el conmovedor relato de mi padre sobre la experiencia de mi hermana con la atención médica.

«Papá, voy a decirte una cosa que no te gustará oír. La resonancia magnética muestra que tengo dos tumores cerebrales.» Esta catástrofe verbal es el mensaje telefónico que recibí yo (un anciano gastroenterólogo en activo) de mi hija de cincuenta años, anteriormente sana, a quien acababan de examinar el cerebro porque llevaba una semana con problemas para caminar. Siendo como soy un pesimista con tendencia a preocuparme, temía que la resonancia mostrara esclerosis múltiple. Los tumores cerebrales metastásicos no cabían ni siquiera en mi fértil imaginación. Era el 9 de agosto de 2012.

Por motivos desconocidos, trasladan a mi hija en ambulancia a un hospital metropolitano. En el plazo de una hora, la resonancia la ha transformado a ella en un caso que necesita ambulancia, y a mí en un padre muy nervioso y alterado. Un TAC de todo el cuerpo muestra otros tumores en el cuello, los pulmones y las glándulas adrenales, y la posibilidad de que el hígado también esté afectado. Nos remiten a un oncólogo local, le hacen una biopsia del bulto del cuello y le dan el alta a la espera del resultado. Cuatro días más tarde, la biopsia se interpreta como un carcinoma pulmonar no microcítico. Nos dicen que en una joven que nunca ha fumado este tumor puede tener un genotipo favorable que lo hace susceptible a la quimioterapia. Una comprobación en Internet indica que el genotipo favorable es poco frecuente y «susceptible» (uno de esos términos relativos que se usan en oncología).

Hay un aforismo griego: «No digas que un hombre es feliz hasta que haya muerto.» Un desastre que esperaba/suponía que nunca fuera a ocurrir parece probable de repente: voy a sobrevivir a uno de mis hijos. Me siento muy desgraciado, y mi esposa se pregunta si volveremos a ser felices algún día.

Mi hija necesita tratamiento local de los tumores cerebrales y quimioterapia multiorgánica. Junto con su marido, toma la decisión de realizar el tratamiento en un centro especializado lejano. No tarda en verla un neurooncólogo de dicho centro, y un PET confirma que los tumores se han extendido. Al día siguiente le realizan una operación mediante bisturí de rayos gamma en los dos tumores principales: el del cerebelo y el del lóbulo frontal. Nueve días después de que le hayan observado por primera vez las lesiones cerebrales abandona el centro especializado, aparentemente en su habitual buen estado de salud (la dexametasona alivió los problemas al caminar). De momento, empiezo a comer y dormir de nuevo. Mi hija espera una nueva visita al centro especializado para hablar de quimioterapia con un oncólogo pulmonar. Como hablo o cruzo mensajes con ella a diario, lo que veo cuando me reúno con ella cinco días después me pilla absolutamente desprevenido. Parece enferma. Tiene la voz ronca y se queda sin aliento al menor esfuerzo, y el tumor del cuello parece haber duplicado su tamaño. En ese momento, el centro especializado nos dice que el rebrote indica que tiene origen en la tiroides y no en los pulmones. Cambiamos la cita con el oncólogo pulmonar por otra con un oncólogo endocrino, que recomienda realizar una biopsia adrenal para determinar la diferenciación del tumor metastásico. Independientemente del tejido de origen, está claro que un monstruo alterado genéticamente campa a sus anchas por el cuerpo de mi hija.

Solo les decimos que está enferma a sus dos hermanos, al director de mi departamento (para explicarle mis ausencias) y a un viejo amigo que cubre mis turnos. Este secretismo se puede atribuir a mi paranoia en lo relativo a tratar públicamente los asuntos médicos de la familia, así como a la certeza de que tengo los lagrimales fuera de control; sé que me echaré a llorar si alguien me pregunta por mi hija. Un médico anciano no debería recorrer los pasillos de un hospital con lágrimas corriendo por las mejillas. En contraste, mi maravillosa e inteligente hija es un modelo de autodominio. Ni lágrimas ni quejas. Sospecho que ha aceptado el probable desenlace fatal del tumor y soporta el torbellino de médicos que la rodea para contentar a su marido, a su hijo y a su padre. ¿Se debe a la información obtenida en Internet, o es que le he contagiado inconscientemente el pesimismo?

Seis días después de dejar el centro especializado con una salud aparentemente buena, mi hija regresa en silla de ruedas, sin aliento incluso en reposo y hablando con un hilo de voz. Su saturación de oxígeno es del 90 % en atmósfera normal. Dado que no padece estridor, el problema respiratorio parece indicar que el tumor ha invadido los pulmones. Después de la biopsia adrenal, su marido regresa de la sala de postoperatorio e informa de que tiene el pulso acelerado. Hasta ese momento me he mantenido como un observador pasivo, pero ahora me siento impulsado a intervenir. Le tomo el pulso, y su ritmo cardiaco de cerca de 145 pulsaciones es obviamente irregular. Le digo a la enfermera que sospecho que se trata de una fibrilación atrial y sugiero que hagan un electrocardiograma e interrumpan la infusión intravenosa de suero. Para hacer el electrocardiograma hay que llamar al equipo de respuesta rápida. El equipo llega; el electro indica fibrilación atrial, y le reducen el ritmo cardiaco con betabloqueantes y antagonistas del calcio. Tiene una saturación de oxígeno en sangre de solo un 86 % en cinco litros de oxígeno. La capacidad pulmonar se ha deteriorado en apenas ocho horas. ¿Es posible que el monstruo del tumor esté expandiéndose a tal velocidad? En mi opinión, la fibrilación atrial más o menos controlada es un problema insignificante frente a la veloz progresión de su tumor maligno; para los jóvenes miembros del equipo de respuesta rápida, la fibrilación atrial recién aparecida es la enfermedad. Quiero que realicen un arteriograma pulmonar para descartar una embolia y que le den oxígeno suficiente para irse a casa, pero para ambas cosas es necesario un traslado a la sala de urgencias. Sé que este traslado va a arrastrar aún más a mi agotada hija al vórtice médico de repetir historiales, exámenes, venopunciones, etc., pero lo aceptamos. Un arteriograma pulmonar muestra un tumor enorme en el pulmón, pero no hay embolia. El oncólogo endocrino acude a Urgencias y explica pacientemente la necesidad de determinar la diferenciación del tumor adrenal para orientar el tratamiento. La respuesta a la pregunta de mi yerno de si se puede empezar con algún tipo de tratamiento de inmediato es que no tratar es mejor que tratar erróneamente. Dan cita a mi hija para volver al centro especializado dentro de cuatro días, para recibir quimioterapia. Yo temo que no habrá más visitas.

Se recomienda que pase la noche hospitalizada, para «observación», y que descanse antes del viaje de vuelta a casa. Cincuenta años de experiencia me han enseñado que un ingreso en un hospital universitario no es cómodo. He perdido la cuenta de los pacientes que piden el alta para poder descansar. Sin embargo, temo que no sobreviva al viaje a casa sin oxígeno extra, lo que solo puede obtener mediante la hospitalización.

Descansa muy poco a causa de todo lo que ocurre cuando se ingresa en un hospital: historiales y exámenes físicos por parte de varios residentes, más análisis de sangre, comprobación de las constantes vitales cada media hora... Yo trato de interferir —nada de electrocardiogramas, nada de anticoagulantes, nada de consultas de cardiología, limitar la observación de constantes vitales, etc.—, pero a las ocho de la mañana, tanto ella como su esposo, que ha pasado la noche en la habitación, están agotados.

Ambos quieren el alta inmediata, pero hace falta el visto bueno del médico de guardia. A eso de las diez de la mañana consigo interceptarlo y le explico que mi hija tiene un carcinoma con metástasis muy extensa y lo único que quiere es que le den el alta rápida con oxígeno en casa. Nos aseguran que nos conseguirán cuanto antes el oxígeno y los medicamentos necesarios. Tres horas después seguimos en el hospital. Es difícil organizar lo del oxígeno en casa durante el fin de semana y, al parecer, la farmacia tiene problemas para expedir una receta de un medicamento corriente. En mi tercera visita a la farmacia del hospital, aproximadamente una hora y media después de que les hayan dado la receta, me informan de que pasarán otros treinta minutos antes de que el medicamento esté listo. Insulto al mundo farmacéutico entero al preguntar cómo puede ser de difícil meter treinta pastillas en un frasco.

A eso de las dos de la tarde, el oxígeno y los medicamentos están listos. La única valla que falta por saltar en nuestro camino a la salida es que mi hija tiene miedo de sufrir incontinencia por el camino. Necesita un pañal. Entonces me convierto en actor en una escena que debe de representarse muchas veces al día en los hospitales. Explico la situación en el puesto de enfermeras. La enfermera me dice que conseguirá el pañal, pero antes hace una llamada que parece durar una eternidad (en realidad serían tres o cuatro minutos). Entonces, cuando se pone con el papeleo, le recuerdo amablemente que necesito el pañal. «Tengo otros pacientes que atender además de su hija, doctor Levitt», contesta. Así es, por supuesto, pero solo me interesa el bienestar de mi hija. Por fin conseguimos salir del hospital, sin duda con una fama bien merecida de ser una familia muy difícil.

En casa, su estado se sigue deteriorando, y está claro que

no podrá soportar otro viaje al centro especializado. Se organizan las cosas para que el oncólogo local le administre la quimioterapia recomendada por el oncólogo endocrino. Mi hija ya no puede hablar, y nos enviamos mensajes a diario. El día anterior a la primera dosis de quimioterapia (solo dieciocho días después de la resonancia inicial) cruzamos los siguientes:

«Cuando la quimio no funcione, tendrás que acabar el trabajo.»

«Sé optimista; haré lo que sea necesario.»

«¿Eso es un sí?»

«Sí.»

No está claro qué voy a hacer, pero tengo intención de cumplir mi palabra.

A la mañana siguiente, mi yerno me dice que no puede salir de la cama, y que tose y se atraganta cada vez que intenta comer o beber. El «monstruo» le ha destruido el mecanismo de deglución. Salta a la vista que no se va a beneficiar de la quimioterapia; ni la va a soportar. Hablo con el oncólogo local, que se muestra de acuerdo en llevarla al hospital en ambulancia, presumiblemente para que reciba cuidados paliativos. Sin embargo, el conductor de la ambulancia ha determinado que su estado obliga a llevarla a Urgencias del hospital más cercano (a menos de diez minutos del metropolitano). Sé que no recibirá cuidados paliativos en Urgencias. Hablo con el conductor e insisto enérgicamente en que sé adónde quiero que lleve a mi hija/paciente. Lo siguiente que sé es que está en la sala de urgencias del hospital más cercano. Cuando llego ha vuelto a pasar por una serie de pruebas y otro TAC que muestra una invasión masiva de tumores pulmonares, sin embolia. Ahora casi no puede respirar, en bipresión positiva y con oxígeno al 100 %. Entonces la transfieren al hospital metropolitano. En cuanto llega pide algo que, con dificultad, determino que es hielo rallado. Se lo pido a la enfermera. Me responde que no se le puede «administrar» nada hasta que lo ordene el médico. Le digo que yo soy el médico y quiero que la paciente reciba su hielo rallado. Me dice que no soy el médico de guardia y no puedo dar órdenes. Hace caso omiso cuando le pregunto dónde está la máquina de hielo.

El oncólogo llega a los pocos minutos. La comparación entre los dos TAC muestra que el tumor indiferenciado del pulmón ha doblado su tamaño en menos de tres semanas. Debatimos lo desesperado de su situación con su marido y, con la ayuda de un médico especializado en enfermos terminales, se toma la decisión de proporcionarle cuidados paliativos. Recibe su hielo rallado y se le administra morfina. Unas cuatro horas más tarde entra pacíficamente en coma y muere a las seis y media de la mañana del 29 de agosto, justo veinte días después de que la primera resonancia mostrase los tumores cerebrales.

La finalidad de esta breve crónica no es criticar la práctica de la medicina. Aunque tuve varias desavenencias con otros miembros del personal sanitario, los médicos que trataron a mi hija, sin excepción, fueron muy comprensivos y generosos con su tiempo. Todos hicieron todo lo posible por enfrentarse a aquellos tumores enormemente agresivos. Lo que he intentado ha sido relatar la experiencia de un padre/médico mientras veía a su hija morir de cáncer. Su proceso es un testimonio de los límites de la medicina actual. En plena era de biología molecular, el medicamento más valioso fue la morfina, un fármaco del que se dispone desde hace casi doscientos años.

Aunque resulte doloroso, soy capaz de narrar los sucesos ocurridos a lo largo de la enfermedad de mi hija. Cuando intento describir mi desesperación y mi dolor, me faltan las palabras.

Linda Levitt Jines, 1962-2012
(SDL)

Comparto con gran pesar la noticia de que mi querida hermana Linda Levitt Jines falleció el mes pasado tras una breve pero valerosa lucha contra el cáncer. Tenía cincuenta años.

Mi primera reacción instintiva al sentarme a intentar escribir el panegírico de Linda fue llamarla para pedirle que lo escribiera por mí. Es lo que he hecho prácticamente durante toda mi vida, siempre que me enfrentaba a algo que requiriese las palabras justas.

La ocasión más destacada en que ocurrió esto fue cuando Dubner y yo estábamos escribiendo un libro, lo llevábamos a medias y el texto se desviaba de un asunto a otro sin centrar el tema. Entre el editor, Dubner y yo habíamos creado una lista de unos quince títulos horribles antes de que se nos agotaran las ideas. Yo tenía una confianza absoluta en que Linda daría con la solución.

De hecho, en cuestión de horas me respondió con un posible título: *Freakonomics*. Me gustó. Dubner no lo tenía tan claro. Los editores lo odiaron. Nuestro editor nos dijo: «¡Os hemos concedido un contrato demasiado importante para llamar a esto *Freakonomics*!» Sin embargo, al final *Freakonomics* salió adelante, y nos alegramos. Sin el excelente título de Linda, dudo que alguien hubiera leído el libro. Ese nombre fue milagroso.

Freakonomics no fue ni la primera vez ni la última en que saqué partido de la genialidad de Linda.

La primera ocasión que recuerdo fue cuando yo estaba en séptimo curso y ella en duodécimo. Yo era el niño más empollón e inadaptado que imaginarse pueda, y ella decidió convertirme en su proyecto personal. Entonces, como ahora, fui bastante inteligente para hacerle caso. Nos hicimos grandes amigos, y ella me dio un repaso completo. Cambió mi forma de vestir. Me explicó (amablemente) lo horrible y poco atractiva que era mi personalidad, y me ayudó a construir una nueva. Me introdujo en la música más *cool* (el primer disco que compré con mi propio dinero, aquel año, fue *Boy*, de U2). Tras pasar unos años bajo su tutela, quedé irreconocible. Aún tardé otros cuatro o cinco años en conseguir salir con una chica, pero era mucho más agradable estar conmigo. Mirando álbumes de recortes antiguos me tropecé con un ejemplo de las notas que me había escrito aquel año, que muestra bastante bien la forma en que trabajaba su cerebro:

Querido cochinillo:

Ya estamos a mediados de año y me parece que aún no has conseguido enganchar ningún ejemplar encantador de feminidad de séptimo curso. ¿Cómo resistes su insidioso atractivo? ¡Son como las sirenas del Lorelei! ¿No se te acelera el corazón cuando ves alguna de esas encantadoras doncellas en reposo (o sea, en clase de matemáticas), con tonos rojizos naturales revoloteando por sus mejillas mientras valoran las diversas virtudes del sexo opuesto? Bueno, sigue intentándolo.

Tu hermana,

LINDA

Cuando teníamos alrededor de trece años nos pidieron que memorizásemos un cuento corto o un poema y lo recitásemos ante la clase. En cada una se elegían dos ganadores, y el «premio» consistía en recitar el texto elegido en un auditorio lleno. Yo era un niño muy retraído, y nada me aterrorizaba más que hablar en público. Le pedí consejo a Linda y me dijo que ella se encargaría de todo. Escogió una historia alegre e ingeniosa y practicó conmigo, orientándome en la forma de pronunciar cada frase. Pero sabía que no bastaba con eso: la narradora era una chica, así que sacó un vestido viejo que me podría valer, cogió una peluca rubia de mi madre y me lo puso todo. Me enseñó a hacer reverencias y al fin declaró que estaba listo. Dice mucho de la fe que yo tenía en ella que, sin protestar, me vistiera de chica y pronunciara mi discurso tal como ella quería. Me seleccionaron para repetir en el auditorio lleno y, contra toda probabilidad, el chaval más tímido de la clase, vestido de chica, se llevó el trofeo a casa. Después de aquello nunca dudé de ella; simplemente hacía lo que me dijera.

Cuando no estaba ocupada manejando los hilos de mi vida hacía cosas impresionantes por cuenta propia. Después del pregrado se licenció en Periodismo en Medill, dependiente de la Northwestern. Se decantó por el aspecto creativo de la publicidad y consiguió trabajo en una de las principales agencias de Chicago. Durante el rodaje del primer anuncio que escribió, le divirtió tanto el proceso que escribió un texto satírico sobre ello para *Advertising Age*. Al día siguiente la despidieron, lo que resultó ser un excelente paso en su trayectoria profesional: unos días después la contrató una agencia rival por un sueldo bastante mayor.

Con el tiempo se cansó de la publicidad. En 1995 me llamó y me dijo que iba a poner en marcha un negocio en Internet. Su idea era comprar a granel aceites aromáticos de los que se usaban para fabricar jabón, embotellarlos con etiquetas elegantes y vender las botellitas en línea. Me pareció la peor idea que había oído nunca. En primer lugar, nadie ganaba dinero vendiendo cosas por Internet en 1995. En segundo, ¿cómo era posible que hubiera suficientes fabricantes de jabón para sacar beneficios? Todos le dijimos a gritos que no perdiese el tiempo. Diecisiete años después, www.sweetcakes.com sigue siendo un negocio en alza que genera grandes beneficios. Nunca ha dejado de asombrarme. Más tarde creó otro negocio *online*, www.yarnzilla.com. Tras la publicación de *Freakonomics* puse en marcha una pequeña asesoría que acabó convirtiéndose en Greatest Good. Linda era la directora creativa principal, y su espíritu irrepetible impregnaba todas nuestras actividades.

E hizo todo esto mientras ella y Doug, su esposo, criaban al muchacho de diecisiete años más amable, equilibrado y simpático que se puedan imaginar, su hijo Riley. (La experiencia de Linda en convertir a niños en hombres mejoró claramente con la práctica, porque pese al trabajo de reconstruc-

ción que hizo conmigo, yo no era nada comparado con Riley.)
Además de Doug y Riley, deja a sus padres, Shirley y Michael,
a su hermana Janet y a mí, además de muchos sobrinos y so-
brinas que nunca tenían bastante de la tía Lin.

Cada vez que Linda entraba en un lugar, sin siquiera intentarlo se convertía en el centro de gravedad. Uno de los empleados de Greater Good, que no la había visto nunca, entró
en una sala de reuniones y se encontró a todos sus compañeros sonriendo de oreja a oreja. Se preguntó por qué. La respuesta era que Linda dirigía la reunión.

La enormidad de su ingenio y su creatividad hacen aún
mayor el vacío que deja su ausencia.

Linda, te echamos muchísimo de menos.

12

Hasta la médula

 *Los freakonomistas lo somos hasta la médula, al menos en lo que a nosotros dos respecta. Vemos la economía allá donde miremos, sean las películas de animación, las papillas infantiles, la felicidad femenina o los piratas.*

¿Cuántos trabajadores chinos hacen falta para vender una lata de papilla?
(SDL)

En un reciente viaje a China me encontré con que normalmente hacen falta cinco personas para desempeñar un trabajo que en los Estados Unidos realizaría una sola. En nuestro hotel, por ejemplo, había una supervisora de planta cuyo principal cometido, al parecer, era pulsar el botón del ascensor. Tal vez tuviera otras tareas en las que no reparé, pero siempre podía contar con que pulsara ese botón. En los restaurantes, lo mismo: abundaban los camareros, aparentemente uno por mesa.

En la calle principal de Nanchang había tal vez doscientas personas que llevaban carteles escritos a mano. Supuse que eran desempleados que buscaban trabajo, pero resultó que en realidad estaban trabajando, aunque no me di cuenta. Su trabajo consistía en estar todo el día en una esquina con un cartel que decía que compraban móviles usados. Por desgracia para ellos, puede que presenciara la venta de tres teléfonos en la semana que pasé recorriendo esa calle. Era el mercado más competitivo que he visto nunca. Pero debían de ganar lo que consideraban un salario justo, o de lo contrario no estarían ahí.

Cuando fui a una gran tienda de comida a comprar una lata de papilla para mi hija Sophie me pareció observar el caso más flagrante de exceso de mano de obra. Mientras inspeccionaba los estantes en busca de la papilla exacta que le daban en el orfanato, cuatro jóvenes acudieron presurosas a ayudarme. Al principio pensé que eran otras clientas que intentaban echar una mano. Al final (no hablaban inglés y yo sabía unas cincuenta palabras de mandarín) me di cuenta de que estaban trabajando. Cuatro de ellas revolotearon a mi alrededor durante unos diez minutos antes de que por fin comprara una papilla valorada en cuatro dólares. No le veía ni pies ni cabeza.

Pero más adelante, ya en el hotel, el guía chino me explicó qué ocurría. Esas mujeres no eran empleadas de la tienda; las contrataban empresas de papillas rivales para dirigir a los clientes hacia su marca, lo que explica que estuvieran tan alegres y me sugiriesen con tanta persistencia tantas marcas de papilla distintas. En la tienda les daba igual qué papilla comprara; era una venta. Pero para los fabricantes de papillas, robarle un cliente a la empresa rival merece contratar a un empleado para ello.

¿Por qué se usan tantas voces famosas en las películas animadas?

(SDL)

Este fin de semana llevé a mis hijos a ver *Coraline*. Después de la película les pregunté qué les había parecido. Sus cuatro respuestas: «Buenísima», «Buena», «No está mal» y «Gracias a Dios que ha terminado».

Viniendo de mis hijos, que siempre dicen que la última película que han visto es su favorita, no son unas reseñas muy positivas.

Nunca he estado en un cine lleno de niños tan silenciosos como en *Coraline*. Ese silencio, junto con el ritmo lentísimo de la película, dejaba un montón de tiempo para meditar.

En primer lugar, no podía sobreponerme al hecho de que uno de los niños de la película se llamara Wyborn, abreviado Wybie: suena como *Why be born?*, «¿Por qué nacer?» en inglés. Wybie no parecía tener padres, aunque tenía una abuela que le gritaba de vez en cuando. Me hizo pensar en el argumento de *Freakonomics* sobre los hijos no deseados y el aborto.

En segundo lugar, dos de las voces de esta película animada eran las de Dakota Fanning y Teri Hatcher. La última película que vi fue *Bolt: Un perro fuera de serie*, con las voces de Miley Cyrus y John Travolta. La lista de estrellas que han prestado últimamente sus voces a películas de animación es interminable: Eddie Murphy, Dustin Hoffman, Cameron Diaz, John Goodman, etc.

¿Por qué las grandes estrellas dominan de este modo las voces de las películas de animación?

Una hipótesis es que poner las voces se les da mejor que a otras personas. Estoy casi seguro de que no es así. Tengo que creer que existe un colectivo de actores de doblaje y lectores de libros sonoros que no tienen la cara de una superestrella, pero sí una voz excelente.

Una segunda hipótesis es que las grandes estrellas no cobran mucho por las voces. Según he leído en *The New York Times* y otros medios, el doblaje de una película de animación no conlleva mucho tiempo ni esfuerzo. En tal caso, puede que el gasto en voces de actores constituya una parte mínima del coste total de la película, pero no creo que sea así, o al menos no siempre. He leído que Cameron Diaz y Mike Myers cobraron diez millones de dólares cada uno por su participación en *Shrek 2*.

Una tercera explicación es que a la gente le gusta mucho oír las voces de las estrellas. También tiendo a dudarlo. Con unas pocas excepciones notables, sospecho que el público ni siquiera podría identificar estas voces si no leyera los créditos.

La cuarta hipótesis puede sonar rara, pero les resultará conocida a los economistas. Según esta hipótesis no es que los actores famosos sean mejores actores de doblaje, ni siquiera que a los espectadores les guste oír sus voces o que las estrellas sean baratas. Más bien se contrata a actores de prestigio para que lean estos papeles precisamente porque son caros. Si está en disposición y condiciones de pagar importes multimillonarios a estrellas para que pongan las voces que un desconocido pondría por 50.000 dólares, la productora tiene que confiar en que la película será un gran éxito. Por tanto, se contrata a la estrella únicamente para transmitir al exterior la noción de que la productora espera que arrase en taquilla.

En última instancia no estoy seguro de que ninguna de estas hipótesis me parezca convincente.

Por qué pagar 36,09 dólares
por un pollo pasado
(SJD)

Hace poco vino de visita una vieja amiga, y quedamos para comer tarde en el Upper West Side de Manhattan. Trilby pidió una hamburguesa sin pan, con *brie*; yo pedí medio pollo asado con puré de patatas. La comida tardó en llegar, pero teníamos tanto que hablar que no nos importó.

Cuando llegó mi pollo vi que no tenía buena pinta, pero probé un bocado. Estaba tan pasado que tuve que escupirlo en una servilleta. Absolutamente pasado, podrido, daba náuseas, asqueroso. Llamé a la camarera, una joven pelirroja muy mona que puso la expresión de horror adecuada, se llevó la comida y volvió con la carta.

Apareció la encargada. Era mayor que la camarera, con una melena negra y acento francés. Me pidió disculpas y dijo que los chefs estaban examinando el plato, intentando averiguar si quizá las especias o la mantequilla habían ocasionado el problema.

No creo, le dije. Creo que el pollo está pasado. Preparo pollo a menudo, expliqué, y sé cómo huele el pollo podrido. Trilby se mostró de acuerdo: olía desde el otro lado de la mesa, probablemente desde el otro lado del restaurante.

La encargada se resistía a reconocerlo. Habían recibido el pedido de pollo esa misma mañana, dijo, lo que me pareció tan relevante como decir: «No, Fulanito no podría haber cometido un asesinato hoy porque ayer no cometió ninguno.»

La encargada se fue y volvió a los cinco minutos. ¡Tenía razón!, anunció. El pollo estaba estropeado. Los chefs habían examinado el pollo, habían dictaminado que estaba podrido y lo estaban tirando a la basura. ¡Victoria! Pero ¿para quién? La encargada volvió a disculparse y me ofreció un postre o una bebida por cuenta de la casa. Bueno, dije, en primer lugar espere a que busque en la carta algo que no me parezca asqueroso después de ese pollo. Pedí una sopa de zanahorias, jengibre y naranja, patatas fritas y espinacas rehogadas.

Trilby y yo comimos bastante a gusto, aunque no podía deshacerme del sabor del pollo pasado; de hecho, todavía lo noto. Trilby se había tomado una copa de sauvignon blanc antes de pedir y otra con la comida. Yo bebí agua. Cuando la camarera nos retiró los platos volvió a ofrecernos un postre por cuenta de la casa. No, dijimos, solo café.

Mientras charlaba con Trilby le comenté que poco antes había entrevistado a Richard Thaler, el padrino de la economía conductista, que parece aunar la economía y la psicología. Thaler y yo consideramos varios experimentos durante la comida, como ofrecer al camarero una propina desorbitada, quizás a cambio de un trato especial, pero no llegamos a realizarlos. A Trilby le pareció interesante, así que seguimos hablando de comida. Mencioné el concepto conductista del anclaje, que tan bien conocen los vendedores de coches usados: establece un precio que supere quizás en el 100 % lo que necesitas con el fin de asegurarte de que te llevarás un beneficio, digamos, del 50 %.

La conversación derivó hacia lo que diríamos cuando llegara la cuenta. Parecía haber dos buenas opciones: «No nos apetece un postre gratis, gracias, pero teniendo en cuenta lo ocurrido con el pollo, no deberían cobrarnos nada.» Esto establecería el anclaje en el 0 % de la cuenta. Y la segunda opción: «No nos apetece un postre gratis, gracias, pero teniendo en cuenta lo ocurrido con el pollo, ¿le importaría consultar con la encargada qué se puede hacer?» Esto establecería el anclaje en el 100 %.

Justo entonces llegó la camarera con la cuenta, que ascendía a 31,09 dólares. Quizá por timidez, por prisa o —lo más probable— por el deseo de no parecer tacaño (las cosas no son nunca fáciles en lo relativo al dinero), solté la opción dos: Por favor, pregunte a la encargada si se puede hacer algo con la cuenta. La camarera respondió, sonriente, que no nos habían cobrado las dos copas de vino. A mí, personalmente, no me pareció una recompensa razonable, ya que Trilby era quien se había bebido el vino mientras que yo era quien seguía notando el regusto del pollo pasado. Pero la camarera, aún sonriente, cogió la cuenta y se dirigió a la encargada, que acudió rápidamente a la mesa, también sonriendo.

—Teniendo en cuenta lo que ha pasado con el pollo —le dije—, ¿no podrían hacer algo con la cuenta?

—No les hemos cobrado los vinos —respondió con gran amabilidad, como si fuera una cirujana que creía que tenía que extirparme los dos riñones y se hubiera encontrado con que solo había que sacar uno.

—¿Es lo mejor que está dispuesta a ofrecerme? —pregunté, aún incapaz de establecer el anclaje en el 0 %.

Me miró intensamente, aún con gesto afable. Estaba echando cuentas, preparándose para plantear una apuesta financiera y psicológica, el tipo de apuesta que hacemos todos a diario, y decidió basar la suya en la suposición de que yo no era de los que montan escenas. A fin de cuentas me había mostrado amistoso durante la diatriba, sin levantar la voz, sin siquiera pronunciar en voz alta las palabras «vómito» o «putrefacto», y es evidente que ella esperaba de mí que mantuviera esa conducta. Basaba su apuesta en que yo no me levantaría de un salto y me pondría a gritar; que no me plantaría en la puerta a explicar a los clientes potenciales que casi me muero de asco con el pollo, que toda la remesa estaba podrida, que o los chefs lo habían olido y habían pensado que podían salirse de rositas o, si no lo habían olido, les importaba tan poco su trabajo que quién sabe qué más —una cuchara, una rodaja de dedo, un chorro de desinfectante— podía aparecer en la siguiente comida. Así que, tras sopesarlo, dijo: «Sí.» Esto es, sí, era lo mejor que estaba dispuesta a ofrecerme. «De acuerdo», dije, y se alejó. Añadí un billete de cinco, con lo que la factura ascendió a 36,09 dólares —no tenía sentido penalizar a la pobre camarera, ¿verdad?—, salí y dejé a Trilby en un taxi. La encargada había apostado a que yo no causaría problemas, y estaba en lo cierto.

Hasta ahora.

El restaurante, por si les interesa, se llama French Roast y está en la esquina noreste de la calle 85 y Broadway, en Manhattan.

La última vez que miré seguían teniendo el pollo asado en la carta. *Bon appétit*.

¡Compren gasolina, por favor!
(SDL)

El mensaje de correo electrónico que reproduzco a continuación, que ha tenido una difusión increíble, puede representar un nuevo hito en el pensamiento antieconómico: declara el 1 de septiembre «Día sin gasolina»:

SE CALCULA QUE SI TODOS LOS HABITANTES DE LOS ESTADOS UNIDOS Y CANADÁ SE ABSTUVIERAN DE COMPRAR UNA GOTA DE GASOLINA DURANTE UN DÍA, TODOS A LA VEZ, LAS PETROLERAS SE AHOGARÍAN EN SU STOCK.

SI LA ACCIÓN SE REALIZARA SIMULTÁNEAMENTE SUPONDRÍA UN GOLPE PARA TODA LA INDUSTRIA, CON UNAS PÉRDIDAS NETAS SUPERIORES A 4.600 MILLONES DE DÓLARES, LO QUE AFECTARÍA AL BALANCE DE LAS EMPRESAS PETROLERAS.

POR TANTO SE HA DECLARADO FORMALMENTE EL 1 DE SEPTIEMBRE EL DÍA DE «QUE LES DEN», Y LA GENTE DE ESTAS DOS NACIONES DEBERÍA DEJAR DE COMPRAR SIQUIERA UNA GOTA DE GASOLINA DURANTE ESE DÍA.

ESTO SOLO SE PUEDE CONSEGUIR SI REENVÍA ESTE MENSAJE A TANTAS PERSONAS COMO PUEDA Y CON LA MAYOR CELERIDAD, CON EL FIN DE QUE SE CORRA LA VOZ.

NO SERVIRÁ DE NADA ESPERAR A QUE EL GOBIERNO INTERVENGA Y CONTROLE LOS PRECIOS. ¿QUÉ FUE DE LA REDUCCIÓN Y EL CONTROL TARIFARIOS QUE PROMETIERON LAS NACIONES ÁRABES HACE DOS SEMANAS?

RECUERDE UNA COSA: NO SOLO AUMENTA EL PRECIO DE LA GASOLINA; A LA VEZ, LAS COMPAÑÍAS AÉREAS SE VEN OBLIGADAS A AUMENTAR SUS TARIFAS, IGUAL QUE LAS EMPRESAS DE TRANSPORTE TERRESTRE, LO QUE AFECTA [SIC] AL PRECIO DE TODO

AQUELLO QUE SE ENVÍA. COSAS COMO LA COMIDA, LA ROPA, EL MATERIAL DE CONSTRUCCIÓN, LOS SUMINISTROS MÉDICOS, ETC. ¿QUIÉN LO PAGA AL FINAL? ¡NOSOTROS!

PODEMOS CAMBIAR LAS COSAS. SI NO CAPTAN EL MENSAJE DESPUÉS DE UN DÍA, LO HAREMOS OTRA Y OTRA VEZ.

POR TANTO, CONTRIBUYA A CORRER LA VOZ. REENVÍE ESTE MENSAJE A TODOS SUS CONOCIDOS. APÚNTELO EN LOS CALENDARIOS Y HAGAMOS DEL 1 DE SEPTIEMBRE UN DÍA EN QUE LOS CIUDADANOS DE LOS ESTADOS UNIDOS Y CANADÁ DIGAN: «YA BASTA».

GRACIAS Y PASE UN DÍA MARAVILLOSO :O}

He aquí una lista parcial (sin duda) de los errores de idiota redomado que contiene ese mensaje:

1. Si nadie compra gasolina pero todo el mundo conduce la misma cantidad de kilómetros, esto significa solo que tendríamos que comprar más gasolina por adelantado, para no comprarla el 1 de septiembre, o tendríamos que repostar poco después. Así que aunque haya quien crea que esto supondría un bocado de 4.600 millones de dólares para las compañías petroleras ese día, los consumidores los abonarían en otro momento. Si fuera el «Día sin Café de Starbucks» podría tener alguna posibilidad de relevancia, ya que la gente se toma el café de Starbucks el mismo día en que lo compra, de modo que la taza que se ha dejado de tomar hoy puede quedarse sin consumir. Pero no ocurre lo mismo con la gasolina, sobre todo si no se pide a nadie que reduzca su consumo. Lo único que se conseguirá es aumentar las colas de las gasolineras al día siguiente.

2. Un día de boicot total de la gasolina no reduciría el balance de las compañías petroleras en una cifra remotamente cercana a 4.600 millones, ni siquiera si fuera acompañado de una moratoria de uso de gasolina du-

rante todo el día. En un día, los estadounidenses consumen unos nueve millones de barriles de petróleo. Un barril de petróleo contiene unos 159 litros, así que en los Estados Unidos se venden unos 1.430 millones de litros diarios. Sumemos otro 10 % para Canadá. A unos 80 centavos por litro, la cifra de ventas es de algo más de 1.200 millones de dólares. En esta industria, los beneficios deben de ser de un 5 % del volumen de negocio o menos, por lo que el impacto en el balance sería como máximo de 60 millones de dólares: aproximadamente una centésima parte de la cifra mencionada. Y del punto 1) se infiere que incluso eso es una tremenda exageración del impacto real.

3. Sin duda, que los consumidores pasaran un día sin comprar gasolina no haría que las petroleras se ahogaran en su *stock*. El inventario de gasolina en los Estados Unidos asciende normalmente a 200 millones de barriles, pero actualmente está por debajo, en gran parte debido a que el precio es elevado. Nueve millones de barriles más no crearían el menor problema de *stock*.

Así que, por favor, que todo el mundo compre gasolina el 1 de septiembre.

Y si tiene la brillante idea de hacer circular un mensaje como este, al menos pida a la gente que no use gasolina, no que no la compre.

Esta entrada se publicó en agosto de 2005, cuando el precio medio de la gasolina estándar en los Estados Unidos rondaba los 75 centavos por litro. En este momento (enero de 2015), un litro cuesta unos 55 centavos, lo que da a los consumidores más motivos aún para comprar gasolina.

Economía pirata para principiantes
(PREGUNTAS Y RESPUESTAS POR RYAN HAGEN)

Hace poco, la tripulación del *Maersk Alabama* sobrevivió a un ataque pirata en Somalia y ha vuelto a casa a tomarse un merecidísimo descanso. Pero tal como aumenta la tensión entre los Estados Unidos y la variopinta confederación de piratas somalíes hemos pensado que puede merecer la pena examinar el pasado en busca de pistas sobre la forma de dominar los mares fuera de la ley.

Peter Leeson es economista en la Universidad George Mason y autor de *The Invisible Hook: The Hidden Economics of Pirates* (El garfio invisible: La economía oculta de los piratas). Leeson accedió a respondernos a varias preguntas importantes sobre los piratas.

P: *El garfio invisible* es más que un simple título bien pensado. ¿En qué difiere de la mano invisible de Adam Smith?

R: Adam Smith se basa en que siempre que un individuo busca sus propios intereses, una especie de mano invisible lo guía hacia la protección de los intereses de la sociedad. La idea del garfio invisible es que los piratas, aunque sean delincuentes, también actúan por interés personal, de modo que se vieron obligados a instaurar sistemas de gobierno y estructuras sociales que les facilitaran la consecución de sus objetivos ilegítimos. Están relacionados, pero la gran diferencia es que para Adam Smith el interés personal tiene como resultado una colaboración que genera riquezas y mejora el estado de los demás. Para los piratas, el interés personal tiene como resultado una colaboración que destruye riquezas al aumentar la eficacia de los saqueos.

P: Según escribe, los piratas establecieron sus propias

versiones de la democracia constitucional, que incluían la separación de poderes, décadas antes de la Revolución estadounidense. ¿Esto solo fue posible porque eran proscritos y sus actividades escapaban completamente al control de cualquier gobierno?

R: Exactamente. Los piratas del siglo XVIII establecieron un complejo sistema democrático. Que los delincuentes impulsen estas estructuras se debe a que no pueden confiar en que se las proporcione un estado. Así pues, los piratas necesitaban más que nadie instaurar algún sistema de ley y orden con el fin de poder permanecer juntos el tiempo suficiente para tener éxito en todos los robos.

P: Entonces, ¿estos sistemas participativos y democráticos daban a los marineros mercantes un incentivo para unirse a las tripulaciones piratas, porque significaba que eran más libres entre piratas que en sus propios barcos?

R: Los marineros tenían más libertad y ganaban más como piratas que en la tripulación de un mercante, pero quizá lo decisivo fuera la libertad frente a capitanes caprichosos y los abusos de poder a los que, según se sabe, los capitanes mercantes sometían a su tripulación. En la democracia pirata la tripulación podía derrocar a su capitán, y ocurría con frecuencia, si abusaba del poder o era un incompetente.

P: Usted escribe que los piratas no eran necesariamente los salvajes sedientos de sangre que imaginamos. ¿Cómo explica su comportamiento ese garfio invisible?

R: La idea básica es que cuando reconocemos a los piratas como partícipes de la economía —hombres de negocios, en realidad— queda patente que no querrían combatir a todos los marineros de los barcos abordados. Con el fin de animar a los mercantes a rendirse necesitaban transmitir la idea de que si capitulaban recibirían un buen trato. Ese es el incentivo que daban los piratas a los marineros para que se rindieran pacíficamente. Que hubieran maltratado sin piedad a sus prisioneros, tal como se suele afirmar, habría minado los incentivos de la rendición para la tripulación de los mercantes, lo que habría ocasionado gastos superiores a los piratas. Tendrían que haber batallado más, puesto que los marineros esperarían que los torturasen indiscriminadamente en caso de captura.

Por tanto, lo que observamos a menudo en los registros históricos es una generosidad notable por parte de los piratas. La otra cara de la moneda, por supuesto, es que toda su furia se desataría contra el que se resistiera. De ahí derivan casi todas las narraciones de atrocidades. Tampoco afirmo que ningún pirata se dejara llevar nunca por los impulsos sádicos, pero no creo que la población pirata tuviera una proporción de sádicos superior a la de la sociedad legítima. Y todos esos sádicos que había entre los piratas tendían a reservarse los impulsos para cuando pudieran sacar provecho de ellos.

P: Entonces, ¿nunca pasaron a nadie por la plancha?

R: No había ninguna plancha. No existe ninguna base histórica de su existencia en la piratería del siglo XVII o el XVIII.

P: Usted escribe sobre la piratería como marca. Tuvo bastante éxito, ya que perdura cientos de años después del exterminio de los piratas propiamente dichos. ¿Cuál fue la clave de ese éxito?

R: Los piratas querían cultivar una reputación concreta, y el límite era muy delicado. No querían tener fama de dementes ni de sanguinarios indiscriminados; querían que los percibieran como hombres prontos a actuar, temperamentales, que podían perder los estribos y hacer cosas terribles a quien los provocara o se resistiera. Así, los prisioneros tenían un buen motivo para cumplir escrupulosamente sus demandas. Al mismo tiempo querían tener fama de infligir esas horribles torturas únicamente a los cautivos que no se plegaran a sus exigencias. Las crónicas de esas torturas no solo se transmitían oralmente; también salieron en los periódicos de principios del siglo XVIII. Muchos prisioneros, tras ser liberados, acudían a la prensa a relatar su captura, así que los colonos leían las crónicas y eso contribuyó a instaurar la idea de que los piratas eran esos hombres temperamentales, cosa que a estos les vino de maravilla. Era una forma de publicidad realizada por miembros legítimos de una sociedad que, de nuevo, los ayudaba a reducir gastos.

P: ¿Qué lecciones podemos extraer de *The Invisible Hook* a la hora de tratar con los piratas modernos?

R: Debemos reconocer que los piratas son partícipes racionales de la economía y que la piratería es una opción profesional. Si los consideramos irracionales o creemos que persiguen otros fines, idearemos soluciones ineficaces para abordar este problema. Puesto que sabemos que los piratas tienen en cuenta los costes y los beneficios, debemos idear soluciones que alteren la relación entre estos elementos, para reducir los incentivos de la piratería y disuadir a los piratas en potencia.

La mano visible

(SDL)

Supongamos que quiere comprarse un iPod y busca una ganga, así que entra en un mercado en línea, como Craigslist. ¿Le parecería importante que, en la fotografía del iPod sin abrir, la persona que lo sujetara (solo podría verle las manos y las muñecas) fuera blanca o negra? ¿Y que la mano que sujetara el iPod tuviera un tatuaje visible?

Sospecho que la mayoría dirá que le da igual el color de piel de quien sujete el iPod. Es probable que más gente dijera que el tatuaje podría disuadirla de responder al anuncio.

A los economistas no nos ha gustado nunca fiarnos de lo que dice la gente. Creemos que las acciones son más elocuentes que las palabras e, indiscutiblemente, las acciones hablan alto y claro en una investigación reciente realizada por los economistas Jennifer Doleac y Luke Stein. A lo largo de un año pusieron cientos de anuncios en mercados en línea locales, modificando aleatoriamente la mano que sujetaba el iPod en venta: blanca, negra, blanca con un gran tatuaje. Extrajeron estas conclusiones:

Los negros realizan menos ventas que los blancos según diversas mediciones: reciben un 13 % menos de respuestas y un 17 % menos de ofertas. Estos efectos se hacen más patentes en el noreste, y coinciden aproximadamente con los relacionados con la visión de un tatuaje en la muñeca. Siempre que hayan recibido al menos una oferta, los vendedores negros reciben ofertas inferiores entre un 2 y un 4 %, a pesar de que la base de compradores se autoselecciona y, por tanto, está menos sesgada. Además, los compradores se muestran más desconfiados hacia los vendedores negros: son un 17 % menos propensos a incluir su nombre en los mensajes de correo electrónico; tienen un 44 % menos de probabilidades de aceptar la entrega por correo, y un 56 % más de expresar su preocupación por la realización de la transferencia. Hemos encontrado pruebas de que los vendedores negros tienen resultados excepcionalmente bajos en los mercados reducidos; no parece que la discriminación pueda «sobrevivir» a una competencia significativa entre los compradores. Asimismo, los vendedores negros obtienen peores resultados en los mercados más aislados racialmente y en los asociados a una tasa elevada de delitos contra la propiedad, lo que indica que la discriminación estadística podría desempeñar un papel en la discrepancia.

Así pues, ¿qué se puede deducir de este estudio? Lo primero, que si alguien, sea blanco o negro, quiere vender algo, más le vale buscar a alguien blanco para fotografiar su artículo. Supongo que se podría decir que los anunciantes se enteraron hace mucho e incluso llegan un paso más allá: se aseguran de que la persona blanca también sea una rubia de buen ver.

Resulta mucho más difícil averiguar por qué los compradores dan distinto trato a los vendedores según sean blancos o negros. Como señalan los autores, existen dos teorías principales sobre la discriminación: la animadversión y la discriminación estadística. Al hablar de animadversión, los economistas se refieren a que la gente no quiere comprar a vendedores negros aunque el resultado de la transacción sea idéntico, esto es, aunque proporcionen exactamente la misma calidad que los blancos. La discriminación estadística, por otra parte, consiste en que la mano negra representaría algo negativo: una mayor probabilidad de que el producto esté deteriorado o proceda de un robo, o quizá de que el vendedor viva muy lejos y resulte complicado realizar la transacción en persona.

Lo que más llama la atención de este *paper* de Doleac y Stein es su intento de distinguir entre la animadversión y la discriminación estadística. ¿Cómo lo hacen? Uno de sus métodos consiste en modificar la calidad del anuncio. Si es de calidad excepcional, conjeturan los autores, puede que emita una señal que contrarreste los motivos de quienes no compran al vendedor negro por discriminación estadística. Resulta que la calidad del anuncio no tiene gran relevancia en los resultados por raza, aunque esto podría deberse a que las diferencias de calidad entre anuncios no son suficientes para resultar significativas. Los autores exploran también el impacto de vivir en una zona con mercados más concentrados o menos, así como en un lugar con una tasa alta o baja de delitos contra la propiedad. Los vendedores negros tienen resultados excepcionalmente malos en las ciudades de criminalidad elevada, cosa que los autores interpretan como prueba de que se trata de discriminación estadística.

Me gusta mucho esta investigación. Es un ejemplo de lo que los economistas llaman «experimento de campo natural», que cuenta con la gran ventaja de la aleatoriedad real sobre los experimentos en laboratorio, y con la fiabilidad derivada de observar mercados de verdad sin que los sujetos del experimento sepan que lo son.

Televisión en blanco y negro
(SDL)

En *Freakonomics* comentamos de pasada que los estadounidenses blancos y negros tienen hábitos muy distintos a la hora de ver la televisión. *Monday Night Football* es el único programa que se ha situado históricamente entre los diez primeros, con una cuota de audiencia similar entre blancos y negros. *Seinfeld*, una de las series de más aceptación entre los blancos, jamás estuvo entre los cincuenta primeros programas vistos por negros.

Así que estaba con la intriga cuando cayó en mis manos una lista de los programas más vistos según la medición de audiencia Nielsen, divididos por razas.

Los programas más vistos por los blancos:

1. *CSI*
2. *Anatomía de Grey*
3. *Mujeres desesperadas*
4. *Dancing with the Stars*
5. *CSI Miami*
6. *Sunday Night Football*
7. *Survivor*
8. *Mentes criminales*
9. *Betty la fea*
10. *CSI Nueva York*

Y por los negros:

1. *Anatomía de Grey*
2. *Dancing with the Stars*
3. *CSI Miami*
4. *Betty la fea*
5. *Sunday Night Football*
6. *Ley y orden: Unidad de víctimas especiales*
7. *CSI Nueva York*
8. *CSI*
9. *Next Top Model*
10. *Sin rastro*

Si los datos de esta semana son indicativos, y creo que sí, se ha producido una convergencia notable en las preferencias televisivas. Hace unos años, casi todos los programas más vistos por los negros mostraban predominantemente personajes negros, y la mayoría no pertenecía siquiera a las cuatro cadenas principales. Ahora existe una coincidencia casi exacta entre lo que ven los blancos y los negros, y aunque en muchos de estos programas hay personajes negros, no predominan en ninguno.

Esta convergencia en las preferencias televisivas, ¿será indicativa de unas pautas más amplias de convergencia cultural? Probablemente no, pero vale la pena no perderla de vista.

Sin embargo, en medio del cambio parece haber una verdad tan inamovible como la muerte y los impuestos: tanto blancos como negros ven el fútbol americano si se emite en hora de máxima audiencia.

¿Cómo es de puro su altruismo?
(SJD)

En las últimas semanas se ha producido un par de grandes catástrofes naturales: un ciclón en Birmania y un terremoto en China. En ambos casos ha habido decenas de miles de víctimas.

¿Ha extendido un cheque para donar a alguna de estas causas? Lo dudo seriamente.

¿Por qué lo digo? Antes de examinar estas tragedias recientes consideremos tres catástrofes naturales de los últimos años, con el número de víctimas y el importe de las donaciones procedentes de Estados Unidos (según Giving USA):

1. Sunami asiático (diciembre de 2004)
   220.000 muertes
   1.900 millones de dólares
2. Huracán *Katrina* (agosto de 2005)
   1.833 muertes
   5.300 millones de dólares
3. Terremoto de Pakistán (octubre de 2005)
   73.000 muertes
   150 millones de dólares

Los estadounidenses donaron casi tres veces más dinero a las víctimas del huracán *Katrina* que a las del sunami asiático, aunque este último mató a muchas, muchas más personas. Pero tiene sentido, ¿verdad? El *Katrina* fue una catástrofe estadounidense.

Y entonces llegamos al terrible terremoto de Pakistán, que mató a 63.000 personas, y los estadounidenses contribuyeron con solo 150 millones. En comparación, la donación de 1.900 millones tras el sunami resulta muy generosa. Solo son unos 2.054 dólares por víctima mortal en Pakistán, frente a unos 8.727 en el caso del sunami. Dos catástrofes lejanas con enormes pérdidas humanas, pero con una tremenda diferencia en las donaciones procedentes de los Estados Unidos. ¿Por qué?

Probablemente hay un montón de explicaciones, entre ellas:

1. Sobrecarga de catástrofes tras el *Katrina* y el sunami, y
2. falta de cobertura mediática.

¿Recuerdan la cobertura del sunami asiático? Casi seguro que sí, sobre todo porque además de afectar a zonas pobres llegó a lugares turísticos para gente adinerada, como Phuket. ¿Recuerdan la cobertura del huracán *Katrina*? Por supuesto. Pero ¿qué saben del terremoto de Pakistán? Yo, personalmente, recuerdo haber leído un par de noticias breves en el periódico, pero no vi nada por televisión.

Consideremos un trabajo académico reciente de Philip H. Brown y Jessica H. Minty, titulado *Media Coverage and Charitable Giving After the 2004 Tsunami* (Cobertura mediática y donaciones solidarias tras el sunami del 2004). Esta es la conclusión, sorprendente aunque verosímil:

Empleando las donaciones a raíz del sunami de 2004 como estudio del caso, demostramos que la cobertura mediática de las catástrofes tiene un efecto muy notable en las donaciones a agencias de ayuda; un minuto adicional de cobertura en las noticias de la noche aumenta las donaciones en 0,036 desviaciones estándar de la media, o un 13,2 % de las donaciones medias diarias recibidas por una agencia de ayuda típica. De igual forma, una crónica adicional de 700 palabras en *The New York Times* o en el *Wall Street Journal* aumenta las donaciones en un 18,2 % de la media diaria. Estos resultados resisten los controles del momento de la cobertura mediática y las consideraciones impositivas.

¿Qué hace que una catástrofe tenga una amplia cobertura y otra no? De nuevo, es probable que haya un montón de factores, y los más importantes son la naturaleza de la catástrofe (es decir, ¿cómo es de dramática/telegénica?) y la situación. Si examinamos las recientes catástrofes de Birmania y China, yo diría que hay otros factores dignos de consideración:

1. Vivimos una temporada de fuerte cobertura política en los Estados Unidos, y es difícil que se hable de otra cosa.
2. La cobertura de catástrofes lejanas consume mucho tiempo y es cara, con lo que se convierte en doblemente prohibitiva cuando las agencias de noticias atraviesan recortes.
3. No se puede considerar que Birmania ni China (ni Pakistán) tengan una gran popularidad televisiva (*Q rating*) en los Estados Unidos. Sospecho que la mayoría de los estadounidenses serían incapaces de encontrar Birmania en un mapa, y si tienen alguna impresión sobre el país será negativa (piensen en la junta militar).

En efecto, las donaciones recibidas por Birmania son muy, muy bajas hasta la fecha. Si tenemos en cuenta la irregularidad de la ayuda en caso de catástrofe, puede que no sea tan terrible, pero, aun así: para la clase de persona que dona dinero a los necesitados, ¿la familia de una víctima de un ciclón en Birmania no es tan merecedora de su solidaridad como cualquier otra? Las fuerzas políticas o narrativas de una catástrofe no deberían alterar nuestra respuesta para los necesitados, ¿verdad?

Quizá nos guste pensar que donamos casi a ciegas, según las necesidades y no según nuestra propia reacción a las particularidades de la catástrofe, pero la creciente literatura económica sobre las donaciones solidarias muestra que no es así. En una investigación limitada pero muy convincente, John List deducía que para obtener grandes donativos solicitados puerta a puerta, lo mejor que se puede hacer es ser una rubia atractiva.

Pensé en esta investigación cuando la NFL recaudaba fondos en un maratón televisivo de fin de semana, tras el huracán *Katrina*. Entre partidos y durante los descansos, la liga de fútbol americano puso a los jugadores estrella a responder al teléfono. En comparación con la cantidad de gente que sigue este deporte, el importe recaudado por la liga fue ridículamente bajo. Me pregunté si no les habría ido mucho mejor si hubieran usado a las animadoras para solicitar donativos.

Así que dadas las características de las catástrofes de Birmania y China, por trágicas que sean, me atrevo a predecir que las contribuciones solidarias procedentes de los Estados Unidos serán bastante reducidas en ambos casos. Puede que no exista más altruismo que el que los economistas denominan «altruismo impuro». ¿Esto significa que los seres humanos son superficiales y egoístas, que solo donan a una causa cuando les resulta atractiva a algún nivel? ¿Se producirá en el futuro una especie de movimiento de «márketing de catástrofes» y las agencias de ayuda aprenderán a llamar la atención de los contribuyentes en potencia?

Economía de la solidaridad callejera
(SJD)

Hace poco estuve cenando con Roland Fryer y nuestras respectivas parejas. Por algún motivo, la conversación derivó hacia las limosnas, y resultó tan interesante que pensé en plantear a otras personas una pregunta sobre solidaridad callejera. A continuación se presentan sus respuestas (y, si les interesa, al final pueden ver lo que pensamos Roland y yo).

Los participantes son: Arthur Brooks, que imparte clases de negocios y gobierno en la Universidad de Siracusa y es el autor de *Who Really Cares: The Surprising Truth About Compassionate Conservatism* (Quién se preocupa realmente: La sorprendente verdad sobre el conservadurismo compasivo); Tyler Cowen, economista de la Universidad George Mason que escribe libros y mantiene el blog *Marginal Revolution*; Mark Cuban, el polifacético empresario dueño de los Mavericks de Dallas; Barbara Ehrenreich, autora del clásico sobre las rentas bajas *Por cuatro duros* y muchas otras obras, y Nassim Nicholas Taleb, el célebre *flâneur* autor de *El cisne negro* y *¿Existe la suerte?*

Esta fue la pregunta que les planteamos a todos ellos:

> Va caminando por la calle, en Nueva York, con diez dólares que le sobran en el bolsillo. Llega a una esquina en la que hay un vendedor de perritos calientes en un lado y un mendigo en el otro. El mendigo tiene aspecto de haber estado bebiendo; el vendedor de perritos tiene aspecto de ciudadano ejemplar. ¿Cómo, en caso de que lo hiciera, distribuiría los diez dólares que lleva?, y ¿por qué?

ARTHUR BROOKS

Nos enfrentamos continuamente a esta situación, literal y figuradamente. Cuando se vive en una ciudad es habitual encontrarse con alcohólicos necesitados. ¿Se les da limosna o no? En el fondo tenemos la preocupación de que se destrocen más aún la vida con el suelto que nos sobra, pero es muy duro no darles nada.

Este dilema llega más allá del trato que damos a los sin techo. En lo tocante a las ayudas públicas a los necesitados tememos que ciertos sectores de la población acaben dependiendo de los subsidios gubernamentales. Incluso hay quien afirma que naciones enteras pueden perder la autosuficiencia a causa de la ayuda exterior. Por eso tenemos metáforas sobre dar un pescado o ayudar a pescar y esas cosas.

Además, hay gente que se preocupa un montón por la dignidad de los necesitados. Para algunos eso significa que debemos darles cualquier cosa que pidan. Para otros significa que la caridad es degradante y negativa, y que en su lugar deberían actuar los programas gubernamentales.

Como dicen los inuit, «los regalos hacen a los esclavos, como los látigos hacen a los perros».

Entonces, ¿cómo me ayuda todo esto a decidir qué hacer cuando me acerco al mendigo achispado y al ejemplar vendedor de perritos calientes? Debo decidir si me importan *a*) los deseos y la soberanía del mendigo, y *b*) el efecto y la eficacia de mi regalo para mejorar el mundo. Existen cuatro posibilidades, con cuatro acciones asociadas:

1. Me importa la soberanía del mendigo pero no el efecto de mi regalo. Le doy efectivo, que probablemente se gastará en bebida. Pero ¡eh!, somos dueños de nuestros actos, ¿no? Yo no lo he obligado a comprar alcohol en vez de comida.

2. Me importa el efecto de mi regalo pero no la soberanía del mendigo. Le compro un perrito caliente o, mejor aún, dono el dinero a una asociación de ayuda a los sin techo.

3. Me importan tanto la soberanía del mendigo como el

efecto de mi regalo. Este es el caso más difícil, y suele incluir el fútil ejercicio de intentar convencer al mendigo para que «busque ayuda». Imaginen un intento de intervención en la calle.

4. No me importa ni la soberanía del mendigo ni el efecto del regalo. Este es el caso más fácil de todos. Me compro un perrito caliente y no me fijo en el mendigo. Écheme todos los aderezos y deme también una Pepsi *light*.

¿Cuál es mi elección? Normalmente me inclino por la número dos, a no ser que me sienta verdaderamente vago o esté con alguien que sepa que escribo libros sobre la solidaridad, en cuyo caso elijo a veces la número uno.

TYLER COWEN

No me gusta la idea de darle el dinero al mendigo. A la larga, esto solo fomenta la mendicidad. Supongamos que un mendigo gana 5.000 dólares al año; los mendigos en potencia acabarían invirtiendo un tiempo y una energía valorados en unos 5.000 dólares en hacerse mendigos. La ganancia neta es reducida, en caso de que exista. Se rumorea que en Calcuta hay gente que se amputa miembros para tener más éxito en la mendicidad; es un ejemplo extremo de este fenómeno. En mi libro *Descubre al economista que llevas dentro* explico esta lógica con más detalle.

Curiosamente, si el mendigo es alcohólico hay más motivos para darle limosna. El alcoholismo aumenta las probabilidades de que pida dinero aleatoriamente, en vez de seguir una calculada estrategia de desperdiciar recursos en la mendicidad. Pero en ese caso cabe esperar que mi regalo se invierta en alcohol, así que sigo sin querer darle dinero.

Si me gustaran los perritos calientes preferiría comprarle uno al vendedor antes que darle el dinero a cambio de nada. Es probable que tenga que tirar comida al final de la jornada. El dinero será para él en cualquier caso, así que ¿por qué desperdiciar un perrito?

Una tercera opción, implícita en la pregunta, consiste en romper el dinero. Esto aumentará proporcionalmente el valor del dinero de los demás y distribuirá las ganancias muy ampliamente. Ya que muchos billetes de dólar están en poder de extranjeros pobres (sobre todo en América Latina), las ganancias serían para aquellos capaces de ahorrar dólar por dólar. Esto incluiría a muchos trabajadores pobres, un grupo que considero merecedor del regalo.

Sin embargo, esta opción me plantea dos dudas. En primer lugar, los traficantes y otros delincuentes almacenan montones de efectivo; ¿por qué debería ayudarlos? En segundo lugar, la Reserva Federal podría (aunque solo sea en el sentido probabilístico) invertir el efecto de mis acciones imprimiendo más dinero.

En definitiva: me compro un perrito.

Y en resumidas cuentas: Nueva York no es buen lugar para ejercer la solidaridad.

MARK CUBAN

Sigo caminando con el dinero en el bolsillo, porque no tengo ningún motivo para deshacerme de él en una esquina.

BARBARA EHRENREICH

¿Podemos desechar en primer lugar la respuesta que parece obvia en el planteamiento de la pregunta? Esto es, que invierto los diez dólares en comprarle un perrito al mendigo y quizá le deje el cambio de propina al vendedor, para recompensar a un ciudadano trabajador y a la vez asegurarme de que el vago del mendigo no consigue pasta para seguir bebiendo y, por supuesto, sentir el subidón de lo correcto para la clase media.

Aunque soy atea, en lo tocante a la mendicidad me remito a las palabras de Jesucristo: «Si alguien te quiere quitar la túnica, déjale también la capa.» (En realidad dijo: «Si alguien te demanda y...», pero los mendigos suelen saltarse el proceso judicial.) No dijo: «En primer lugar hazle un control de alcoholemia al demandante», ni «En primer lugar, suéltale una charla sobre la fijación de objetivos y su consecución»; dijo: «Dale la maldita túnica.»

Desde un punto de vista religioso, si un mendigo me aborda directamente, debo darle dinero. De todas formas, ¿cómo sé si ha estado bebiendo o sufre un trastorno neurológico? Si no soy su agente de la condicional, ¿qué más me da? Y antes de que algún virtuoso le ofrezca un perrito caliente, debería plantearse la posibilidad de que el mendigo sea vegetariano, o solo consuma comida *kosher* o *halal*.

Así que si el mendigo se me acerca y extiende la mano, y si solo tengo un billete de diez dólares, tengo que dárselo. Que pretenda gastárselo en papilla para su bebé hambriento o en vino barato no es asunto mío.

NASSIM NICHOLAS TALEB

No es una pregunta válida y las respuestas que se den no proporcionarán información útil. Me explico:

Hace poco estuve tomando queso y unas copas con Stephen Dubner (yo me comí todo el queso) y me preguntó por qué me molesta tanto la economía como disciplina, hasta el punto de causarme reacciones alérgicas ante algunos economistas académicos. En efecto, mi alergia puede ser física: recientemente, en un vuelo de British Airways entre Londres y Zúrich, me encontré con que al otro lado del pasillo habían sentado a un economista internacional de la Ivy League, que llevaba una americana azul y leía el *Financial Times*. Pedí que me cambiaran de sitio y preferí bajar de nivel, respirar el aire sin contaminar de la clase turista. Me dirigía a un retiro en las montañas suizas, en un entorno que recuerda el de *La montaña mágica* de Mann, y no quería que nada ofendiera mi sensibilidad.

Le dije a Stephen que mi alergia a los economistas tenía fundamentos morales, éticos, religiosos y estéticos. Pero hay otro motivo, y crucial: lo que llamo *ludicidad*, o la falacia lúdica (del latín *ludus*, «juego»). Corresponde a las situaciones que se crean en los cuestionarios académicos de opciones múltiples ideados de forma análoga a los juegos, con reglas concisas y bien definidas, pero tan alejadas de su entorno como de su ecología. La toma de decisiones en el planeta Tierra no suele involucrar preguntas de opción múltiple tipo examen aisladas de contexto, y es por eso por lo que a los niños que sacan buenas notas les va peor que a los que conocen las calles. Y si la gente parece incoherente en ocasiones, tal como se muestra en muchos «rompecabezas», suele ser porque el examen estaba mal planteado. Dan Goldstein llama a este problema «invalidez ecológica».

Así que ecológicamente, en la vida real, actuamos de distinta forma según el contexto; por tanto, si pretendiese hacer ecológica esta pregunta, respondería lo siguiente: si fuera vagando por las calles de Nueva York sería raro que me enfrentara a la misión de distribuir diez dólares; normalmente andaría pensando en mi próximo libro, o en cómo vivir en una sociedad sin economistas (o sin filósofos analíticos). Y mi reacción dependería de la secuencia, de si veo primero al mendigo o al vendedor.

Si me encontrara con el mendigo, intentaría resistirme a darle dinero (ya dono bastante a personas anónimas a través de organizaciones solidarias), pero quizá no lo consiguiera. Para saberlo tendría que verme realmente frente al mendigo borracho. Mi reacción también dependería de que anteriormente hubiera estado expuesto a imágenes de niños que pasan hambre; eso me sensibilizaría. Y tampoco hay que subestimar la química personal. Podría darle mucho más de diez dólares si me recordara a mi querido tío abuelo, o cambiarme de acera si se pareciera remotamente al economista Robert C. Merton. Por supuesto, si me interrogaran con posterioridad jamás aduciría como motivo de mi elección «la química», sino alguna narrativa teórica rimbombante.

Mi anécdota sobre el avión tiene un giro. Una vez, en el mismo trayecto de British Airways entre Suiza y Londres me senté junto a otro economista que, quizá, fue el primero en revelar esa invalidez ecológica. Se llamaba Amartya Sen y se presentó como filósofo, no como economista. Además se parecía físicamente al primer economista (aunque no llevaba una americana azul). Me sentí orgulloso de respirar el mismo aire que Sen.

Debo señalar que cuando Fryer y yo charlamos sobre el tema no nos esforzamos tanto como la gente que acabamos de citar (con excepción, tal vez, de Cuban).

Mi postura era que la mendicidad resulta ineficaz casi universalmente y, para colmo, es una molestia. Como prefiero recompensar la buena conducta antes que castigar la mala, le daría al vendedor de perritos parte del dinero o todo. A fin de cuentas, él es quien está ahí todos los días proporcionando un servicio, quien tiene que pagar impuestos, licencias, etc. El pedigüeño, mientras tanto, tiene opciones de conseguir comida y cobijo mucho más eficaces y efectivas que obtener unos pocos dólares inciertos de gente como yo, y cuanto más le dé, más estaré animándolo a pasar el tiempo en la calle.

Roland, por su parte, dijo que le daría sus diez dólares al mendigo: es una cantidad muy pequeña, explicó, y tendría un impacto marginal mayor en el mendigo que en el vendedor de perritos.

Los niños sobornados se esfuerzan más en los exámenes

(SDL)

Empleamos los incentivos financieros directos para motivar gran variedad de actividades. Nadie espera que los trabajadores de un restaurante de comida rápida preparen hamburguesas gratis; nadie espera que los profesores se presenten a enseñar sin recibir un pago. Pero en lo tocante a los colegiales consideramos que las lejanas recompensas financieras que obtendrán años o decenios más tarde deberían bastar para motivarlos, a pesar de que para la mayoría de los niños un mes o dos es una eternidad.

Para averiguar algo más sobre la posible reacción de los colegiales a los incentivos financieros realicé una serie de experimentos de campo con John List, Susanne Neckermann y Sally Sadoff, y hace poco presentamos los resultados en un *paper* preliminar.

A diferencia de la mayoría de los estudios anteriores relacionados con niños, colegios y pagos, en esta investigación no intentamos conseguir que los niños pongan más interés en los estudios o aprendan más. Nuestro objetivo es aún más sencillo: conseguir que los colegiales se esfuercen más en los exámenes. Por tanto, no les mencionamos la recompensa económica con antelación; simplemente, cuando se sientan a hacer el examen les ofrecemos por sorpresa hasta veinte dólares a cambio de mejorar.

Se obtienen los mejores resultados cuando les damos el dinero antes del examen y les pedimos que nos lo devuelvan si no cumplen las condiciones. Esto se debe a lo que los psicólogos llaman «aversión a la pérdida».

A los niños pequeños sale mucho más barato sobornarlos con chucherías como trofeos y artículos de broma, pero con los estudiantes mayores solo funciona el efectivo.

Es notable lo que se ofende la gente cuando se paga a los

estudiantes por un buen resultado; han llegado muchos mensajes y comentarios negativos. Roland Fryer tuvo que soportar los mismos ataques cuando experimentó con incentivos financieros en ciudades de todos los Estados Unidos.

Puede que los críticos tengan razón y el motivo por el que soy un desastre sea que mis padres me pagaban veinticinco dólares por cada sobresaliente que sacaba en el instituto, pero una cosa está clara: puesto que mis únicas fuentes de ingresos eran esos sobornos en función de las notas y lo que sacaba a mis amigos jugando al póquer, me esforcé mucho más de lo que me habría esforzado sin esos incentivos. Muchas familias de clase media pagan a sus hijos por las notas, así que ¿por qué suscita tanta controversia que les den dinero otras personas?

Un salmón delicioso: otro ejemplo del funcionamiento de los incentivos
(SDL)

La otra noche fui a cenar con varias personas a un restaurante razonablemente lujoso. Mientras examinábamos la carta, la camarera tuvo la amabilidad de comentarnos que el salmón estaba particularmente delicioso. También podría interesarnos probar el *dip* de alcachofas, nos dijo; era su favorito.

Por desgracia, nuestras preferencias no eran tan fáciles de desviar. Ninguno de nosotros pidió el salmón, y el *dip* de alcachofas tampoco suscitó mucho interés. Mientras recogía las cartas, la camarera volvió a preguntarnos si no queríamos dar una oportunidad al *dip*. Medio en broma, alguien preguntó si tenía algún motivo para desear que lo probáramos.

Dándose cuenta, sin duda, de que hablaba con un montón de frikis de la economía que le agradecerían la verdad, contestó sinceramente: el chef había creado un nuevo postre (y a ella le encantan los postres). El miembro del servicio de mesas que colocara esa noche más raciones de salmón y *dip* de alcachofas ganaría una generosa ración del nuevo postre. Recompensamos la creatividad del restaurante a la hora de ofrecer incentivos con la adición de un *dip* de alcachofas al pedido.

Más adelante le pregunté si el restaurante incentivaba con frecuencia a los camareros para que vendieran productos concretos. Comentó que en otra ocasión ofrecieron un premio de cien dólares a quien vendiera más unidades de un plato determinado.

—¡Vaya! —dije—. Esos cien dólares debieron de revolucionaros.

—En realidad —respondió—, me hace más ilusión el postre.

Una victoria más para los incentivos no pecuniarios.

Gambonomía
(SDL)

Hace poco planteé en el blog una sencilla pregunta: «¿Por qué comemos tantas gambas?» (Entre 1980 y 2005 casi se ha triplicado el consumo de gambas per cápita en los Estados Unidos.) ¡No esperaba recibir más de mil respuestas!

Pregunté porque Shane Frederick, catedrático de márketing en la Sloan School del MIT, se había puesto en contacto conmigo para presentarme una curiosa hipótesis. Escribía sobre la asombrosa regularidad en las respuestas que obtenía cuando preguntaba a distintas personas por qué comemos tantas gambas:

> Los psicólogos (probablemente ninguno de los cuales sea economista) dan explicaciones centradas en las alteraciones experimentadas por la curva de la demanda; cambios en las preferencias, la información, etc., como:

1. La gente se preocupa más por su salud y las gambas son más sanas que la carne;
2. La cadena Red Lobster cambió de agencia de publicidad y ahora funcionan sus anuncios.

Y cosas por el estilo. Los economistas, en cambio, tienden a buscar explicaciones basadas en la oferta, como:

1. Se han diseñado mejores redes para pescar gambas;
2. Las condiciones meteorológicas del Golfo han sido favorables para la reproducción de las gambas.

Y cosas por el estilo.

La hipótesis de Shane me pareció verosímil. Cuando doy clases de intermediación microeconómica, mis alumnos parecen entender la demanda mucho más fácilmente que la oferta. Casi todos tenemos más experiencia como consumidores que como productores, por lo que tendemos a examinar las cosas a través de la lente de la demanda, no la de la oferta. Necesitamos que los economistas nos enseñen a valorar los aspectos de la oferta.

Mis colegas hallaron pruebas que parecían confirmar la hipótesis de Shane: los ocho economistas de Chicago a los que planteé la pregunta de las gambas consideraban que la respuesta tenía algo que ver con una mayor eficacia en la producción de gambas, esto es, daban explicaciones basadas en la oferta.

Esto me llevó a preguntar a los lectores del blog, para ver qué contestaban. Con ayuda de Pam Freed (una estudiante de Económicas de Harvard que en un principio lo explicó con la demanda, pero cambió rápidamente a la oferta al encontrarse con mi mirada asesina), catalogamos los quinientos primeros comentarios que recibimos en el blog.

Pues bien, Shane: lamento comunicarte que tu hipótesis no se reflejó muy bien en la práctica.

Había 393 observaciones útiles (107 de ustedes no siguieron las instrucciones).

En primer lugar, la buena noticia para la hipótesis. Tal como había aventurado Shane, los no economistas (esto es, cualquiera que no tuviera una licenciatura en Económicas) pensaban en su mayor parte que comemos más gambas por motivos basados en la demanda (por ejemplo, la película *Forrest Gump*, el aumento del número de vegetarianos dispuestos a comer gambas, etc.). El 57 % de los no economistas aportaban explicaciones basadas únicamente en la demanda, frente al 24 % que se limitaba a la oferta. Los demás mezclaban la oferta y la demanda en sus razonamientos.

Donde no funcionó tan bien esta hipótesis, sin embargo, fue en el 20 % de las respuestas recibidas, que procedían de economistas: no eran tan distintas de las demás. Alrededor del 47 % de los economistas encontraba exclusivamente motivos basados en la demanda, y el 27 %, solo en la oferta. (Los que habían estudiado Económicas eran más propensos a combinar la oferta y la demanda.)

En honor a Shane debo decir que hay una gran diferencia entre ser catedrático de Economía y tener una licenciatura en Económicas. De hecho, quizá la similitud entre los economistas y los demás sea una indicación de que el temario actual de la carrera no logra insuflar a los alumnos una buena intuición económica, o al menos, la intuición económica con que cuentan mis colegas.

¿Quién tiene un pensamiento más divergente del de los economistas académicos? El premio (no hay sorpresas) es para los filólogos y (algo más sorprendente) para los ingenieros, que combinados aportaron 49 respuestas que se decantaban llamativamente hacia la demanda.

Es interesante que las mujeres, por lo general, tuvieran la mitad de probabilidades que los hombres de basar sus explicaciones en la demanda. Les dejo la tarea de valorar las causas y los efectos de ese resultado.

Así pues, ¿por qué aumentó tanto el consumo de gambas? No lo sé muy bien, pero un factor clave es la drástica reducción del precio. Según un estudio académico, el precio real de las gambas disminuyó aproximadamente un 50 % entre 1980 y 2002. Si la cantidad aumenta y el precio baja, será porque los productores han dado con formas más baratas y mejores de conseguir gambas. Un artículo de *Slate* afirma que se ha producido una revolución en el cultivo de gambas. Quizás intervengan también factores de demanda, pero no parecen ser determinantes.

Para los lectores diligentes que hayan llegado al final de esta entrada, he aquí otra pregunta: En fuerte contraste con el consumo de gambas, la cantidad de atún enlatado que se consume se reduce paulatinamente. ¿Se debe a cambios en la oferta o en la demanda?

¿Por qué son tan infelices las mujeres?
(SDL)

Hace unas semanas vi a Justin Wolfers y le dije en broma que llevaba meses sin encontrarme con su investigación en los titulares. No tardó mucho en ponerle remedio: junto con Betsey Stevenson, su compañera en la vida y en la economía, la semana pasada apareció dos veces en prensa. La primera fue en la forma de un *op-ed* en el *Times*, donde señalaban que los medios de comunicación han malinterpretado por completo las nuevas estadísticas sobre el divorcio. Mientras los reportajes proclamaban que estos datos son prueba de que los estadounidenses son más propensos que nunca a divorciarse, Stevenson y Wolfers demuestran que este cambio se debe únicamente a la forma de recabar los datos. De hecho, actualmente se casa menos gente, pero es más probable que las parejas sigan juntas.

Además, Stevenson y Wolfers sacaron un nuevo estudio,

«La paradoja de la reducción de la felicidad femenina», que sin duda desatará una gran controversia. Se aplique el indicador económico que se aplique, los últimos treinta y cinco años han sido estupendos para las mujeres: el control de la natalidad les permite controlar la reproducción; tienen acceso a mucha más formación y participan cada vez más en muchas profesiones tradicionalmente dominadas por los hombres; la diferencia salarial por sexos ha disminuido sustancialmente; las mujeres son más longevas que nunca. Hasta hay estudios que indican que los hombres empiezan a asumir más responsabilidades en relación con las tareas domésticas y el cuidado de los hijos.

Dados todos estos cambios, las pruebas que presentan Stevenson y Wolfers son demoledoras: actualmente, las mujeres se declaran más infelices que hace veinticinco años, sobre todo en comparación con las tasas de felicidad correspondientes de los hombres. Esto se observa en las mujeres trabajadoras y en las madres y amas de casa; en las que tienen más estudios y en las que tienen menos. Empeora con la edad: a las comprendidas entre los dieciocho y los veintinueve no parece irles tan mal. Las mujeres con hijos parecen sentirse peor que las que no los tienen. La única excepción notable en esta pauta son las mujeres negras, que actualmente son más felices que hace décadas.

Existen diversas explicaciones alternativas para este hallazgo. A continuación presento mi lista, que difiere ligeramente de la elaborada por Stevenson y Wolfers:

1. La felicidad femenina se infló artificialmente en la década de 1970 a causa del movimiento feminista y el optimismo que conllevaba. Sí, la situación de las mujeres ha mejorado a lo largo de las últimas décadas, pero puede que el cambio haya sido mucho más lento de lo previsto. Por tanto, con unas expectativas tan elevadas, la realidad ha resultado decepcionante.

2. A lo largo de los treinta y cinco últimos años la vida de las mujeres se ha vuelto más parecida a la de los hombres. Históricamente, los hombres han sido más infelices que las mujeres, por lo que quizá no sea tan sorprendente que, puesto que el entorno laboral siempre ha hecho infelices a los hombres, ahora descorazone también a las mujeres.

3. En los viejos tiempos existía una gran presión social para que las mujeres fingieran felicidad aunque no la sintieran. Ahora la sociedad permite a las mujeres expresar sus sentimientos abiertamente cuando están insatisfechas con su vida.

4. Al hilo del punto tres: estas mediciones de felicidad a partir de los datos aportados por el sujeto se ven afectadas irremediablemente por otros factores, hasta el punto de perder todo sentido. El creciente ejército de investigadores de la felicidad se subirá por las paredes ante esta posibilidad, pero existen pruebas bastante fidedignas (incluido un *paper* de Marianne Bertrand y Sendhil Mullainathan) de que las declaraciones de felicidad dejan mucho que desear como medidores del resultado.

Stevenson y Wolfers no se pronuncian sobre la explicación más probable. Puesto a hacer conjeturas, yo diría que los puntos tres y cuatro son los más verosímiles.

Mientras tanto, pregunté a una amiga cuál creía que era la respuesta, pero estaba demasiado deprimida para contestar.

¿Cuál es el mejor consejo que ha recibido?
(SJD)

Estamos en esa época del año: la graduación. Se empuja al podio a famosos, dignatarios y alguna que otra bala perdida para que envíen a los graduandos a su futuro con valor, confianza, convicción, bla, bla, bla.

Y hay una mujer a la que llamaremos S., ya que su misión es secreta. N., su hijo, está a punto de graduarse de secundaria, y S. le está componiendo un «álbum de consejos». Ha escrito a personas de todo tipo (incluidos nosotros) para preguntar: «¿Cuál es el mejor (o el peor) consejo que ha recibido en su vida?» Su mensaje continúa: «Mi madre hizo esto por mí cuando me gradué en el instituto, y quería continuar la tradición con mis hijos. Es el regalo más mejorable que he recibido nunca.»

¿Cómo se puede decir que no a esta petición? Mi primer impulso fue decirle a N. que el mejor consejo que podía darle era que tuviera una madre que quisiera a sus hijos tanto como para pedir consejo a desconocidos.

En cualquier caso, esto es lo que le mandé. No puedo decir que sea muy interesante, ni muy buen consejo, pero fue lo que me salió:

> Querido N.:
> Cuando tenía unos catorce años me dieron un consejo, aunque ni siquiera con esa intención, que he tenido en cuenta toda mi vida.
> Estaba pescando en un lago, en una pequeña motora, con un hombre llamado Bernie Duszkiewicz. Era el barbero del pueblo (bueno, uno de los dos, pero ya te haces la idea: era un pueblo pequeño). Había perdido a mi padre con diez años, y en el pueblo había unos cuantos hombres muy amables que se desvivían por llevarme a vivir modestas aventuras, casi todas relacionadas con la pesca. No me hacía demasiada gracia pescar, pero creo que mi madre pensaba que sí, y era demasiado tímido u obediente para poner objeciones.
> Así que estábamos en el lago, supongo que pescando percas atruchadas, dirigiéndonos de una zona de pesca su-

puestamente buena a la siguiente y charlando sobre absolutamente nada, cuando se puso a llover. El señor Duszkiewicz llevó la barca a la orilla y nos resguardamos bajo unos árboles frondosos para no empaparnos. Empezamos a tirar el sedal desde allí y, maravilla de maravillas, por fin pesqué algo. Era una perca o algo parecido, de no más de quince centímetros, pero al menos era un pez. Y después pesqué otro, y otro. Eran demasiado pequeños para quedárselos, pero pescarlos fue divertido.

Después salió el sol y el señor Duszkiewicz desamarró la barca. Yo era muy tímido y tuve que hacer acopio de valor para decir: «¿Adónde vamos? ¡Este sitio es muy bueno!»

«Pero no nos interesa seguir sacando pececitos —respondió—. Es una pérdida de tiempo. Vamos a pescar un pez de verdad.»

Sinceramente, me sentí un poco ofendido: los peces que yo estaba pescando eran de verdad, y me divertía más que cuando no pescaba nada en absoluto. Y cuando volvimos a las zonas más profundas del lago volvió la mala suerte: no picó ni uno.

Pero la lección se me había quedado. Aunque volvimos a casa con las manos vacías, habíamos partido en busca de los peces gordos. Puede que este planteamiento no aporte mucha diversión a corto plazo, pero hay que pensar a la larga: los grandes objetivos, los que se alcanzan a base de un montón de fracasos, pueden valer la pena (por supuesto, también puede que no). Es una lección en términos del coste de las oportunidades: si pasas todo el tiempo pescando pececitos, no tendrás tiempo —o no desarrollarás la técnica o la paciencia— para pescar peces gordos.

Con mis mejores deseos.

SJD

Y esta es mi anécdota de la pesca. Lo divertido es que, por memorable que resultara ese consejo, a día de hoy sigo in-cumpliéndolo continuamente.

Pero piensen que sería mucho peor si ni siquiera me ace-chara como una segunda conciencia.

La mejor alabanza que puede dar nadie
(SDL)

Ayer recibí este mensaje de un admirador:

He leído *Freakonomics* y me he quedado patidifuso, como mínimo. Es usted un gran pensador y, sinceramente, me recuerda a mí mismo.

Agradecimientos

Suzanne Gluck es nuestra santa patrona. Suzanne, te agradecemos enormemente tu apoyo y, sobre todo, tu amistad. También debemos dar las gracias a mucha más gente de WME, incluidos Tracy Fisher, Cathryn Summerhayes, Henry Reisch, Ben Davis, Lori Odierno, Eric Zohn, Dave Wirtschafter, Bradley Singer y la gente que ha mantenido esto en marcha durante tantos años: Eve Attermann, Erin Malone, Judith Berger, Sarah Ceglarski, Georgia Cool, Caroline Donofrio, Kitty Dulin, Samantha Frank, Evan Goldfried, Mac Hawkins, Christine Price, Clio Seraphim, Mina Shaghaghi y Liz Tingue.

Muchísimas gracias, como siempre, a la gente excepcional de William Morrow/HarperCollins, que tanto se esfuerza por nosotros y por otros muchos escritores afortunados. Estos cuatro libros de *Freakonomics* han constituido un viaje largo y fructífero con todos vosotros.

Un agradecimiento especial para Henry Ferris, Claire Wachtel, Liate Stehlik, Lisa Gallagher, Michael Morrison, Brian Murray, Jane Friedman, Lynn Grady, Tavia Kowalchuk, Andy Dodds, Dee Dee DeBartlo, Trina Hunn y tantas otras personas que, con su talento, han contribuido tanto a este proyecto.

En Penguin UK hemos tenido la inmensa fortuna de que nos corrigiera un par de grandes pensadores y buenos amigos, Alexis Kirschbaum y Will Goodlad. Gracias también a Stefan McGrath por su apoyo continuo.

También queremos dar las gracias a la maravillosa gente de la agencia Harry Walker, que nos envía periódicamente a grandes expediciones, y al equipo de radio de *Freakonomics* en la WNYC, que hace un estupendo trabajo convirtiendo nuestras divagaciones en algo que se acerca medianamente a la coherencia.

Y también están esas docenas de personas, como poco, que han trabajado tan duro durante estos años en el blog. Ha sido verdaderamente emocionante.

Gracias a Mary K. Elkins, Lorissa Shepstone y Gordon Clemmons, de Being Wicked, y a Chad Troutwine y su equipo por construirnos y reconstruirnos continuamente un campo de juegos en línea.

En *The New York Times* queremos dar las gracias especialmente a Gerry Marzorati, David Shipley, Sasha Koren, Jeremy Zilar, Jason Kleinman y Brian Ernst.

A lo largo de los años, el blog ha tenido una serie de correctores que no solo han contribuido enormemente con sus dotes de redacción, sino que han impedido que nosotros dos nos fuéramos demasiado por las ramas. Gracias a Rachel Fershleiser, Nicole Tourtelot, Melissa Lafsky, Annika Mengisen, Ryan Hagen, Dwyer Gunn, Mathew Philips, Azure Gilman, Bourree Lam y Caroline English, y especialmente a Bourree y Dwyer por hacer la criba inicial de más de 1.800 entradas, y a Ryan por, entre muchas otras contribuciones, su control de calidad pirata en la página 279.

Damos las gracias también a los muchos invitados que han escrito entradas en el blog de *Freakonomics* durante todos estos años, desde controles de calidad hasta respuestas a las preguntas que les planteábamos, pasando por ensayos. Nos sentimos en deuda especialmente con el increíble elenco de participantes regulares, que incluye a Ian Ayres, el capitán Steve, Dan Hamermesh, Dean Karlan, Andrew Lo, Sanjoy Mahajan, James McWilliams, Eric Morris, Nathan Myhrvold, Jessica Nagy, Kal Raustiala, Seth Roberts, Steve Sexton, Fred Shapiro, Chris Sprigman, Sudhir Venkatesh y Justin Wolfers. Un agradecimiento especial para el capitán Steve, James y Sudhir, por dejarnos publicar entradas suyas en este libro.

El blog tiene un componente —uno de los mejores, sin lugar a dudas— que no se puede recoger en este libro: las opiniones de los lectores. Nos encanta haber recibido sus comentarios inteligentes, agudos o airados, sus preguntas y sugerencias, su enorme curiosidad y amabilidad. Gracias a cada uno de los lectores; ustedes son lo que nos han impulsado durante diez años.

Notas

1. SOLO INTENTÁBAMOS AYUDAR

«TERRORISMO II»: «La mayor cantidad de mensajes de rechazo [...] desde que hablé del efecto de la legalización del aborto en la criminalidad»: Véase *Freakonomics* y John J. Donohue III y Steven D. Levitt, «The Impact of Legalized Abortion on Crime» (Efecto de la legalización del aborto en la criminalidad), *The Quarterly Journal of Economics* 116, n.º 2 (05/2001). / **«tal como han demostrado Gary Becker y Yona Rubinstein...»:** Véase Becker y Rubinstein, «Fear and the Response to Terrorism: An Economic Analysis» (El miedo y la reacción al terrorismo: Análisis económico), Centre for Economic Performance Discussion, *paper* 1079 (09/2011). / **«El trabajo de Robert Pape, mi colega de la Universidad de Chicago, indica que...»:** Véase p. ej. Robert A. Pape, *Morir para ganar: Las estrategias del terrorismo suicida* (Paidós Ibérica, 2006).

«¿QUÉ TAL UNA "GUERRA CONTRA LOS DEFRAU-DADORES"?»: Véase Johnston, «I.R.S. Enlists Help in Collecting Delinquent Taxes» (Hacienda busca ayuda para recaudar impuestos de los delincuentes), *The New York Times*, 20/08/2006. / **«Tratamos este tema en nuestra columna del *Times*»:** Véase Dubner y Levitt, «Filling in the Tax Gap» (Cómo rellenar la laguna de los impuestos), *The New York Times Magazine*, 2/04/2006.

«SI LAS BIBLIOTECAS PÚBLICAS NO EXISTIESEN...»: Para tratar este tema en profundidad, véase Dubner, «What I Told the American Library Association» (Lo que expliqué a la Asociación de Bibliotecas Estadounidenses), Freakonomics.com, 5/05/2014.

«ELIMINEMOS LAS CÁTEDRAS...»: Véase también «The Freakonomics of Tenure» (La freakonomía de las cátedras), *The Chronicle of Higher Education*, 23/03/2007.

«POR QUÉ ES MALA IDEA REINSTAURAR EL SERVICIO MILITAR»: «El *Time* ha publicado un extenso informe»: Véase Mark Thompson, «Restoring the Draft: No Panacea» (La recuperación del servicio militar no es ninguna panacea), *Time*, 21/07/2007.

«UNA PROPUESTA FREAKONÓMICA PARA AYUDAR...»: «Noah Smith, autor de un blog de economía, que despotrica contra nosotros»: Véase Smith, «Market Priesthood» (El sacerdocio del mercado), Noahpinion.com, 15/05/2014.

«¿UNA ALTERNATIVA A LA DEMOCRACIA?»: «los economistas sentimos indiferencia hacia las citas electorales»: Véase Dubner y Levitt, «Why Vote?» (¿Por qué votar?), *The New York Times Magazine*, 6/11/2005; y Dubner, «We the Sheeple» (Nosotros, la gente oveja), radio Freakonomics, 25/10/2012. / **Mecanismo de voto de Glen Weyl:** Véase Steven P. Lalley y E. Glen Weyl, «Quadratic Voting» (Voto cuadrático), *paper* provisional de SSRN, 02/2015. / **«otros dos economistas han estado explorando una idea similar»:** Véase Jacob K. Goeree y Jingjing Zhang, «Electoral Engineering: One Man, One Vote Bid» (Ingeniería electoral: Un hombre, una opción de voto), *paper* provisional, 27/08/2012.

«¿TENDRÍAMOS MEJORES POLÍTICOS SI LES PAGÁSEMOS MÁS?»: «Un trabajo de investigación de Claudio Ferraz y Federico Finan»: Véase Ferraz y Finan, «Motivating Politicians: The Impacts of Monetary Incentives on Quality and Performance» (Cómo motivar a los políticos: Impacto de los incentivos monetarios en la calidad y el rendimiento), *paper* provisional de NBER, 04/2009. / **«Otro trabajo de investigación más reciente»:** Véase Finan, Ernest Dal Bó y Martin Rossi, «Strengthening State Capabilities: The Role of Financial Incentives in the Call to Public Service» (Cómo reforzar la capacidad del Estado: El papel de los incentivos financieros en la vocación de servicio público), *The Quarterly Journal of Economics* 18, n.º 3 (04/2013).

2. LIMBERHAND, EL MASTURBADOR, Y LOS PELIGROS DE WAYNE

«SUALTEZA MORGAN»: **«Nos envió un artículo del *Orlando Sentinel*»**: Véase Joe Williams, «What's in a Name? A Royal Heritage» (¿Qué tiene un nombre?: Vestigios de la realeza), *Orlando Sentinel*, 18/08/2006. / **«un triste artículo del *San Diego Tribune*»**: Véase «Ex-Navy Marksman Gets 84-to-Life in Gang Shooting» (Antiguo francotirador de la Armada se enfrenta a una condena entre 84 años y cadena perpetua por un tiroteo relacionado con bandas), *U-T San Diego*, 25/052006.

«UN NOMBRE CELESTIAL»: **«Jennifer 8. Lee [...] lo relata»**: Véase Lee, «And if It's a Boy, Will It Be Lleh?» (Y si es niño, ¿se llamará Lleh?), *The New York Times*, 18/05/2006. / **«el séptimo nombre más frecuente»**: Un gran recurso para elegir nombres se encuentra en la web de la Seguridad Social estadounidense: http://www.ssa.gov/oact/babynames/.

«LA IMPREVISIBILIDAD DE LOS NOMBRES DE BEBÉS»: Véase «Hurricane Dealt Blow to Popularity of Katrina as Baby Name» (El huracán da al traste con la popularidad de Katrina como nombre de niña), *The New York Times* (artículo de Associated Press), 13/05/2007; de nuevo, se puede encontrar un buen recurso para tendencias generales de nombres de recién nacidos en el sitio web de la Administración de la Seguridad Social: http://www.ssa.gov/oact/babynames/.

«SUPEREN ESTE APTÓNIMO»: **«Limberhand el masturbador»**: Véase el juicio del estado de Idaho contra Dale D. Limberhand, n.º 17656, Tribunal de Apelaciones de Idaho, 14/03/1990.

3. ¡VIVA LA GASOLINA CARA!

«SI LOS TRAFICANTES DE CRACK APRENDIE-SEN...»: **«un reportaje televisivo...»**: Véase Eileen Faxas, «Up Close: Cost of Generic Drugs Varies Widely» (Estudio en profundidad: Grandes variaciones en el coste de los fármacos genéricos), KHOU-TV.com, 13/12/2003. / **«una amplia comparativa de precios»**: Véase «Generic Prescription Drug Price Comparison Chart» (Tabla comparativa de precios de fármacos genéricos de venta con receta), WXYZ-TV.com. / **«un reportaje de la revista *Consumer Reports*»**: Véase «Generic Drugs: Shop Around for the Best Deals» (Fármacos genéricos: De tiendas para buscar los mejores precios), ConsumerReports.org. / **«un trabajo de investigación [...] Dianne Feinstein»**: Véase «Senator Feinstein Urges Californians to Be Aware That Generic Drug Prices Vary Greatly From Pharmacy to Pharmacy» (La senadora Feinstein advierte a los californianos de que el precio de los medicamentos genéricos varía enormemente de una farmacia a otra), 8/05/2006. / **«un detallado artículo del *Wall Street Journal*»**: Sarah Rubenstein, «Why Generic Doesn't Always Mean Cheap» (Por qué genérico no siempre es sinónimo de barato), *The Wall Street Journal*, 13/03/2007.

«POR 25 MILLONES, NI HABLAR...»: **«las virtudes de ofrecer recompensas cuantiosas para animar a [...] curar enfermedades»**: Véase Levitt, «Fight Global Pandemics (or at Least Find a Good Excuse When You're Playing Hooky)» (Combata las pandemias mundiales [o al menos busque una buena excusa cuando haga novillos]), Freakonomics.com, 18/05/2007 / **«bien de mejorar los algoritmos de Netflix»**: Véase Levitt, «Netflix $ Million Prize» (El premio millonario de Netflix), Freakonomics.com, 6/10/2006. / **«tal como informó ABC News»**: Véase Matthew Cole, «U.S. Will Not Pay $25 Million Osama Bin Laden Reward, Officials Say» (Los oficiales niegan que los EE.UU. vayan a pagar una recompensa de 25 millones de dólares por Osama Bin Laden), ABCNews.com, 19/05/2011.

«¿NO VA SIENDO HORA DE DESHACERSE DE LAS MONEDAS DE UN CENTAVO?»: **«una sección de *60 Minutes* titulada "Making Cents"»**: Véase Morley Safer, «Should We Make

Cents?» (¿Deberíamos acuñar monedas de un centavo?), *60 Minutes*, 10/02/2008.

«JANE SIBERRY SE ECHA ATRÁS»: «¿Recuerdan cuando Levitt anunció...?»: Véase Levitt, «The Two Smartest Musicians I Ever Met» (Los dos músicos más inteligentes que he conocido), Freakonomics.com, 5/04/2006; y Levitt, «From Now on I Will Leave the Reporting to Dubner» (A partir de ahora le dejo las crónicas a Dubner), Freakonomics.com, 9/04/2006.

«¿QUÉ TIPO IMPOSITIVO ESTÁN DISPUESTOS A PAGAR LOS DEPORTISTAS?»: «es improbable que Manny Pacquiao vuelva a pelear en Nueva York»: Véase «Manny Pacquiao Won't Ever Fight in New York Due to State Tax Rates» (Manny Pacquaio no peleará nunca en Nueva York a causa de las tasas de impuestos del estado), *The Wall Street Journal*, 7/08/2013. / **«es probable que Pacquiao no pelee nunca más en los Estados Unidos»:** Véase Lance Pugmire, «Promoter: Manny Pacquiao May Never Again Fight in the U.S.» (Representante: Puede que Manny Pacquiaio no pelee nunca más en los EE.UU.), *The Los Angeles Times*, 31/05/2013. / **«Phil Mickelson [...] "realizar cambios drásticos"»:** Véase «Golfer Phil Mickelson Plans 'Drastic Changes' Over Taxes» (El golfista Phil Mickelson planea "cambios drásticos" a causa de los impuestos), CBSNews.com, 21/01/2013. / **«En *Forbes*, Kurt Badenhausen escribió [...] sobre el tipo impositivo de Mickelson en el Reino Unido»:** Véase Badenhausen, «Phil Mickelson Wins Historic British Open and Incurs 61% Tax Rate» (Phil Mickelson obtiene una victoria histórica en el Abierto británico de golf e incurre en un tipo impositivo del 61 %), Forbes.com, 22/07/2013. / **«Mick Jagger (...) huyó del Reino Unido»:** Véase la entrevista de Larry King a Jagger en *Larry King Live*, CNN, 18/05/2010.

«¡VIVA LA GASOLINA CARA!»: El historial de precios de la gasolina está extraído de la Administración de Información Energética Estadounidense; véase también fuelgaugereport.com, de la AAA. / **«En un artículo que tuve el honor de publicar»:** Véase Aaron S. Edlin y Pinar Karaca Mandic, «The Accident Externality From Driving» (La externalidad de los accidentes automovilísticos), *The Journal of Political Economy* 114.5 (2006). / **«Según un informe de la Academia Nacional de Ciencias»:** Véase *Tires and Passen-*

ger Vehicle Fuel Economy: Informing Consumers, Improving Performance, The National Academies Press, informe especial 286 (2006). / **El aumento del precio de la gasolina provoca más víctimas entre los motociclistas:** Véase He Zhu, Fernando A. Wilson y Jim P. Stimpson, «The Relationship Between Gasoline Price and Patterns of Motorcycle Fatalities and Injuries» (Relación entre el precio de la gasolina y las pautas de lesiones y muertes entre los motociclistas), *Injury Prevention* (2014).

4. CONCURSOS

«CONCURSO: UN LEMA DE SEIS PALABRAS...»: «la reacia búsqueda en el Reino Unido de un eslogan nacional»: Véase Sarah Lyall, «Britain Seeks Its Essence, and Finds Punch Lines» (Gran Bretaña busca su esencia y encuentra chascarrillos), *The New York Times*, 26/01/2008. / **«un nuevo libro de memorias de seis palabras»:** Véase Rachel Fershleiser y Larry Smith (eds.), *Not Quite What I Was Planning: Six-Word Memoirs by Writers Famous and Obscure* (No era eso lo que me esperaba: Memorias en seis palabras de escritores famosos y desconocidos [HarperCollins, 2008]). Nota: Rachel Fershleiser fue la primera editora del blog de *Freakonomics*.

5. CÓMO TEMER LO QUE NO ES TEMIBLE

«¡MECACHIS!»: «un informe de 1990 del Centro para el Control y la Prevención de Enfermedades»: Véase «Current Trends Injuries Associated with Horseback Riding-United States, 1987 and 1988» (Tendencias actuales de las lesiones asociadas a la equitación – EE.UU., 1987 y 1988), Centros de Control de Enfermedades. / Los jinetes suelen **«estar bajo la influencia del alcohol»:** Véase «Alcohol Use and Horseback-Riding-Associated Fatalities-North Carolina, 1979–1989» (Consumo de alcohol y accidentes de equitación en Carolina del Norte, 1979-1989), Centros de Control de Enfermedades.

«LO QUE TIENE QUE DECIR EL MINISTRO...»: «en su blog oficial del Gobierno»: Véase Ray LaHood, «Current Data Makes It Clear: Child Safety Seats and Booster Seats Save Lives, Prevent Injury» (Los datos actuales demuestran que los asientos de seguridad para niños salvan vidas y evitan lesiones), Fast Lane (blog del Ministerio de Transportes estadounidense), 22/10/2009. / «mi investigación sobre asientos de seguridad para niños»: Véase Levitt y Dubner, *Superfreakonomics* (Editorial Debate, 2010), y Dubner y Levitt, «The Seat-Belt Solution» (La solución del cinturón de seguridad), *The New York Times Magazine*, 10/07/2005. / «cuando le mencioné mi trabajo sobre las trampas de los profesores»: Véase Levitt y Dubner, *Freakonomics* (Ediciones B, 2006).

«EL "CENIT DEL PETRÓLEO"...»: «Un reciente artículo de portada...»: Véase Peter Maass, «The Breaking Point» (El punto crítico), *The New York Times Magazine*, 21/08/2005.

«APUESTAS SOBRE EL CENIT DEL PETRÓLEO»: «John Tierney escribió una excelente columna»: Véase Tierney, «The $10,000 Question» (La pregunta de los 10.000 dólares), *The New York Times*, 23/08/2005. / «Por desgracia, Matthew Simmons murió»: Véase Tierney, «Economic Optimism? Yes, I'll Take That Bet» (¿Optimismo económico? Sí, acepto la apuesta), *The New York Times*, 27/12/2010.

«¿LA OBESIDAD MATA?»: «En un interesante trabajo...»: Véase Shin-Yi Chou, Michael Grossman y Henry Saffer, «An Economic Analysis of Adult Obesity: Results from the Behavioral Risk Factor Surveillance System» (Análisis económico de la obesidad en adultos: resultados del sistema de supervisión de factores de riesgo en el comportamiento), *paper* provisional de NBER n.º 9247, octubre de 2002. / «un trabajo en el que se pone en duda»: Véase Jonathan Gruber y Michael Frakes, «Does Falling Smoking Lead to Rising Obesity?» (¿El descenso del tabaquismo provoca un aumento de la obesidad?), *paper* provisional de NBER n.º 11.483, julio de 2005. / «el pánico a la obesidad podría ser un problema tan grande»: Véase J. Eric Oliver, *Fat Politics: The Real Story Behind America's Obesity Epidemic* (Política gorda: La verdad sobre la epidemia de obesidad en los EE.UU.) (Oxford University Press, 2006). / «la empresa turística seguía aplicando la antigua norma»: Al Baker y Matthew L. Wald, «Weight Rules for Passengers Called Obsolete in Capsizing» (Un naufragio demuestra lo anticuado de las reglas sobre el peso de los pasajeros), *The New York Times*, 1/07/2006.

«DANIEL KAHNEMAN RESPONDE SUS PREGUNTAS»: Véase Kahneman, *Pensar rápido, pensar despacio* (Editorial Debate, 2012).

«CUATRO RAZONES POR LAS QUE EL GOBIERNO ESTADOUNIDENSE HA HECHO MAL...»: «El Gobierno estadounidense acaba de cerrar...»: Véase Matt Richtel, «U.S. Cracks Down on Online Gambling» (Los EE.UU. paran los pies al juego en línea), *The New York Times*, 15/04/2011. / **«recientemente publiqué [...] un artículo»:** Levitt y Thomas J. Miles, «The Role of Skill Versus Luck in Poker» (El papel de la habilidad frente al azar en el póquer), *paper* provisional de NBER núm. 17.023, mayo del 2011.

«EL PRECIO DE TEMER A LOS DESCONOCIDOS»: «declaró al *Washington Post* un portavoz de AirTran»: Véase Amy Gardner, «9 Muslim Passengers Removed From Jet» (Nueve pasajeros musulmanes sacados de un avión), *The Washington Post*, 2/01/2009. / **«¿Y el secuestro de menores? [...] Un artículo publicado en *Slate* en 2007 explica»:** Véase Christopher Beam, «800,000 Missing Kids? Really?» (¿800.000 niños desaparecidos? ¿De verdad?), Slate.com, 17/01/2007.

6. HECHA LA LEY, HECHA LA TRAMPA

«ATRACTIVO FÍSICO TRAMPOSO»: «como los oficinistas que ponen dinero...»: Véase Levitt y Dubner, *Freakonomics* (Ediciones B, 2006). / **«Farhad Manjoo's article [...] about a contest»:** Manjoo, «How Bots Rigged D.C.'s 'Hot' Reporter Contest» (Cómo los *bots* amañaron un concurso de belleza entre periodistas de Washington DC), Salon.com, 22/08/2007. / **«se nos ha acusado de pucherazo»:** Véase Melissa Lafsky, «*Freakonomics* v. *Lolita*: Can You Tell the Difference?» (*Freakonomics* y *Lolita*: ¿Encuentra la diferencia?), Freakonomics.com, 18/06/2007.

«¿POR QUÉ MIENTEN?»: «Un trabajo académico reciente de César Martinelli y Susan W. Parker»: Véase Martinelli y Parker, «Deception and Misreporting in a Social Program» (Engaños e informes falsos en un programa social), Centro de Investigación Económica, *paper* de debate 06-02, junio del 2006. / «un artículo sobre la parquedad del lavado de manos en los hospitales»: Véase y and Levitt, «Selling Soap» (Vendiendo jabón), *The New York Times Magazine*, 24/09/2006. / «las mentiras más frecuentes en las páginas de contactos» y «lo espinoso de las encuestas electorales»: Véase Levitt y Dubner, *Freakonomics* (Ediciones B, 2006).

«CÓMO TRAMPEAR EN EL SISTEMA FERROVIARIO DE BOMBAY»: «Un bloguero llamado Ganesh Kulkarni»: Véase Kulkarni, «What a Business Model!» (¡Vaya modelo de negocio!), ganeshayan.blogspot.com, 21/03/2007.

«CÓMO COMBATIRÍAMOS LOS ESTEROIDES...»: «Zelinsky [...] ha propuesto»: Véase Aaron Zelinsky, «Put More Muscle in Baseball Drug Tests» (Hay que muscular las pruebas de dopaje del béisbol), *The Hartford Courant*, 18/12/2007.

«CÓMO NO SE HACEN TRAMPAS»: «tardaron unos días en descubrirlos»: Véase adanthar, «Beat: Absolute is *actually* rigged (serious) (read me)» (Apuesta: Absolute está amañado *de verdad* [en serio] [léanme]) 15/09/2007, twoplustwo.com.

«EL ESCÁNDALO DE LAS TRAMPAS EN ABSOLUTE...»: *«The Washington Post* publicó a continuación...»: Véase Gilbert M. Gaul, «Cheating Scandals Raise New Questions About Honesty, Security of Internet Gambling» (Los escándalos sobre trampas suscitan nuevas preguntas sobre la honradez y la seguridad de los juegos de apuestas por Internet), *The Washington Post*, 30/11/2008. / *«Actualización»*: Véase Gaul, «Catching the Cheaters» (Cazar a los tramposos), Timeline, *The Washington Post*.

«IMPUESTOS: ¿TRAMPOSOS O IDIOTAS?»: «Una vez escribimos una columna sobre las trampas en los impuestos»: Véase Dubner y Levitt, «Filling in the Tax Gap» (Cómo rellenar la laguna impositiva), *The New York Times Magazine*, 2/04/2006. / «la "declaración precumplimentada"»: Véase Austan Goolsbee, «The Simple Return: Reducing America's Tax Burden Through Return-Free Filing» (La declaración precumplimentada: Cómo reducir el problema de los impuestos en los Estados Unidos mediante declaraciones precumplimentadas por Hacienda), *paper* provisional de The Hamilton Project 2006-04, julio del 2006.

«¿HAN ESTADO HACIENDO TRAMPAS LOS "MEJORES COLEGIOS" DE WASHINGTON DC?»: «Una investigación de *USA Today*»: Véase Jack Gillum and Marisol Bello, «When Standardized Test Scores Soared in D.C., Were the Gains Real?» (Cuando se dispararon las notas de los exámenes estandarizados, ¿era real la mejora?), *USA Today*, 30/04/2011. / **«Kaya Henderson solicitó una revisión»:** Véase Gillum, Bello y Scott Elliott, «D.C. to Dig Deeper on Test Score Irregularities» (Washington DC ahondará en las irregularidades relacionadas con las notas de los exámenes), *USA Today*, 30/04/2011. / **«Cuando Brian Jacob y yo investigamos las trampas de los profesores»:** Véase Levitt y Dubner, *Freakonomics* (Ediciones B, 2006), y Brian A. Jacob y Levitt, «Rotten Apples: An Investigation of the Prevalence and Predictors of Teacher Cheating» (Manzanas podridas: Investigación sobre la preponderancia y los indicativos de las trampas de los profesores), *The Quarterly Journal of Economics* (agosto de 2003).

7. PERO ¿ES BUENO PARA EL PLANETA?

«LA LEGISLACIÓN SOBRE ESPECIES PROTEGIDAS...»: «Ha sacado [...] un *paper* provisional»: Véase John A. List, Michael Margolis y Daniel E. Osgood, «Is the Endangered Species Act Endangering Species?» (La legislación sobre especies en peligro, ¿pone a las especies en peligro?), *paper* provisional de NBER 12777, diciembre del 2006. / **«la observación del economista Sam Peltzman de que solo 39 de las 1.300 especies que han entrado en la lista de especies en peligro han salido de ella»:** Véase Sam Peltzman, «Regulation and the Natural Progress of Opulence» (Las normativas y el progreso natural de la opulencia), monográfico del American Enterprise Institute, 23/05/2005.

«SEA VERDE: CONDUZCA»: «en el blog de John Tierney»: Véase John Tierney, «How Virtuous Is Ed Begley Jr.?» (¿Cómo es de virtuoso Ed Begley Jr.?), *The New York Times* (TierneyLab), 25/02/2008. / 167 **«Goodall no es ningún loco conserva-dor»:** Véase Chris Goodall, *How to Live a Low-Carbon Life* (Cómo reducir la huella de carbono), (Earthscan, 2007).

«¿DE VERDAD NECESITAMOS MILES DE MILLONES DE PARTIDARIOS DEL CONSUMO LOCAL?»: «Como he-mos escrito anteriormente»: Véase Dubner y Levitt, «Laid-Back Labor» (Trabajo pasivo), *The New York Times Magazine*, 6/05/2007. / **«considere el argumento del "kilometraje de la co-mida" y un artículo reciente»:** Véase Christopher L. Weber y H. Scott Matthews, «Food-Miles and the Relative Climate Impacts of Food Choices in the United States» (El kilometraje de la comida y el impacto climatológico relativo de las opciones de alimentación en los Estados Unidos), *Environmental Science & Technology* 42, núm. 10 (abril de 2008).

«PASARSE AL VERDE PARA AUMENTAR LOS BENE-FICIOS»: «Tal como escribe Mary MacPherson Lane en un ar-tículo de Associated Press»: Véase Mary MacPherson Lane, «Bro-thel Cuts Rates for 'Green' Customers» (Un burdel reduce la tarifa a los clientes «verdes»), Associated Press, 17/10/2009.

«MANZANAS (EMPAQUETADAS) TRAIGO»: «Se han obtenido cifras similares con patatas y uvas»: Véase «Food Pac-kaging and Climate Change» (El envase alimentario y el cambio climático), carboncommentary.com, 29/10/2007. / **«Un estudio calcula que los consumidores estadounidenses tiran aproxima-damente la mitad de la comida que compran»:** Véase J. Lundqv-ist, C. de Fraiture y D. Molden, «Saving Water: From Field to Fork-Curbing Losses and Wastage in the Food Chain» (Ahorro de agua del campo al tenedor: Reducción de las pérdidas y el desperdi-cio en la cadena alimentaria), informe del SIWI (2008).

«CARNÍVOROS AGNÓSTICOS Y CALENTAMIENTO GLOBAL...»: «ni 350.org ni él promueven activamente la dieta vegana»: Cuando se preguntó a 350.org, en febrero de 2015, si se-guía siendo así, un portavoz de la organización respondió: «No, aún no tenemos ninguna campaña activa que promueva el veganis-mo; claro que tampoco tenemos campañas activas para procurar que la gente conduzca menos, recicle, use menos papel o emprenda alguna de la larga lista de acciones útiles en la lucha contra el cambio climático. 350.org no promueve el cambio del estilo de vida individual —hay muchos grupos excelentes que se dedican a eso—, sino que se centra en crear un movimiento social para combatir el problema». / **«un informe reciente de la World Preservation Foundation confirma»:** Véase «Reducing Shorter-Lived Climate Forcers Through Dietary Change» (Reducción de los factores de cambio climático a corto plazo mediante el cambio de dieta), World Preservation Foundation. / **«Un artículo que publicó McKibben hace poco en *Orion*»:** Véase Bill McKibben, «The Only Way to Have a Cow» (Juego de palabras que significa a la vez «La única forma de tomar partido», «La única forma de tener una vaca» y «La única forma de comerse una vaca»), *Orion*, abril de 2010.

«HOLA, CARIÑO, ¿ESO QUE CONDUCES ES UN PRIUS?»: «una investigación académica realizada por Alison y Steve Sexton»: Véase «Conspicuous Conservation: The Prius Effect and Willingness to Pay for Environmental Bona Fides» (Ecologismo ostentoso: El efecto Prius y la disposición a pagar por muestras de conciencia medioambiental), *paper* provisional 30/06/2011. / **«Así lo explica Steve Sexton»:** Véase Stephen J. Dubner, «Hola, cariño, ¿eso que conduces es un Prius?,» Freakonomics Radio, 7/07/2011.

8. ¿TENGO 21? PUES PIDO CARTA

«NO HAY NADA COMO LAS VEGAS»: «para una columna del *Times* sobre los campeonatos de juegos de apuestas»: Véase Dubner y Levitt, «Dissecting the Line» (Disección de la línea), *The New York Times Magazine*, 5/02/2006.

«A UNA CARTA.. .»: «Brandon Adams [...] excelente escritor»: Véase Adams, Broke: *A Poker Novel* (Una novela de póquer), iUniverse, 2006.

«¿QUÉ PROBABILIDADES TENGO DE LLEGAR AL CHAMPIONS TOUR...?»: «Mi amigo Anders Ericsson popularizó el concepto de las diez mil horas de práctica»: Véase Dubner y Levitt, «A Star is Made» (Ha nacido una estrella), *The New York Times Magazine*, 7/05/2006; K. Anders Ericsson, Neil Charness,

Paul J. Feltovich y Robert R. Hoffman, *The Cambridge Handbook of Expertise and Expert Performance* (El manual de Cambridge sobre la experiencia y el rendimiento experto), Cambridge University Press, 2006.

«AVERSIÓN A LA PÉRDIDA EN LA NFL»: «prácticamente todo el mundo [...] mono capuchino»: Véase Dubner y Levitt, «Monkey Business» (Negocios de simios [el título es también una frase hecha que designa las actividades ilícitas]), *The New York Times Magazine*, 5/06/2005.

«BILL BELICHICK ES GRANDE»: «los equipos parecen despejar en exceso»: Véase David Romer, «Do Firms Maximize? Evidence from Professional Football» (¿Las empresas maximizan? Pruebas del fútbol profesional), *Journal of Political Economy* 118, núm. 2 (2006). / **«He observado lo mismo en mi investigación sobre los penaltis en el fútbol»:** Pierre-André Chiappori, Steven D. Levitt y Timothy Groseclose, «Testing Mixed-Strategy Equilibria When Players Are Heterogeneous: The Case of Penalty Kicks in Soccer» (Comprobación de los equilibrios de la estrategia mixta con jugadores heterogéneos: El caso de los penaltis en el fútbol), *The American Economic Review* 92, núm. 4 (septiembre de 2002).

«¿HASTA QUÉ PUNTO DA VENTAJA JUGAR EN CASA?...»: Véase Tobias Moskowitz y L. Jon Wertheim, *Scorecasting: The Hidden Influences Behind How Sports Are Played and Games Are Won* (Scorecasting: Las influencias ocultas tras la forma en que se juegan los deportes y se ganan los partidos), Crown Archetype, 2011. / **«Levitt escribió un artículo académico [...] el desvalido equipo de casa»:** Véase Levitt, «Why Are Gambling Markets Organised So Differently From Financial Markets?» (¿Por qué la organización de los mercados de apuestas es tan distinta de la de los mercados financieros?), *The Economic Journal* 114 (abril de 2004). / **«sobre lo que hemos escrito posteriormente en el Times»:** Véase Dubner y Levitt, «Dissecting the Line» (Disección de la línea), *The New York Times Magazine*, 5/02/2006. / **«un *paper* de investigación [...] sobre la ventaja de jugar en casa en la Bundesliga»:** Véase Thomas J. Dohmen, «In Support of the Supporters? Do Social Forces Shape Decisions of the Impartial?» (Apoyar a los que apoyan:

¿Las fuerzas sociales configuran las decisiones imparciales?), *paper* provisional de núm. 755, abril de 2003.

«DIEZ MOTIVOS PARA SEGUIR A LOS STEELERS DE PITTSBURGH»: «una voz que sonaba como una mezcla de gravilla e ídish pasados por una batidora»: Véase Myron Cope, *Double Yoi!*, Sports Publishing, 2002. / **«Franco Harris [...] su seguro servidor llegó a escribir un libro sobre su extraño atractivo»:** Véase Stephen J. Dubner, *Confessions of a Hero-Worshiper* (Confesiones de un mitómano), William Morrow, 2003. / **«escasez [...] de libros buenos sobre el fútbol americano»:** Véase Roy Blount Jr., *About Three Bricks Shy of a Load* (Algo escasos de luces), Little, Brown and Company, 1974.

9. CUÁNDO ROBAR UN BANCO

«CUÁNDO ROBAR UN BANCO»: «algo que me contaron [...] cuando estuve en Iowa»: Véase «Bernice Comes Home» (Bernice vuelve a casa), *Time*, 8/07/1966. / **«Según el FBI»:** Véase la base de datos del National Incident-Based Reporting System (NIBRS, sistema nacional de informes basados en incidentes). / **«un montón de datos sobre atracos de la British Bankers' Association»:** Véase Barry Reilly, Neil Rickman y Robert Witt, «Robbing Banks: Crime Does Pay-But Not Very Much» (Atracos bancarios: El delito es rentable... pero no mucho), *Significance* (The Royal Statistical Society, junio de 2012).

«NO RECUERDEN A LOS DELINCUENTES QUE LO SON»: «no conseguí reproducirlos en un estudio que realicé»: Véase Roland G. Fryer, Steven D. Levitt y John A. List, «Exploring the Impact of Financial Incentives on Stereotype Threat: Evidence From a Pilot Study» (Exploración del impacto de los incentivos económicos ante una amenaza estereotipada: Pruebas de un estudio piloto), *American Economic Review: Papers & Proceedings* 98, núm. 2 (2008). / **«En un interesante estudio nuevo»:** Véase Alain Cohn, Michel André Maréchal y Thomas Noll, «Bad Boys: The Effect of Criminal Identity on Dishonesty» (Chicos malos: Efecto de la identidad delictiva en la falta de honradez), *paper* provisional de la Universidad de Zúrich núm. 132 (octubre de 2013).

«NO QUEMEN LA COMIDA»: «una encuesta que se realizó en trece países africanos entre 1999 y 2004»: The Demographic and Health Surveys Program, U.S. Agency for International Development.

«¿PLAXICO BURRESS ES UNA ANOMALÍA?»: «Hace unos años escribí [...] un artículo»: Véase Dubner, «Life Is a Contact Sport» (La vida es un deporte de contacto), *The New York Times Magazine*, 18/08/2002. / «Según un reportaje de la ESPN»: Véase Arty Berko, Steve Delsohn y Lindsay Rovegno, «Athletes and Guns» (Atletas y pistolas), *Outside the Lines* y ESPN.com, 15/12/2006.

«¿CUÁL ES LA MEJOR FORMA DE REDUCIR LAS MUERTES POR ARMA DE FUEGO?»: «En un proyecto que realizamos»: Véase Philip J. Cook, Jens Ludwig, Sudhir Venkatesh y Anthony A. Braga, «Underground Gun Markets» (Mercados ilícitos de armas), *The Economic Journal* 117, núm. 524 (noviembre de 2007).

«EXTRAÑO PERO CIERTO...»: «Aquí está la noticia»: Véase Nellie Andreeva, «NBC Buys 'Freakonomics'-Inspired Drama Procedural Produced by Kelsey Grammer» (La NBC compra un drama policial inspirado en *Freakonomics*, producido por Kelsey Grammer), Deadline.com, 7/08/2012.

10. MÁS SEXO, POR FAVOR, SOMOS ECONOMISTAS

«NOTICIÓN...»: El *boom* de los burdeles durante la Copa del Mundo «no se ha producido»: Véase, por ejemplo, Mark Landler, «World Cup Brings Little Pleasure to German Brothels» (la Copa del Mundo no proporciona mucho placer a los burdeles alemanes), *The New York Times*, 3/07/2006.

«UNA PROPOSICIÓN INDECENTE: ¿ES EL MOMENTO DE UN IMPUESTO SEXUAL?»: «Bernard Gladstone propuso la adopción de esta medida en su estado»: Véase «The Nation: Sex Tax» (La nación: Impuesto sexual), *Time*, 25/01/1971. / «el único impuesto en el que probablemente se pagaría más de lo debido»: Véase «Sex Tax: 'Broad-Based'» (Impuesto sexual: De base amplia [juego de palabras: se puede interpretar como «basado en las chicas»]), *The Tech* (publicación del MIT), 13/01/1971.

«MÁS SEXO, POR FAVOR, SOMOS ECONOMISTAS»: **«las mujeres no soportan la presión»:** Véase Steven E. Landsburg, «Women Are Chokers» (Las mujeres no aguantan), Slate.com, 9/02/2007. / **«la tacañería es una forma de generosidad»:** Véase Landsburg, «What I Like About Scrooge» (Lo que me gusta de Ebenezer Scrooge), Slate.com, 20/12/2006. / **«Es autor de los libros»:** Véanse por ejemplo Landsburg, *The Armchair Economist* (El economista de sofá), Free Press, 1993; Landsburg, *Fair Play* (Juego limpio), Free Press, 1997; Landsburg, *Cuanto más sexo, más seguro* (Taurus, 2008).

«SOY PROSTITUTA DE LUJO; PREGÚNTAME LO QUE QUIERAS»: Para un estudio más profundo de la profesión de Allie, véase Levitt y Dubner, *Superfreakonomics* (Editorial Debate, 2010). Allie apareció también en Dubner, «The Upside of Quitting» (Las ventajas de abandonar), Freakonomics Radio, 30/09/2011.

«RADIO FREAKONOMICS OBTIENE RESULTADOS»: **«cómo los conductores tienen derecho legal a matar peatones»:** Véase Dubner, «The Most Dangerous Machine» (La máquina más peligrosa), Freakonomics Radio, 1/05/2014. / **«Luchar contra la pobreza con datos reales»:** Véase Dubner, «Fighting Poverty With Actual Evidence» Freakonomics Radio, 27/11/2013. / **«cómo los aguacates que compramos [...] contribuyen a la financiación de los cárteles delictivos mexicanos»:** Véase Dubner, «What Came First, the Chicken or the Avocado?» (¿Qué estuvo antes?, ¿el aguacate o la gallina?), Freakonomics Radio, 24/04/2014. / **«Lo que no saben de las citas en línea»:** Véase Dubner, «What You Don't Know About Online Dating» Freakonomics Radio, 6/02/2014; en este episodio se habla de la investigación de Paul Oyer, economista de Stanford y autor de *Everything I Ever Needed to Know About Economics I Learned from Online Dating* (Todo lo que necesitaba saber de economía me lo enseñaron las citas en línea), Harvard Business Review Press, 2014.

11. CALEIDOSCOPIO

«SI LE GUSTAN LAS BROMAS PESADAS»: «tendrá que reconocer que esta es de las buenas»: Véase Sarah Lyall, «In Literary London, the Strange Case of the Steamy Letter» (En el Londres literario, el extraño caso de la carta apasionada), *The New York Times*, 31/08/2006.

«DE BUENO A EXCELENTE... A POR DEBAJO DE LA MEDIA»: Véase Jim Collins, *Empresas que sobresalen: por qué unas sí pueden mejorar la rentabilidad y otras no*, Ed. Gestión 2000, 2006. / **«el clásico de Peters y Waterman»:** Véase Thomas J. Peters y Robert H. Waterman, Jr., *En busca de la excelencia: Lecciones de las empresas estadounidenses mejor gestionadas*, Ediciones Folio, 1986).

«POR QUÉ ME GUSTA ESCRIBIR SOBRE LOS ECONOMISTAS»: «Mi madre contaba una historia extraordinaria (y largo tiempo silenciada)»: Véase Dubner, *Turbulent Souls: A Catholic Son's Return to His Jewish Family* (Almas turbulentas: El regreso de un hijo católico a su familia judía), William Morrow, 1998; reeditado como *Choosing My Religion: A Memoir of a Family Beyond Belief* (Elijo mi religión: Memorias sobre una familia más allá de las creencias), HarperPerennial, 2006. / **«He entrevistado a Ted Kaczynski, el *Unabomber*»:** Véase Dubner, «I Don't Want to Live Long. I Would Rather Get the Death Penalty Than Spend the Rest of My Life in Prison» (No quiero vivir mucho tiempo: Prefiero la pena de muerte a pasar el resto de mi vida en la cárcel), *Time*, 18/10/1999. / **«los novatos de la NFL»:** Véase Dubner, «Life Is a Contact Sport» (La vida es un deporte de contacto), *The New York Times Magazine*, 18/08/2002. / **«un curioso ladrón de guante blanco que solo robaba plata de ley»:** Véase Dubner, «The Silver Thief» (El ladrón de plata), *The New Yorker*, 17/05/2004. / **«Después de que yo escribiese sobre el economista Roland Fryer»:** Véase Dubner, «Toward a Unified Theory of Black America» (Hacia una teoría unificada de los EE.UU. negros), *The New York Times Magazine*, 20/03/2005.

12. HASTA LA MÉDULA

«ECONOMÍA PIRATA PARA PRINCIPIANTES»: En el momento en que se redactaron estas preguntas y respuestas, Ryan Hagen era un ayudante de investigación de Freakonomics que contribuía en gran medida al blog, los libros y lo que fuera; actualmente se está sacando un doctorado en Sociología en Columbia. / **«la tripulación del** *Maersk Alabama* **[...] ha vuelto a casa»:** Véase Matt Zapotosky, «Amid Breakfast of Champions, Pirated Ship's Crew Shares a Story of Turnabout» (En pleno desayuno de los campeones, la tripulación del barco atacado por piratas relata la historia de un giro», *The Washington Post*, 17/04/2009. / **«Pero tal como aumenta la tensión»:** Véase Reuters, «Pirates Attack U.S. Ship Off Somalia» (Los piratas atacan un barco estadounidense cerca de la costa de Somalia), *The New York Times*, 14/04/2009. / **«***The Invisible Hook***»:** Véase Peter T. Leeson, *The Invisible Hook: The Hidden Economics of Pirates* (El garfio invisible: La economía oculta de los piratas), Princeton, 2009.

«LA MANO VISIBLE»: «una investigación reciente»: Véase Jennifer L. Doleac y Luke C.D. Stein, «The Visible Hand: Race and Online Market Outcomes» (La mano visible: la raza y el resultado en los mercados en línea), *paper* provisional de SSRN, 1/05/2010.

«¿CÓMO ES DE PURO SU ALTRUISMO?»: «Consideremos un trabajo académico reciente»: Véase Philip H. Brown y Jessica H. Minty, «Media Coverage and Charitable Giving After the 2004 Tsunami» (Cobertura mediática y donaciones solidarias tras el sunami de 2004), *paper* provisional del William Davidson Institute núm. 855, diciembre del 2006. / 327 **«Si tenemos en cuenta la irregularidad de la ayuda en caso de catástrofe»:** Véase, por ejemplo, «Tsunami Aid Went to the Richest» (La ayuda por el sunami fue a parar a los más ricos), BBC.com, 25/06/2005. / **«lo mejor que se puede hacer es ser una rubia atractiva»:** Véase Craig E. Landry, Andreas Lange, John A. List, Michael K. Price y Nicholas G. Rupp, «Toward an Understanding of the Economics of Charity: Evidence from a Field Experiment» (Hacia la comprensión del aspecto económico de la solidaridad: Pruebas de un experimento de campo), *Quarterly Journal of Economics* 121, núm. 2 (mayo de 2006).

«LOS NIÑOS SOBORNADOS SE ESFUERZAN MÁS EN LOS EXÁMENES»: «hace poco presentamos los resultados»: Véase Steven D. Levitt, John A. List, Susanne Neckermann y Sally Sadoff, «The Impact of Short-Term Incentives on Student Performance» (Efecto de los incentivos a corto plazo en el rendimiento estudiantil), *paper* provisional de la Universidad de Chicago, septiembre de 2011.

«GAMBONOMÍA»: «Según un estudio académico, el precio real de las gambas disminuyó»: Véase U. Rashid Sumaila, A. Dale Marsden, Reg Watson y Daniel Pauly, «A Global Ex-Vessel Fish Price Database: Construction and Applications» (Una base de datos mundial sobre el precio que obtienen los pescadores por el pescado: Estructura y aplicaciones), *Journal of Bioeconomics* 9, núm. 1 (abril de 2007). / **«Un artículo de *Slate* afirma»:** Véase Brendan Koerner, «The Shrimp Factor» (El factor gamba), Slate.com, 13/01/2006.

«¿POR QUÉ SON TAN INFELICES LAS MUJERES?»: «La primera fue en la forma de un *op-ed* en el *Times*»: Véase Betsey Stevenson y Justin Wolfers, «Divorced From Reality» (Divorciados de la realidad), *The New York Times*, 29/09/2007. / **«Stevenson y Wolfers sacaron un nuevo estudio»:** Véase Stevenson y Wolfers, «The Paradox of Declining Female Happiness» (La paradoja de la reducción de la felicidad femenina), *paper* provisional de IZA núm. 42347 (2009). / **«existen pruebas bastante fidedignas [...] de que las declaraciones de felicidad dejan mucho que desear»:** Véase Marianne Bertrand y Sendhil Mullainathan, «Do People Mean What They Say? Implications for Subjective Survey Data» (¿La gente quiere decir lo que dice? Repercusiones de los datos de encuesta subjetivos), *paper* provisional de MIT Economics núm. 01-04 (01/2001).

Índice temático

Índice

PIENSA COMO UN FREAK

Steven D. Levitt y Stephen J. Dubner

Con *Piensa como un freak*, Steven D. Levitt y Stephen J. Dubner han escrito su libro más revolucionario hasta la fecha. Con una narración cautivadora y un análisis no convencional, nos llevan al interior de su proceso reflexivo y nos enseñan a pensar de manera un poco más productiva, más creativa, más racional, es decir, a pensar como un freak.

Como en sus libros anteriores, ningún tema está vedado, de los negocios a la filantropía, pasando por los deportes o la política, todo con el objetivo de reciclar tu cerebro.

Algunos de los pasos para pensar como un freak:

Deja de lado tu brújula moral, porque es difícil ver un problema con claridad si ya has decidido qué hacer con él.

Piensa como un niño, porque se te ocurrirán mejores ideas y plantearás mejores preguntas.

Toma una clase magistral en incentivos, porque, para bien o para mal, los incentivos gobiernan el mundo.

Aprende a convencer a gente que no quiere ser convencida, porque ser bueno no basta para que uno se salga con la suya.

Aprende a apreciar las ventajas de abandonar, porque no puedes resolver el problema de mañana si no estás dispuesto a reconocer el fracaso de la calamidad de hoy.

FREAKONOMICS

Steven D. Levitt y Stephen J. Dubner

¿Qué resulta más peligroso: una pistola o una piscina? ¿Qué tienen en común un maestro de escuela y un luchador de sumo? ¿Por qué continúan los traficantes de drogas viviendo con sus madres?

Quizás estas no sean las típicas preguntas que formula un economista, pero Steven D. Levitt no es un economista típico. Se trata de un especialista que estudia la esencia y los enigmas de la vida cotidiana y cuyas conclusiones, con frecuencia, ponen patas arriba la sabiduría convencional.

A través de ejemplos prácticos y una sarcástica perspicacia, Levitt y Dubner, demuestran que la economía, en el fondo, representa el estudio de los incentivos: el modo en que las personas obtienen lo que desean, o necesitan, especialmente cuando otras personas desean o necesitan lo mismo.

En *Freakonomics*, ambos se proponen explorar el lado oculto de las cosas: el funcionamiento interno de una banda de traficantes de crack, la verdad acerca de los agentes inmobiliarios, los mitos de la financiación de las campañas electorales... El hilo conductor de estas historias es la creencia de que el mundo moderno, a pesar del exceso de confusión, no es inescrutable y, si se formulan las preguntas adecuadas, resulta incluso más fascinante de lo que pensamos.